鉄道貨物輸送とモーダルシフト

福田晴仁 著
FUKUDA Seiji

東京 白桃書房 神田

まえがき

　日本国有鉄道（国鉄）の分割・民営化により日本貨物鉄道（JR 貨物）が発足してから、30 年あまりが経過した。わが国の貨物輸送は、JR 貨物が発足した 1987 年の時点で、トラック輸送中心の体制が確立しており、鉄道は補完的機能を果たすのみとなっていた。しかし一方で、JR 貨物の発足から現在に至るまでの間、トラックドライバー不足の顕在化や環境意識の高まりから、このようなトラックに過度に依存した物流システムについて、再考を求める議論が活発に交わされている。

　近年、トラックドライバー不足によって貨物輸送に支障が生じる事例が見られるようになっている。わが国は今後も少子高齢化が進展するものと予測されており、トラックドライバー不足はより深刻さを増すものと考えられる。円滑な貨物輸送を維持するためには、トラックドライバー不足に対処することが喫緊の課題であり、これを解決し得る方策の 1 つが、貨物輸送をトラック輸送から鉄道や船舶による輸送に転換する、いわゆる「モーダルシフト」である。

　鉄道は、モーダルシフトの受け皿として、常に注目され続けてきた。周知のとおり、鉄道は安全性、安定性、高速・大量輸送、エネルギー効率、労働生産性、環境負荷等の観点において、優位性の大きい輸送機関である。鉄道貨物輸送は、社会的費用の抑制、少子高齢化の進展に伴う労働力不足への対処、希少なエネルギー資源の効率的な利用といった政策課題の解決に資するものであり、その活性化が期待されるところである。

　国は 1997 年より 6 次にわたって総合物流施策大綱を策定しており、2 次にあたる 2001 年からの新総合物流施策大綱より、モーダルシフトについて取り上げている。現行の総合物流施策大綱（2017 年度〜2020 年度）においても「環境負荷低減やトラックドライバー不足への対応のため、トラックから大量輸送が可能で CO_2 排出原単位が小さい鉄道、船舶への転換（モーダ

ルシフト）を図ることが重要となっている」と明記されている。

　国は鉄道へのモーダルシフトを推進すべく、荷主企業、利用運送事業者、輸送事業者等が連携して実施する、モーダルシフトを推進する事業に対する補助、31ftコンテナの購入費用に対する補助、線路・駅等のインフラストラクチャー（インフラ）の整備に対する支援、固定資産税の軽減等の税制措置を実施している。しかしながら、鉄道は近年わずかに輸送量が回復しているものの、その輸送分担率に大きな変化は見られない。モーダルシフトが進展しているとは言い難いのである。

　トラックドライバー不足に対処することが喫緊の課題であるにもかかわらず、これを解決し得る有力な方策である、トラックから鉄道へのモーダルシフトが進展しなければ、わが国の物流システムを持続的に維持できなくなる懸念が大きい。このような現状に鑑みて、本書は、わが国の貨物鉄道事業について、主としてJR貨物が発足した1987年以降の輸送と経営の状況を概観し、鉄道がモーダルシフトの受け皿となり得るのか、もしなり得るためには、どのような方策が必要とされるのかについて、考察するものである。

　本書は大きく2部に分かれている。

　第1部は「貨物鉄道事業の経緯と現状」であり、貨物鉄道事業を事業形態別に類型化し、各々の輸送、経営の状況を考察する。ここでは、JR貨物のみならず、臨海鉄道と（第三セクター鉄道を含む）民営鉄道も考察の対象としている。これは本書における大きな特徴である。わが国の鉄道貨物輸送に関する先行研究は、その大部分がJR貨物を研究対象としている（高坂[2012] p.205）。JR貨物が全国的な路線網を有する唯一の貨物鉄道事業者であることを考慮すれば当然といえるが、わが国の鉄道貨物輸送において、JR貨物のみならず、臨海鉄道と民営鉄道がどのような役割を担っているのか（担い得るのか）を明らかにすることは、鉄道がモーダルシフトの受け皿となり得るのかを考察するうえで有益であると考えられる。

　第1部は序章から第4章までの構成である。

　序章は「鉄道貨物輸送の経緯」を述べる。ここでは、貨物鉄道事業の考察に先立ち、国鉄の分割・民営化以前の状況も含めて、わが国の貨物輸送の推移を概観し、鉄道貨物輸送の現状に至るまでの大まかな経緯を確認する。

第1章は「JR貨物」を取り上げる。周知のとおり、JR貨物は全国的な路線網を有する唯一の貨物鉄道事業者であり、鉄道貨物輸送におけるJR貨物の存在は極めて大きい。鉄道がモーダルシフトの受け皿となり得るのかを考察するうえで最も重視すべき貨物鉄道事業者である。

　第2章は「臨海鉄道」を取り上げる。臨海鉄道は臨海工業地帯を発着する貨物を輸送するために、当時の国鉄、臨海工業地帯の属する地方自治体および臨海工業地帯に進出した各企業が共同出資して設立した第三セクター方式の鉄道である。臨海鉄道は局地的な鉄道事業ではあるが、モーダルシフトの推進に資する可能性があるため、その存在意義を明らかすることは有益であると考えられる。

　第3章は「客貨兼業鉄道」を考察する。いわゆる地方鉄道には、旅客輸送と貨物輸送をともに実施しているものが存在するが、貨物輸送の存在が、これらの経営を安定させる大きな要素であると考えられる。地方鉄道において貨物輸送を存続することは、そのトラックへの転換を抑止し、さらには地方鉄道の存続にも資する方策であることを明らかにする。そして補論として「並行在来線事業者と貨物輸送」を考察する。並行在来線事業者にとっては、貨物輸送から得られる収入、すなわち線路使用料収入が、客貨兼業鉄道と同様に、もしくはそれ以上に、鉄道事業の存続、および経営の安定化に大きな役割を果たしていると考えられるからである。

　第4章は「民営鉄道」を取り上げる。民営鉄道（JR貨物、臨海鉄道以外で貨物輸送を実施している事業者）の主な輸送品目がばら荷（bulk）であることを考慮すると、そのトラック輸送への転換は負の外部性を拡大させると考えられる。民営鉄道による貨物輸送は存続させることが望ましいことを明らかにする。また民営鉄道は臨海鉄道と同様に局地的な鉄道事業ではあるが、モーダルシフトの推進に資する可能性があることも述べる。

　第2部は「モーダルシフト推進策の検討」である。モーダルシフトを推進するには、とりわけ以下の2つの施策について検討する必要があると考えられる。第1は、JR貨物が提供を望まない輸送サービスについては、路線網の縮小を回避するためにJR貨物以外の事業者の新規参入を促し、荷主企業の鉄道輸送に対するニーズに幅広く対応することである。第2は、需要の大

きい主要幹線におけるコンテナ列車の長距離高速輸送を増強するために、地域間輸送および地域内輸送のインフラを整備することである。第2部ではこれらについて、第5章から第7章において検討する。

第5章は「地域間輸送市場への新規参入」について検討する。JR貨物は主要幹線に経営資源を集中させ、路線網を縮小する傾向にある。しかしそれによって、JR貨物の提供する輸送サービスと、荷主企業の鉄道輸送に対するニーズとのミスマッチが発生している。JR貨物が休廃止した輸送サービスであっても、荷主企業に鉄道輸送のニーズがある場合には、JR貨物以外の鉄道事業者による新規参入によって、鉄道輸送の存続を図る必要があることを提言する。

第6章は「地域間輸送におけるインフラ整備」を取り上げる。わが国の主要幹線においては貨物輸送のみならず旅客輸送の需要も大きい。既存の設備を活用するのみでは貨物輸送力の増強は困難であるため、インフラの整備が近年実施されている。本章では、これまで実施された地域間インフラ整備を概観し、整備後の効果を確認したうえで、今後の地域間インフラ整備に向けた課題を明らかにする。

第7章は「地域内輸送におけるインフラ整備」について検討する。輸送力の増強と輸送の円滑化は、地域間のみならず、地域内輸送、とりわけ首都圏・京阪神圏等の、輸送需要の大きい地域間輸送の発着地点となる地域内の輸送においても重要である。地域内における貨物輸送力の増強と貨物輸送の円滑化を目的としたインフラ整備のあり方を考察するため、本章では4つの貨物駅が近接して立地している大阪府内の貨物駅に焦点を当て、地域内インフラ整備のあり方を提言する。

そして第1部および第2部における分析をうけて、終章では「鉄道貨物輸送の活性化に向けて」論じる。鉄道がモーダルシフトの受け皿となり得るために必要とされる施策について改めて提言を行うとともに、本研究においても解明し得なかった、今後の研究課題についても述べる。

本書は筆者が以前執筆した論稿を加筆・修正するとともに、新たに書き下ろした論稿を加えて作成したものであり、日本学術振興会の科学研究費助成事業（学術研究助成基金助成金）（基盤研究（C）研究課題番号25380348）

に基づく研究成果の一部である。本書の各章と論稿の関係は初出一覧のとおりである。なお各統計資料および鉄道事業に関するデータについては、基本的に 2018 年 10 月 31 日現在に利用可能なものを用いている。同様に、鉄道事業者、鉄道路線等の名称も基本的に 2018 年 10 月 1 日現在のものを用いている。また、とくに必要のない限り鉄道事業者等の名称には株式会社、財団法人等を付さずに記述する。

〈初出一覧〉

序　章　鉄道貨物輸送の経緯　　書き下ろし
第1章　JR貨物　　書き下ろし
第2章　臨海鉄道
　　　　「臨海鉄道の現状と経営課題―専用鉄道の活用による維持方策の検討―」『第7回鉄道貨物振興奨励賞受賞論文集』（株）ジェイアール貨物・リサーチセンター、127-136頁、2006年12月1日
第3章　客貨兼業鉄道
　　　　"Significance of Freight Transport in Regional Railways," *Japan Railway & Transport Review*, No.52, pp.16-23, March 1, 2009
　補論　並行在来線事業者と貨物輸送　　書き下ろし
第4章　民営鉄道
　　　　「民営鉄道による貨物輸送の意義」『日本物流学会誌』第18巻、161-168頁、2010年5月1日
第5章　地域間輸送市場への新規参入
　　　　「鉄道貨物輸送の活性化に関する考察―新規参入の促進による荷主ニーズ対応力向上の必要性―」『流通ネットワーキング』第280号、48-53頁、2013年11月10日
第6章　地域間輸送におけるインフラ整備
　　　　「第5章　鉄道貨物輸送のインフラ整備」『公共インフラと地域振興』（中央経済社）、82-97頁、2015年3月20日
　補論　新幹線による貨物輸送　　書き下ろし
第7章　地域内輸送におけるインフラ整備―大阪府の事例から―
　　　　「鉄道貨物輸送の円滑化に関する考察―大阪府内貨物駅の事例から―」『地域デザイン』第10号、45-65頁、2017年9月30日
終　章　鉄道貨物輸送の活性化に向けて　　書き下ろし

目　次

まえがき

初出一覧

第1部　貨物鉄道事業の経緯と現状

序章　鉄道貨物輸送の経緯 ─────────────── 3

1　はじめに―問題の所在 ………………………………………… 3
2　わが国の貨物輸送の推移 ……………………………………… 7
3　鉄道輸送減少の要因 …………………………………………… 12
4　おわりに ………………………………………………………… 15

第1章　JR貨物 ─────────────────────── 17

1　はじめに ………………………………………………………… 17
2　輸送の動向 ……………………………………………………… 19
　　2-1　輸送量・運転 …………………………………………… 19
　　2-2　経営資源 ………………………………………………… 27
3　経営の動向 ……………………………………………………… 31
4　評価と課題 ……………………………………………………… 36
　　4-1　経営改善策の評価 ……………………………………… 36
　　4-2　今後の課題―モーダルシフト推進策を中心に― ……… 39
5　おわりに ………………………………………………………… 49

第 2 章　臨海鉄道 ─────────────────────── 53

1　はじめに ……………………………………………………………… 53
2　臨海鉄道の沿革 ……………………………………………………… 54
3　臨海鉄道の輸送と経営の状況 ……………………………………… 57
　3-1　輸送の状況 …………………………………………………… 57
　3-2　経営の状況 …………………………………………………… 69
4　公的支援策と経営改善策の検討 …………………………………… 77
　4-1　公的部門による関与の妥当性 ……………………………… 78
　4-2　公的支援策と経営改善策の検討 …………………………… 82
5　おわりに ……………………………………………………………… 88

第 3 章　客貨兼業鉄道 ───────────────────── 91

1　はじめに ……………………………………………………………… 91
2　概況 …………………………………………………………………… 93
　2-1　近年に至るまでの状況 ……………………………………… 93
　2-2　近年の状況 …………………………………………………… 95
3　客貨別の経営分析 …………………………………………………… 103
4　貨物輸送の意義と今後の課題 ……………………………………… 107
補論　並行在来線事業者と貨物輸送 …………………………………… 111

第 4 章　民営鉄道 ─────────────────────── 123

1　はじめに ……………………………………………………………… 123
2　民営鉄道の概況 ……………………………………………………… 124
3　民営鉄道の輸送と経営の状況 ……………………………………… 129
4　おわりに―民営鉄道による貨物輸送の意義 …………………… 132

第2部　モーダルシフト推進策の検討

第5章　地域間輸送市場への新規参入 ——— 137

1　はじめに …………………………………………………… 137
2　JR貨物の線区廃止状況 …………………………………… 138
3　JR貨物の経営判断と荷主企業のニーズ ………………… 141
4　新規参入の必要性 ………………………………………… 143
5　おわりに―新規参入に向けての課題 …………………… 148

第6章　地域間輸送におけるインフラ整備 ——— 153

1　はじめに …………………………………………………… 153
2　地域間インフラ整備の意義と公的補助制度 …………… 154
　2-1　地域間インフラ整備の意義 ………………………… 154
　2-2　公的補助制度の概要 ………………………………… 157
3　地域間インフラ整備の概要 ……………………………… 159
　3-1　東海道線コンテナ貨物輸送力増強事業 …………… 159
　3-2　武蔵野線・京葉線貨物列車走行対応化事業 ……… 161
　3-3　門司貨物拠点整備事業 ……………………………… 163
　3-4　山陽線鉄道貨物輸送力増強事業 …………………… 164
　3-5　鹿児島線（北九州・福岡間）鉄道貨物輸送力増強事業 ‥ 166
　3-6　地域間インフラ整備の効果 ………………………… 167
4　おわりに―今後の課題 …………………………………… 169
補論　新幹線による貨物輸送 ………………………………… 172

第7章　地域内輸送におけるインフラ整備―大阪府の事例から ——— 179

1　はじめに …………………………………………………… 179

2　梅田駅基盤整備の概要 …………………………………………… 181
　　　2-1　梅田駅基盤整備の経緯 …………………………………… 181
　　　2-2　吹田タ駅の概要 …………………………………………… 183
　　　2-3　百済タ駅の概要 …………………………………………… 184
　3　梅田駅基盤整備完成前後の比較 ………………………………… 186
　　　3-1　輸送力 ……………………………………………………… 186
　　　3-2　輸送量 ……………………………………………………… 188
　4　今後の課題 ………………………………………………………… 192
　　　4-1　協定の一部見直し ………………………………………… 192
　　　4-2　迂回経路の確保 …………………………………………… 194
　5　おわりに …………………………………………………………… 197

終章　鉄道貨物輸送の活性化に向けて ─────────── 199

　1　総括 ………………………………………………………………… 199
　　　1-1　貨物鉄道事業の経緯と現状 ……………………………… 199
　　　1-2　モーダルシフト推進策の検討 …………………………… 203
　2　今後の研究課題 …………………………………………………… 206

参考文献

謝　辞

索　引

第1部
貨物鉄道事業の経緯と現状

序章

鉄道貨物輸送の経緯

1 はじめに─問題の所在

　日本国有鉄道（以下、国鉄という）の分割・民営化により日本貨物鉄道[1]が発足してから、30年あまりが経過した。わが国の貨物輸送は、JR貨物が発足した1987年の時点で、トラック[2]輸送中心の体制が確立していたが、その発足から現在に至るまでの間、トラックドライバー不足の顕在化[3]や環境意識の高まりによって、大量輸送が可能で環境負荷の小さい鉄道貨物輸送は注目され続けてきた[4]。

　貨物輸送をトラック輸送から鉄道や船舶による輸送に転換する、いわゆる「モーダルシフト」が叫ばれて久しい[5]。周知のとおり、鉄道は安全性、安定性、高速・大量輸送、エネルギー効率、労働生産性、環境負荷等の観点において、優位性の大きい輸送機関である[6]。鉄道貨物輸送は、社会的費用の抑

1　以下、特記の必要がない限りJR貨物と記載する。
2　各統計書においてトラック（truck）は自動車と記載されているが、本書では貨物用自動車の一般的な呼称であるトラックと記述する。
3　ただしトラックドライバーを含むトラック事業の輸送・機械運転従事者数は2007年から2017年まで80万人前後と大きな変化なく推移している。むしろ深刻であるのは30歳未満の若年労働力の不足である。輸送・機械運転従事者数のうち30歳未満の占める割合は、2007年は41.6%であったが、2017年は27.7%と大幅に減少している（全日本トラック協会［2018］p.15）。したがって、トラックドライバー不足は今後さらに顕在化するものと考えられる。
4　わが国の鉄道はコンテナ貨車1両に25トンの貨物が積載できるので、最長編成の列車（コンテナ貨車26両編成）で650トンの輸送能力がある。これは積載重量が10トンのトラック65台分に相当する。また2016年度における鉄道のトンキロあたりCO_2排出量は営業用トラックの約11分の1、内航海運の約半分である。http://www.mlit.go.jp/sogoseisaku/environment/sosei_environment_tk_000007.html を参照されたい。
5　兵藤［2012］は2010年全国貨物純流動調査（物流センサス）の結果から、鉄道へのモーダルシフトに対する期待が大きいことを明らかにしている。厲［2016］はトラックドライバー不足の観点から鉄道へのモーダルシフトを提言している。
6　ただし三浦［2007］は、端末輸送（出発地から駅、港、空港までの輸送、および駅、港、空港から到着地までの輸送）に代表されるオフレール部分の環境負荷が大きいと、トータルとしての鉄道貨物輸送の環境負荷は小さいとはいえないと述べる（三浦［2007］p.83）。竹内［2013a］は、

制、少子高齢化の進展に伴う労働力不足への対処、希少なエネルギー資源の効率的な利用といった政策課題の解決に資するものであり、その活性化が期待されるところである[7]。

先行研究における議論から、鉄道貨物輸送がトラック輸送に比較してメリットがあるのは以下の4点であると考えられる[8]。

① エネルギー効率が優れており、環境負荷が小さい。また輸送の安全性の点で優れているので[9]、社会的費用が小さい。
② ドライバー1人あたりの輸送量が大きく、労働生産性が高い。
③ 輸送の定時性の点で優れている。
④ 固定費の割合が高いことから、長距離輸送および大量輸送に適している。

国は1997年より6次にわたって総合物流施策大綱を策定しており、2次にあたる2001年からの新総合物流施策大綱より、モーダルシフトについて取り上げている。現行の総合物流施策大綱（2017年度～2020年度）においても「環境負荷低減やトラックドライバー不足への対応のため、トラックから大量輸送が可能でCO_2排出原単位が小さい鉄道、船舶への転換（モーダルシフト）を図ることが重要となっている」と明記されている[10]。

国によるモーダルシフト推進策としては、2002年度から2004年度まで実施された「環境負荷の小さい物流体系の構築を目指す実証実験」がある。これは荷主企業、利用運送事業者、輸送事業者が共同提案した実証実験について、環境負荷低減効果の大きいものを優先的に認定し、補助金を交付するものである。認定された実証実験は74件で、そのうち鉄道を利用するものは

　わが国の発電において火力発電が大きな割合を占めるようになったことから、鉄道輸送は以前ほど環境に優しいとは言えなくなっていると指摘する。
7　モーダルシフトは社会的費用の抑制等の政策課題を解決するための手段であり、モーダルシフト自体が公的部門の目的ではない。類似の指摘は風呂本［1998］p.76を参照のこと。
8　伊藤［1993］pp.41-43、高坂［1996b］p.36、中島［1997］pp.38-44、鎌田［2000a］pp.12-13、武井［2005a］p.61、魚田［2016］p.50、魚住［2017］p.160を参照した。
9　石田［2001］は「トラックによる輸送を低コストで早いと評価するのは物事の一面しか見ていない。荷主は運賃をどこまでも買叩き、運送会社は運転手を、または下請けを酷使し、そしてつまるところ事故がおこる」と主張する（石田［2001］p.2）。
10　http://www.mlit.go.jp/common/001195191.pdfを参照した。ただし「労働力不足でトラックが運転手不足に悩む時には、鉄道の発着にかかるトラックの運転手も不足する。鉄道貨物輸送は荷物の積み替え回数が多いだけに不利の筈である」との指摘もある（矢田貝［1993］p.19）。

56件である[11]。

　2005年度からは「グリーン物流パートナーシップ会議」に制度が移行している。グリーン物流パートナーシップ会議は荷主企業、利用運送事業者、輸送事業者のパートナーシップによる、物流におけるCO_2排出削減の自主的な取り組みを促進するために設置された会議体である。当該のパートナーシップにより実施される物流の改善事業であって、CO_2の削減が確実に見込まれるものに対し、1億円を上限として補助対象事業経費の3分の1を補助することとなっており、経済産業省および国土交通省から補助金が交付されている。

　2005年度は、グリーン物流パートナーシップ会議において提案された事業が65件あり、うち21件が補助金を交付されている。補助金の合計額は6億4605万円である。鉄道へのモーダルシフトにかかる事業は提案が20件あり、補助金を交付されたのは4件、補助金の合計額は1億3313万円である[12]。グリーン物流パートナーシップ会議に基づく補助制度は2010年度まで実施されている。

　2011年度からはモーダルシフト等推進事業費補助金が支給されている。これは荷主企業、利用運送事業者、輸送事業者等が連携して実施するモーダルシフト等の物流効率化に関する事業について、その計画の策定に要する経費への支援（計画策定経費補助）およびその初年度の運行経費の一部に対する支援（運行経費補助）を行うものである。計画策定経費補助については2016年度より支給されている。補助額は計画策定経費補助が上限200万円、運行経費補助が運行経費の2分の1以内で上限が500万円となっている[13]。表序-1はモーダルシフト等推進事業費補助金の交付実績である。

　上記以外のモーダルシフト推進策としては、31ftコンテナの購入費用に対

11　http://www.mlit.go.jp/seisakutokatsu/freight/butsuryu-jisshoujikken.html を参照した。また田口［2003］も参照のこと。利用運送事業者とは、荷主と運送契約を締結し、他の事業者が経営する鉄道、船舶等の輸送機関を利用して貨物の集荷から配達までを一貫して行う輸送サービスを供給する事業者を指す（http://www.mlit.go.jp/seisakutokatsu/freight/butsuryu-riyouunsou.html を参照した）。
12　http://www.greenpartnership.jp/pdf/proposal/back/h17/grant-meti.pdf および http://www.greenpartnership.jp/pdf/proposal/back/h17/grant-mlit05.pdf を参照した。
13　http://www.mlit.go.jp/common/001236120.pdf および国土交通省総合政策局提供資料を参照した。

表序-1 モーダルシフト等推進事業費補助金の交付実績

年度	全体 件数	全体 交付額（百万円）	鉄道関連 件数	鉄道関連 交付額（百万円）
2011	22	60	10	30
2012	18	53	13	30
2013	16	45	12	35
2014	8	30	6	10
2015	12	30	6	23
2016	19	20	6	7
2017	32	30	15	11

［出所］国土交通省総合政策局提供資料より作成。

する補助[14]、線路・駅等のインフラストラクチャー（以下、インフラという）の整備に対する支援[15]、固定資産税の軽減等の税制措置が実施されている。しかしながら、いずれも小規模なものにとどまっている。JR貨物が発足した時点で、鉄道はすでに貨物輸送における補完的機能を果たすのみとなっており[16]、近年わずかに輸送量が回復しているものの、その輸送分担率に大きな変化は見られない。モーダルシフトが進展しているとは言い難いのである。このような現状に鑑みて本書は、わが国の貨物鉄道事業について、主としてJR貨物が発足した1987年以降の輸送と経営の状況を概観し、鉄道がモーダルシフトの受け皿となり得るのか、もしなり得るためには、どのような方策が必要とされるのかについて、考察するものである。

とりわけ本書の特徴は、JR貨物のみならず、臨海鉄道と（第三セクター鉄道を含む）民営鉄道も考察の対象としていることである。わが国の鉄道貨物輸送に関する先行研究は、その大部分がJR貨物を研究対象としている（高坂［2012］p.205）。JR貨物が全国的な路線網を有する唯一の貨物鉄道事業者であることを考慮すれば当然といえるが、わが国の鉄道貨物輸送において、臨海鉄道と民営鉄道がどのような役割を担っているのか（担い得るのか）を明らかにすることは、鉄道がモーダルシフトの受け皿となり得るのかを考察するうえで有益であると考えられる。

ただし本章では、国鉄の分割・民営化以前の状況も含めて、わが国の貨物

---

14 これについては第1章で述べる。
15 これについては第6章、第7章で述べる。
16 同様の指摘は野村［1986］p.66、古屋［1988］p.9、矢田貝［1993］pp.20-21、野村［1994］p.1、岡田［1999a］p.14を参照されたい。

輸送の推移を概観し、鉄道貨物輸送の現状に至るまでの大まかな経緯を確認しておきたい。

わが国の鉄道貨物輸送の歴史的経緯についての先行研究には鉄道貨物近代史研究会編［1993］、岡田［1995、2000、2007］、中島［1997］、西村［2007］、モーダルシフト研究会［2009a］、佐藤［2010］、松本［2011］がある。

貨物鉄道事業者の立場から、わが国の鉄道貨物輸送の歴史的経緯について述べたものとしては貨物近代化史編集委員会編［1993］、伊藤［1993、2017］、堀川［1998］、岩沙［2007］、日本貨物鉄道編［2007a、2007b、2007c］、前田・阿佐美・古澤［2009］、峯［2010］がある。堀川［1998］は青函トンネル開通前後の青森〜函館間の貨物輸送の状況について、前田・阿佐美・古澤［2009］、峯［2010］はコンテナ輸送の変遷について、それぞれ述べている。

中島［1997］、伊藤［2017］はわが国の鉄道貨物輸送を取り上げた研究書である。

2　わが国の貨物輸送の推移

表序-2は国内の貨物輸送トン数の推移を輸送機関別に示したものである。いずれの輸送機関も1950年度から1970年度にかけて増加傾向を示しているが、トラックの増加は突出している。1970年度と1950年度を比較すると、鉄道は1.5倍の増加にとどまっている。一方、トラックは15倍の増加となっており、内航海運も7.6倍に増加している。1970年度以降では、トラックと内航海運は1990年度まで増加傾向が続いているが、鉄道は急速に減少している。1990年度と1970年度を比較すると、トラックは1.3倍の増加、内航海運は1.5倍の増加となっている。しかし鉄道は3分の1余りにまで減少している。

1990年度以降は国内の貨物輸送トン数全体が緩やかに減少しており、2015年度は1990年度の約72％となっている。各輸送機関では、トラックは約73％、内航海運は約64％であるが、鉄道は半分にまで減少している。鉄道は1970年度以降、減少傾向が持続しているのである。

図序-1は国内の貨物輸送トン数の輸送機関別分担率を示したものである。1950年度から1970年度にかけて、トラックの分担率は59.1％から88.1％へ

表序-2 輸送機関別国内貨物輸送トン数

(単位：千トン)

年度	トラック	鉄道	内航海運	航空	合計
1950	309,000	164,964	49,282		523,246
1955	569,000	193,419	69,254		831,673
1960	1,156,291	238,199	138,849	9	1,533,348
1965	2,193,195	243,524	179,645	33	2,616,397
1970	4,626,069	250,360	376,647	116	5,253,192
1975	4,392,859	180,616	452,054	192	5,025,721
1980	5,317,950	162,827	500,258	329	5,981,364
1985	5,048,048	96,285	452,385	538	5,597,256
1990	5,838,318	86,619	575,199	874	6,501,010
1995	5,836,657	76,932	548,542	960	6,463,091
2000	5,729,403	59,274	537,021	1,103	6,326,801
2005	5,016,530	52,473	426,145	1,082	5,496,230
2010	4,480,195	43,628	366,734	1,004	4,891,561
2015	4,289,000	43,210	365,486	1,014	4,698,710

［注］ 1. 航空は定期航空運送事業および不定期航空運送事業にかかる輸送の合計である。
2. トラックの1990年度以降は軽トラックを含む数値である。ただし2010年度以降、トラックの数値は調査方法および集計方法が変更となっており、軽トラックは営業用のみ計上されている。
3. トラックの2010年度の数値には、東日本大震災の影響により、国土交通省北海道運輸局および東北運輸局の管内における2011年3月の数値は含まれていない。
4. 鉄道は1985年度まで国鉄の無賃を含んでいる。

［出所］『数字でみる物流』各年度版および『交通経済統計要覧』各年版より作成。

と大幅に拡大している[17]。一方で、鉄道の分担率は31.5％から4.8％へと急

---

17 トラックの輸送トン数および輸送トン数の輸送機関別分担率は、1950年度の時点で鉄道を上回っている。貨物輸送は旅客輸送とは異なり、鉄道、内航海運、航空を利用する場合、端末輸送にはトラックを利用するのが一般的である。また鉄道駅から出発地や到着地まで荷主の企業等が所有する専用線が存在する場合や、フェリー、RORO船（roll-on roll-off ship）のようにトラックの自走により乗下船を行う場合を除いて、駅、港、空港での荷役作業は避けられないため、近距離の輸送は必然的にトラックの利便性が高くなる。したがってトラックの輸送トン数およびトン数ベースの輸送機関別分担率は大きくなる傾向にある。なおここでいう専用線とは企業、地方自治体等が自ら保有し専用する鉄道線のことであり、鉄道事業法第2条第6項に基づく専用鉄道（専ら自己の用に供するため設置する鉄道で、その鉄道線路が鉄道事業の用に供される鉄道線路に接続するもの）を指す。http://elaws.e-gov.go.jp/search/elawsSearch/elaws_search/lsg0500/detail?lawId=361AC0000000092#2 を参照した。専用線の歴史的経緯については日本貨物鉄道編［2007c］pp.147-152が詳しい。

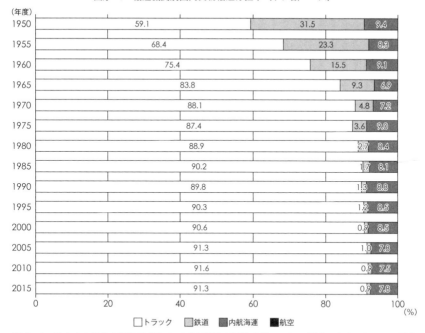

図序-1　輸送機関別国内貨物輸送分担率（トン数ベース）

［注］
1. 航空は定期航空運送事業および不定期航空運送事業にかかる輸送の合計であるが、数値が小さいため図には値を掲載していない。
2. トラックの1990年度以降は軽トラックを含む数値である。ただし2010年度以降、トラックの数値は調査方法および集計方法が変更となっており、軽トラックは営業用のみ計上されている。
3. トラックの2010年度の数値には、東日本大震災の影響により、国土交通省北海道運輸局および東北運輸局の管内における2011年3月の数値は含まれていない。
4. 鉄道は1985年度まで国鉄の無賃を含んでいる。

［出所］『数字でみる物流』各年度版および『交通経済統計要覧』各年版より作成。

速に縮小している。内航海運は1950年度から2015年度まで8％前後で推移していることから、鉄道によって輸送されていた貨物の多くがトラックに転換したものと考えられる。1970年度以降もトラックは90％前後の分担率を維持しているが、鉄道の分担率は縮小し続け、1990年度以降は1％前後で推移している。

表序-3は国内の貨物輸送トンキロの推移を輸送機関別に示したものである。輸送トン数と同様に、いずれの輸送機関も1950年度から1970年度にかけて増加傾向を示しているが、1970年度の数値を1950年度と比較すると、

表序-3　輸送機関別国内貨物輸送トンキロ

(単位：百万トンキロ)

年度	トラック	鉄道	内航海運	航空	合計
1950	5,430	33,849	25,500		64,779
1955	9,510	43,254	29,022	1	81,787
1960	20,801	54,515	63,579	6	138,901
1965	48,392	56,678	80,635	21	185,726
1970	135,916	63,031	151,243	74	350,264
1975	129,701	47,058	183,579	152	360,490
1980	178,901	37,428	222,173	290	438,792
1985	205,941	21,919	205,818	482	434,160
1990	186,921	27,196	244,546	799	459,462
1995	200,835	25,101	238,330	924	465,190
2000	212,631	22,136	241,671	1,075	477,513
2005	226,896	22,813	211,576	1,075	462,360
2010	243,150	20,398	179,898	1,032	444,478
2015	204,316	21,519	180,381	1,056	407,272

［注］　1. 航空は定期航空運送事業および不定期航空運送事業にかかる輸送の合計である。
　　　2. トラックの1990年度以降は軽トラックを含む数値である。ただし2010年度以降、トラックの数値は調査方法および集計方法が変更となっており、軽トラックは営業用のみ計上されている。
　　　3. トラックの2010年度の数値には、東日本大震災の影響により、国土交通省北海道運輸局および東北運輸局の管内における2011年3月の数値は含まれていない。
　　　4. 鉄道は1985年度まで国鉄の無賃を含んでいる。
［出所］　『数字でみる物流』各年度版および『交通経済統計要覧』各年版より作成。

鉄道は1.9倍の増加にとどまっている。一方、トラックは25倍の増加となっており、内航海運も5.9倍に増加している。輸送トンキロにおいてもトラックの増加は突出しているといえよう。1970年度のトラックは1359億トンキロであり、鉄道の630億トンキロの2倍以上となっている。内航海運は1512億トンキロである。

　1970年度以降を見ると、トラックは1990年度に減少しているものの2010年度まで緩やかな増加基調で推移し、2015年度にやや減少している。2015年度は2043億トンキロであり、1970年度の1.5倍となっている。内航海運

は1990年度まで緩やかな増加基調で推移し、2005年度以降は緩やかに減少しているが、2015年度はわずかに増加し1804億トンキロとなっている。これは1970年度の1.2倍である。鉄道は1970年度から1985年度までの15年間に3分の1余りにまで減少している。その後、JR貨物発足直後の1990年度にやや増加しているものの減少基調で推移しており、2015年度は215億トンキロで1985年度とほぼ同水準である。輸送トンキロにおいても鉄道は減少傾向が持続しているのである。

図序-2は輸送機関別国内貨物輸送分担率の推移をトンキロベースで示したものである。平均輸送距離の長い鉄道と内航海運は[18]、図序-1で示した輸送トン数の分担率よりも数値が大きくなっている。とはいえ、トンキロベースにおいてもトラックの分担率は拡大する傾向にあり、とりわけ1950年度から1985年度にかけて大幅に拡大している。1950年度は8.4％であったが、1985年度は47.4％であり、5.6倍に拡大している。一方で、鉄道の分担率は1950年度の52.3％から1985年度は5.0％へと10分の1以下にまで縮小している。内航海運の分担率については増減が見られるものの、おおむね40％台で推移している。

わが国は内航海運の分担率が大きい。これはわが国の国土が列島により形成されており、主要な大都市が海岸に近接しているという地理的特徴によるところが大きい。これによって内航海運の利用範囲が大きくなり、一方で鉄道の担う領域を制約しているといえよう[19]。このような地理的特徴は、わが国と比較されることの多い米国や欧州諸国、東アジア諸国には見られないものである。

1990年度以降の各輸送機関の分担率には顕著な変化はなく、トラックと内航海運はおおむね40％台から50％台前半の範囲で推移している。鉄道は5％前後にとどまっており、トラックと内航海運を補完する輸送機関であるといわざるを得ない。

---

18 2016年度の平均輸送距離を見ると、トラックは営業用が60.15km、自家用が21.71kmであるのに対して、内航海運は495kmであり、鉄道はコンテナが893.8km、車扱が149.1kmである。全日本トラック協会［2018］p.9、『JR貨物要覧』2017年版、p.37、http://www.naiko-kaiun.or.jp/about/about_cargo.php を参照した。
19 野村［1994］p.2、風呂本［1997］pp.38-39を参照されたい。

12　第1部　貨物鉄道事業の経緯と現状

図序 -2　輸送機関別国内貨物輸送分担率（トンキロベース）

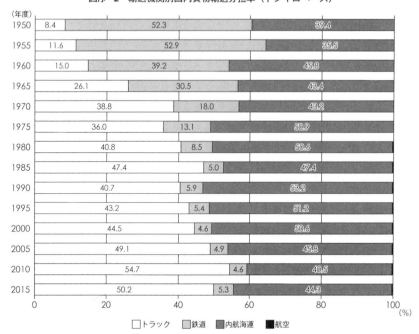

[注]　1.　航空は定期航空運送事業および不定期航空運送事業にかかる輸送の合計であるが、数値が小さいため図には値を掲載していない。
　　　2.　トラックの1990年度以降は軽トラックを含む数値である。ただし2010年度以降、トラックの数値は調査方法および集計方法が変更となっており、軽トラックは営業用のみ計上されている。
　　　3.　トラックの2010年度の数値には、東日本大震災の影響により、国土交通省北海道運輸局および東北運輸局の管内における2011年3月の数値は含まれていない。
　　　4.　鉄道は1985年度まで国鉄の無賃を含んでいる。
[出所]　『数字でみる物流』各年度版および『交通経済統計要覧』各年版より作成。

3　鉄道輸送減少の要因

　前節で見たように、鉄道は輸送トン数、輸送トンキロともに減少傾向にある。とりわけ国鉄の末期にあたる1970年度から1985年度までの15年間において、輸送トン数は1億5408万トン、輸送トンキロは411億トンキロという大幅な減少を示している。国鉄の末期に鉄道の輸送量が大幅に減少した要因については先行研究において分析されているが[20]、概して以下の4点に

20　山口［1986］、矢田貝［1993］、高坂［1997b］pp.41-43、中島［1997］pp.32-33、伊藤［1999］

あると考えられる。

　第1は、わが国の主なエネルギー資源が石炭から石油・天然ガス等に転換したことで、鉄道の輸送品目において大きな比重を占めていた石炭の輸送量が激減したことである。1970年度の石炭の輸送トン数は3023万トンであったが、1985年度は843万トンで1970年度の3割弱にまで激減している[21]。

　第2は、トラック輸送を前提とする物流システムが確立したことである。道路網の急速な拡大により、トラック輸送の利便性は大幅に向上した。また荷主企業からのジャスト・イン・タイム輸送の要求と産業構造の変化による小型・軽量貨物の増加も、ドア・ツー・ドア輸送かつ多頻度少量輸送に優れたトラックに有利に働いたといえる。

　図序-3は高速自動車国道と舗装済一般道路の延長の推移である。舗装済一般道路延長は1960年度から1990年度まで急激な増加を示している。1990年度の数値を1960年度と比較すると26倍の増加である。1995年度以降はやや緩やかな増加傾向になっている。高速自動車国道の延長はほぼ一定の比率で増加し続けている。

　第3は、貨物輸送の構造変化に鉄道の対応が立ち遅れたことである。国鉄は輸送設備の増強は旅客輸送を重視する一方で、貨物輸送は貨物駅や列車の廃止を中心とするサービスの削減に重点が置かれた。このため、需要の見込めるコンテナ輸送に対応する輸送方式、荷役方式への転換が進まなかったのである。

　従来、鉄道輸送は貨車1両単位で発着駅の定まった車扱輸送[22]を中心としていたため、行先別に貨車を仕分ける操車場（ヤード）を介した継送輸送方式を採用していた。しかし操車場での貨車の入換作業は所要時間を長引かせ、また操車場で同じ方面に向かう貨車が、列車を編成し得る車両数にならなけ

---

　　pp.2-3、岡田［2000］pp.35-36、水谷［2001］pp.10-11、白鳥［2006］p.22、日本貨物鉄道編［2007b］pp.448-449、澤内［2018］p.65を参照した。山口［1986］は鉄道輸送減少の要因は「社会資本のぼう大な投資による近代的道路網の急速な敷設により、トラック輸送網の全国的な完成をみたことは、多くの道路を無料で使用できるトラックに優位性をもたらした。さらに産業の高度化による軽薄短小製品の増大がこの優位性をさらに増大させた」と分析している（山口［1986］p.5）。
21　『運輸経済統計要覧』各年版を参照した。
22　車扱輸送とは貨車を1両単位で荷主が貸し切り、貨車に直接貨物を積載する輸送形態を指す。

14 　第 1 部　貨物鉄道事業の経緯と現状

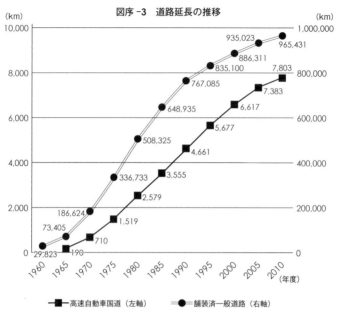

図序-3　道路延長の推移

［出所］『交通経済統計要覧』各年版より作成。

れば出発しないので到着日時に正確性を欠き、トラックに対する競争力は低下した[23]。また貨物駅の設備も、車扱貨車を効率よく扱うために着発線と荷役線を分離した構造となっていたため、駅での荷役にも貨車の入換作業が伴うなど、貨物輸送のスピードアップがままならない状態であった。

　一方、コンテナ輸送はコンテナを貨車やトラックに積載するので、貨物駅においてトラックと貨車の間、あるいは貨車相互間でコンテナを積み換えることができる。このため、操車場を介さない駅間直行輸送方式が可能であり、また着発線荷役方式[24]の駅であれば駅構内での貨車の入換作業も不要である。しかしながら、操車場を全廃し、継送輸送方式から駅間直行輸送方式への全面転換が実施されたのは1984年2月のダイヤ改正である。着発線荷役方式

23　伊藤［1993］pp.34-35を参照されたい。
24　着発線荷役方式は着発線上に荷役ホームを設置するので、列車が駅に到着した直後から荷役作業を行えるため、駅での停車時間を容易に短縮できる。着発線荷役方式の開発の経緯と着発線荷役駅の導入状況については大澤［2017］が詳しい。なおJR貨物は着発線荷役方式をE&S方式（Effective & Speedy Container Handling System）と呼称している。

の駅が本格的に稼働を開始したのは1986年11月のダイヤ改正であり、それもわずか2駅（新南陽駅、岐阜貨物ターミナル駅[25]）であった[26]。

第4は、国鉄の労使関係が悪化したことにある。貨物輸送の価格競争力を高めるための近代化、合理化が労働組合の強い抵抗により進展せず、さらにストライキの頻発により荷主の信用を喪失したのである。

4 おわりに

わが国の鉄道貨物輸送は、国鉄の末期にあたる1970年度から1985年度までの15年間において輸送量が大幅に減少し、以後も輸送トン数の減少傾向は継続している。輸送トンキロはJR貨物の発足直後には増加したものの、2000年度以降は1985年度と大差ない数値で推移している。トラックドライバー不足の顕在化や環境意識の高まりによって、大量輸送が可能で環境負荷の小さい鉄道貨物輸送はモーダルシフトの受け皿として注目され続けてきた。しかし1985年度以降の鉄道の輸送分担率に大きな変化は見られず、モーダルシフトが進展しているとは言い難い。

前節において、国鉄の末期に鉄道の輸送量が大幅に減少した要因について考察したが、それらのうち第2および第3の要因については、JR貨物発足後も現在まで継続して鉄道に影響を及ぼしているものと考えられる。以後の各章においては、これらについて考慮しつつ、鉄道がモーダルシフトの受け皿となり得るのか、もしなり得るためには、どのような方策が必要とされるのかについて考察する。

第1部では貨物輸送を実施する鉄道事業者の現状について、主に輸送と経営の観点から考察する。そのうえで、第2部において、鉄道がモーダルシフトの受け皿となり得るための方策を検討する。

---

25 以下、駅名に貨物ターミナルが付されている駅については、特記の必要がない限り岐阜夕駅のように略記する。

26 日本貨物鉄道編［2007a］pp.158-164を参照されたい。なお操車場の全廃と駅間直行輸送方式への全面転換は、実質的には1986年11月のダイヤ改正まで持ち越された（日本貨物鉄道編［2007a］p.163）。国鉄は1980年代前半に貨物駅、貨物列車、操車場を継続的に削減した。1980年度は貨物取扱駅数が1234で、1日あたり列車設定キロは約41万キロ、年度末の操車場数は150であったが、操車場を全廃した1984年2月のダイヤ改正では、貨物輸送が大幅に縮小された。1984年度は貨物取扱駅数が422、1日あたり列車設定キロは約29万キロ、年度末の操車場数は0に、それぞれ減少している（『日本国有鉄道監査報告書』各年度版を参照）。

第1章
JR貨物

1 はじめに

　JR貨物は国鉄の分割・民営化により、国鉄の貨物輸送部門を継承するために設立された事業者である。国鉄の旅客輸送部門は、地域分割のうえ6つの旅客鉄道[1]が継承しているので、JR貨物は全国的な路線網を有する唯一の鉄道事業者となっている。したがって鉄道貨物輸送におけるJR貨物の存在は極めて大きく、JR貨物の輸送、経営の動向はわが国の鉄道貨物輸送に大きな影響を及ぼすものである。表1-1は2015年度における鉄道貨物輸送の概要である。JR貨物はコンテナ輸送トン数、輸送トンキロ、貨物運輸収入、年度末営業キロにおいて、わが国の鉄道貨物輸送の9割程度を占めている[2]。

　本章では、JR貨物発足後の輸送、経営の動向を考察し、その経営改善策を評価したうえで、モーダルシフトの推進に向けての課題を明らかにする。JR貨物に関する先行研究は、管見の限りにおいても極めて多数存在する。とりわけJR貨物の立場から考察されたものが多く見受けられる。

　JR貨物発足後の経緯を概観した先行研究としては近藤［2008］がある。JR貨物の現状を分析し、その経営課題を明らかにした先行研究は高坂［1996a、1997c］、中島［1997］、鶴岡［1998］、岡田［1999a、1999b］、団［1999］、水谷［2001］、李・安部［2004a］、鶴［2005］、モーダルシフト研究会［2009a］、澤井［2010］、全国通運連盟［2010］、榎本［2013］がある。榎本［2013］は国の立場からJR貨物の現状を分析し、今後の鉄道貨物輸送の

---

[1] 以下、JR旅客各社と総称する。なお各事業者を記載する際にも、事業者名を特定しない場合はJR旅客会社と記載し、事業者名を特定する場合は特記の必要がない限りJR北海道等の一般的な呼称を用いる。JR貨物とJR旅客各社を総称する場合にはJRと記載する。
[2] 車扱の輸送トン数において臨海鉄道を含む民営鉄道の占める割合が5割を超えている要因については、第2章以降で述べる。

表 1-1　わが国の鉄道貨物輸送の概要（2015 年度）

区分		JR 貨物	民営鉄道	合計	JR 貨物の占める割合
輸送トン数（トン）		30,564,772	12,645,917	43,210,689	70.7%
	コンテナ	22,077,935	2,676,149	24,754,084	89.2%
	車扱	8,486,837	9,969,768	18,456,605	46.0%
輸送トンキロ		21,211,526,290	170,019,362	21,381,545,652	99.2%
	コンテナ	19,927,275,462	24,185,022	19,951,460,484	99.9%
	車扱	1,284,250,828	145,834,339	1,430,085,167	89.8%
貨物運輸収入（千円）		118,399,135	6,371,679	124,770,814	94.9%
年度末営業キロ（km）		8,166.8	344.2	8,511.0	96.0%

［注］　民営鉄道は臨海鉄道および第三セクター鉄道を含む。
［出所］　『鉄道統計年報』平成 27 年度版および『JR 貨物要覧』2017 年版より作成。

あり方について述べている。

　先に述べたように、中島［1997］は鉄道貨物輸送を取り上げた研究書の 1 つである。わが国の鉄道貨物輸送について、貨物輸送市場における位置づけ、輸送技術を解説し、貨物鉄道の経営についても考察している。

　鶴岡［1998］は、鉄道貨物輸送はエネルギー効率の良さと CO_2 排出量の少なさにメリットがあるものの、JR 旅客各社から線路を借りていることから、荷主が利用しやすいダイヤ編成が難しいことを指摘する[3]。ダイヤ編成における制約を解消するためには、国が道路予算を削減し、その削減分を利用して混雑する線区の迂回経路を整備するよう提言している。

　トラックから鉄道へのモーダルシフト推進策について考察した先行研究は風呂本［1997］、佐藤［1998］、鶴岡［1998］、伊津野［1999］、厲・大森・中村［2001］、田口［2003］、厲［2003, 2004］、香川［2006, 2007］、モーダルシフト研究会［2009a, 2009b］、吉岡［2011a, 2011b, 2012］、尾川［2015］、魚住［2017］と多数存在する。

　JR 貨物は営業損失を計上した 1994 年度以降、複数年度の経営計画を数次にわたって策定しているが、当該の経営計画については石田［2001］、李・

3　同様の指摘は杉山［2013］p.8 を参照のこと。

安部［2004b］、近藤［2009］、松永［2009］、佐藤［2012a、2012b］が分析している[4]。

JR貨物の立場からの先行研究は、以下のものがある。

JR貨物発足後の経緯について述べているのは伊藤［2007］、日本貨物鉄道編［2007a］、田村［2017a、2017b］、三浦［2017］がある。三浦［2017］はJR貨物の施設保守について経緯を述べている。

JR貨物の現状を解説し、経営課題を述べているのは瀬山［1996］、伊藤［2002、2004］、古田［2016］、玉木［2017］である。古田［2016］はJR貨物の財務面からの経営改善策について述べている。

JR貨物が策定した複数年度の経営計画については桝田［1995］、神立［1999］、佐渡［2006］、椿・小川［2009］、森［2017］が述べている。ただし森［2017］は「計画の途中で頓挫することがほとんどで、前計画の総括をしないまま数字目標だけの新しい計画を立てて」いると経営計画を批判している（森［2017］p.68）。

輸送サービスの効率化・改善施策について解説しているのは山内［1994］、神立ほか［1997］、岩沙［2000］、鎌田［2000b］、椿［2006］、姫野［2007］、依田［2008］、日本貨物鉄道総合企画本部［2013］、入江［2014］、和氣［2014］、高橋［2017］である。鎌田［2000b］はトラック輸送がもたらす大気汚染等の社会的費用に着目し、その内部化には鉄道の整備によるモーダルシフトが有効であると主張している。

車両、情報システム、インフラ整備等の輸送技術については神立ほか［1998a、1998b］、Iwasa［2000］、西村［2013］、井上［2014］が解説している。

2　輸送の動向

2-1　輸送量・運転

図1-1は年度別輸送トン数の推移である。合計では、1987年度は5529万トンであり、1990年度には5840万トンに増加した。しかし1991年度以降

---

[4] 2017年度からは、2021年度までの経営計画である「JR貨物グループ中期経営計画2021」に基づいて諸方策が実施されている（日本貨物鉄道［2017］を参照した）。

図1-1 JR貨物の年度別輸送トン数

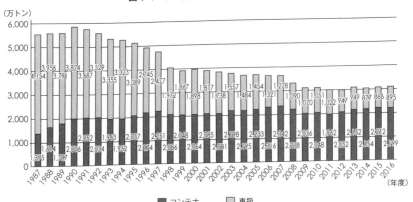

［出所］『鉄道統計年報』各年度版、『JR貨物要覧』各年版、『交通経済統計要覧』各年版より作成。

は減少に転じ、1999年度には4000万トンを下回っている。以後も減少傾向は続き、2009年度以降は3000万トン前後で推移している。2016年度は3094万トンであり、最大の輸送トン数を記録した1990年度の53.0％となっている。

　輸送トン数の合計が減少しているのは、車扱の輸送トン数が大幅に減少しているからである。車扱の輸送トン数は、1987年度には4154万トンであったが、1996年度には3000万トンを下回り、1998年度には2000万トンを下回っている。以後も減少傾向は続き、2012年度以降は900万トン前後にまで落ち込んでいる。その輸送トン数合計に占める割合も縮小しており、1987年度には75.1％であったが、1996年度には60％を下回り、1998年度には50％を下回ってコンテナと逆転している。2005年度には40％を下回り、2012年度以降は30％前後で推移している。

　一方、コンテナの輸送トン数は1987年度には1375万トンであったが、その後増加し、1990年度には2000万トンを上回っている。以後、1996年度と1997年度は2200万トン前後に増加しているものの、2002年度まで2000万トン前後で推移している。2003年度以降は、2009年度から2012年度までの間は2000万トン前後にとどまったものの、2200万トン前後で推移している。コンテナの輸送トン数は段階的に増加しつつも、おおむね安定した傾向にあ

る。

　車扱の輸送トン数が減少した要因は2つあると考えられる。第1は主に車扱貨車を利用するばら荷（bulk）の輸送量が減少したことである。表1-2は車扱輸送トン数を品目別に示したものである。車扱貨車で輸送される品目の大部分は、ばら荷の石油（石油製品）、セメント、石灰石であることがわかる。これらは重量が大きく、かつ大量に輸送されるので、貨車自体に積載する車扱貨車での輸送に適した品目といえる。他に機械の輸送トン数が大きいが、その多くは車両である[5]。いずれの品目も輸送量を大幅に減少させており、石油製品、セメント、石灰石の輸送トン数合計は、1987年度には2606万トンであったが、2015年度は717万トンであり、1890万トン近く減少している。とりわけセメントと石灰石の減少が顕著で、2015年度の輸送トン数は1987年度の1割程度である。なお2000年度に砂利の輸送トン数が大幅に増加しているが、これは中部国際空港埋立土砂の輸送を2000年7月から実施したことによる[6]。

　第2はJR貨物が車扱貨車を利用していた輸送品目の一部をコンテナ輸送に転換したことである。軽工業品（紙・パルプ、繊維工業品・食料工業品）、農水産品・林産品はすでに車扱での輸送実績が無くなっている。これらはコンテナ輸送への転換が比較的容易であり、直近では紙・パルプが車扱貨車（有蓋車）の老朽化を機に、2012年3月のダイヤ改正でコンテナ輸送に転換している[7]。この結果、車扱輸送は石油製品を中心とするばら荷に特化した状況がより顕著となっている。1987年度における輸送トン数の品目別比率を見ると、石油製品が27.8％であり、セメントが17.8％、石灰石が17.1％となっており、これらで62.7％を占めている。これら以外の品目では機械と化学薬品、紙・パルプの比率が比較的大きく、それぞれ7.0％、6.2％、5.9％を占めていた。同様に2015年度の比率を見ると、石油製品が66.9％に拡大

5　ここでいう車両とは、鉄道車両の輸送（甲種車両回送）および車扱貨車の空車回送である。
6　中部国際空港埋立土砂の輸送は2002年12月まで実施された。詳細は三岐鉄道［2001］pp.43-45および四日市大学・三岐鉄道編［2008］を参照されたい。
7　JR貨物へのヒアリング（2013年9月2日）による。なお2015年度におけるコンテナの品目別輸送トン数をみると、紙・パルプが325万トン、食料工業品が364万トン、農産品・青果物が214万トンである（『JR貨物要覧』2017年版、p.38を参照した）。

表1-2 JR貨物の車

年度	化学工業品				鉱産品				
	石油製品	セメント	化学薬品	その他	石灰石	石炭	金属鉱	砂利	その他
1987	11,556	7,399	2,567	1,823	7,109	1,933	349	205	257
1990	11,802	7,952	2,370	441	5,677	1,011	335	162	186
1995	12,027	5,794	1,749	177	4,479	646	239	74	73
2000	9,978	2,581	1,030	22	711	279	207	1,227	39
2005	9,482	1,274	549	4	673	220	173	42	0
2010	7,192	674	158	0	612	163	193	93	0
2011	7,142	605	108	0	621	185	167	47	0
2012	6,428	693	151	0	636	160	182	2	0
2013	6,387	767	135	0	682	167	191	1	0
2014	5,805	778	143	0	649	168	189	0	0
2015	5,794	747	145	0	626	145	179	2	0

[出所]『鉄道統計年報』各年度版およびJR貨物提供資料より作成。

し、機械も9.9％に拡大している。一方で、セメントと石灰石がそれぞれ8.6％、7.2％に縮小しており、化学薬品の比率はわずかに1.7％となっている。

現在、車扱の大部分を占める石油製品は、主として首都圏と三重県の臨海部から関東地方北部や長野県、山梨県等の内陸部に向けて輸送されている。これらの地域における石油製品については鉄道の輸送分担率が極めて大きく、2016年度は群馬県が98.1％に達している。他に長野県が84.8％、栃木県が73.5％、山梨県が53.8％である[8]。内陸部への石油製品の輸送は海運を利用できないため、トラック（タンクローリー）よりも安全性が高く大量輸送が可能な鉄道が利用されている。

JR貨物がコンテナ輸送を重視し、車扱輸送を縮小する姿勢を示しているのは、わが国の鉄道貨物輸送が採用している列車の駅間直行輸送方式において、車扱貨車が非効率だからである。序章で述べたように、車扱貨車は操車場を介した継送輸送方式に適しており、石油、セメント、石灰石のように一

---

8 JR貨物提供資料を参照した。

扱品目別輸送トン数

(単位：千トン)

金属・機械工業品			軽工業品		農水産品・林産品	その他	合計
機械	鉄鋼	非鉄金属・金属製品	紙・パルプ	繊維工業品・食料工業品			
2,911	305	64	2,467	519	1,563	513	41,541
3,240	311	46	2,620	432	1,151	501	38,239
2,638	174	4	1,618	181	648	365	30,886
1,619	66	0	895	1	175	145	18,976
1,353	38	0	481	0	102	146	14,536
1,041	40	0	185	0	0	122	10,472
1,080	27	0	126	0	0	112	10,221
1,041	37	0	0	0	0	141	9,471
973	35	0	0	0	0	152	9,490
868	37	0	0	0	0	131	8,770
853	32	0	0	0	0	138	8,661

度に多数の貨車を連結して大量のばら荷を輸送するケースを除いて、駅間直行輸送方式には不向きである。また、大量のばら荷は単位輸送量あたり運賃が低価格であり、運賃負担力が弱い。その輸送に使用される車扱貨車は、石油輸送用のタンク車のように、用途が特定の品目に限定される傾向にあるため、コンテナ輸送に比べて帰り荷の確保が難しく、車扱貨車の空車回送を回避することが困難である[9]。

　図1-2は輸送トンキロと列車走行キロの推移である。いずれも1987年度から1990年度にかけて増加し、その後増減を繰り返しつつ2011年度まで減少する傾向にある。しかし2012年度以降に輸送トンキロが増加傾向にある一方で、列車走行キロは2013年度以降減少している。これはJR貨物が需要の少ない列車を整理し、列車の積載率向上を図った結果といえよう。輸送

---

[9] 同様の指摘は高坂［1996a］p.45、風呂本［1996］p.47を参照されたい。ただし、例外的に車扱貨車による往復輸送の事例もある。三岐鉄道の東藤原駅から衣浦臨海鉄道の碧南市駅まで、途中富田駅〜大府駅間でJR貨物を介して炭酸カルシウムが輸送され、その復路には石炭灰（フライアッシュ）が輸送されている。これについては三岐鉄道［2001］pp.40-43、椙尾［2001］、伊藤［2016］pp.27-28、伏島［2019］を参照されたい。

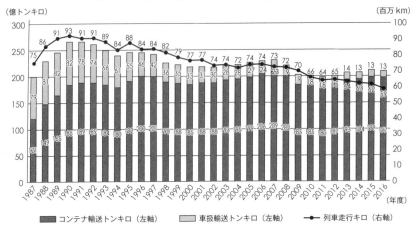

図1-2　JR貨物の輸送トンキロと列車走行キロの推移

[出所]　『鉄道統計年報』各年度版および『JR貨物要覧』各年版より作成。

　トンキロにおいては、図1-1と比較して車扱の比率が小さい。これはコンテナの平均輸送距離が約900kmであるのに対して、車扱は約180kmと短いためである[10]。

　車扱は輸送トン数の大幅な減少にともなって輸送トンキロも大きく減少している。コンテナは1987年度の121億トンキロから増加し、1990年度に185億トンキロとなった。以後増減はあるものの、おおむね180億トンキロから200億トンキロの範囲で推移している。1987年度の輸送トンキロ扱別比率は、コンテナが60.3％、車扱が39.7％であったが、コンテナの比率が拡大する傾向にあり、1996年度には80％を超え、2007年度以降は90％以上で推移している。

　コンテナの平均輸送距離が長いのは、輸送距離が長いほど鉄道のトラックに対する競争力が高まるからである。序章でも触れたが、鉄道貨物輸送は端末輸送においては、駅に接続する専用線を荷主企業等が所有する場合を除いて、トラックを利用するのが一般的である。この場合、トラックで直接輸送する場合と異なり、出発駅および到着駅での荷役作業が避けられないため、

10　平均輸送距離の数値は1987年度から2016年度までの平均である。『鉄道統計年報』各年度版および『JR貨物要覧』各年版より算出した。

近距離の輸送ではトラックで直接輸送したほうが利便性は高くなる[11]。また、オンレールの運賃（鉄道運賃）に加えて、トラックによる端末輸送の料金（発送料・到着料）が必要となるため、端末輸送の距離が長い場合、あるいはオンレールでの輸送距離が短い場合は、トータルの運賃・料金がトラックに比べて割高になることがある[12]。

例えば端末輸送が集貨・配達ともに距離が10km未満として、東京夕駅から岐阜夕駅まで12ftコンテナ（運賃計算トン数5トン）1個を輸送する場合の運賃・料金（消費税抜き）を計算すると、下記のとおりとなる。なお、100円未満の端数は100円に切り上げとなる。

発送料　出発地から東京夕駅（東京都区内に所在する駅）まで
　　　　　　　　　　　　　　　　　　　　　　　　　　　11,100円
鉄道運賃　東京夕駅から岐阜夕駅まで（キロ程398.2km）
　　　　　　　1トンあたり賃率5,143円×5トン＝25,800円
到着料　岐阜夕駅（東京都区内、政令指定都市以外に所在する駅）から到着地まで
　　　　　　　　　　　　　　　　　　　　　　　　　　　9,500円
　　　　　　　　　　　　　　　　　　　　　　合計　46,400円

このように、端末輸送の1kmあたり発送料・到着料はオンレールの1kmあたり運賃よりも大幅に高くなっている[13]。

したがって、鉄道はオンレールでの輸送距離が長いほど、トラックとの競争条件における格差は縮小する。また先述の石油製品を内陸部に輸送する事例のように、一度に大量の物資を内陸部に輸送することは海運では不可能であり、トラックでは困難であることから、鉄道は長距離輸送と内陸部への大

11　オフレールに要する時間を考慮すると、鉄道はトラックよりも約3時間余分に必要であるとの意見もある（飯沼ほか［1993］p.8）。
12　高坂［1997b］は、端末輸送に要する料金の比率が相対的に小さくなる長距離輸送でのみ、鉄道が運賃競争力で優位になると述べる（高坂［1997b］p.43）。佐藤［2016］p.41においても高坂［1997b］と同様の指摘がなされている。
13　『貨物時刻表』2018年版より算出した。風呂本［1997］は、端末輸送の1kmあたり運賃の高さが荷主の輸送機関選好に大きな影響を及ぼしていると指摘する（風呂本［1997］p.42）。白鳥［2006］も風呂本［1997］と同様に「鉄道輸送に占めるトラック集配運賃のシェアが大きい」ことを指摘し、「鉄道区間の運賃のみならずトラック集配運賃を含めたトータルコスト圧縮への取り組みが必要」と述べている（白鳥［2006］p.30）。

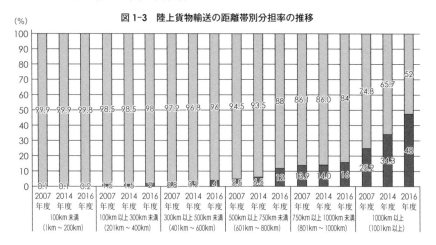

図 1-3　陸上貨物輸送の距離帯別分担率の推移

[注]　距離帯の括弧内は 2016 年度の区分である。
[出所]　『数字でみる物流』2016 年度版、pp.10-11 および JR 貨物提供資料より作成。

量輸送に適しているといえる[14]。

　図 1-3 は近年における陸上貨物輸送の距離帯別分担率の推移である。鉄道はすべての距離帯においてトラックを下回る分担率となっているものの、距離帯が長いほど鉄道の分担率は大きくなる。鉄道が一定程度の分担率を有しているのは、おおむね 600km 以上の距離帯である[15]。

　序章で見たように、鉄道は 1970 年度以降、輸送量の減少傾向が持続しており、その輸送分担率に大きな変化は見られない。しかし近年、鉄道の分担率がわずかながら拡大する傾向を示しており、長い距離帯ほどその傾向は大きくなっている。とはいえ輸送時間が長ければ、長距離といえどもトラックのほうが有利となるため、鉄道が優位となるためには、列車の運転速度の向上、駅での荷役時間の短縮等によって輸送時間を短縮することが必要である。

14　同様の指摘は岩渕［2002］p.119。ただし水谷［2001］は 1998 年度の距離帯別陸上貨物輸送量において 1001km 以上はわずか 0.4％に過ぎないことを指摘し、「長距離の貨物量が少ない状況のもとでは鉄道貨物輸送量の増加を図るにも限界がある」と述べる（水谷［2001］pp.12-13）。貨物輸送における鉄道とトラックの特性を比較分析した先行研究としては橋本・小澤［2010］がある。
15　これについては第 6 章においても述べる。

図1-4　JR貨物の列車本数と列車設定キロの推移

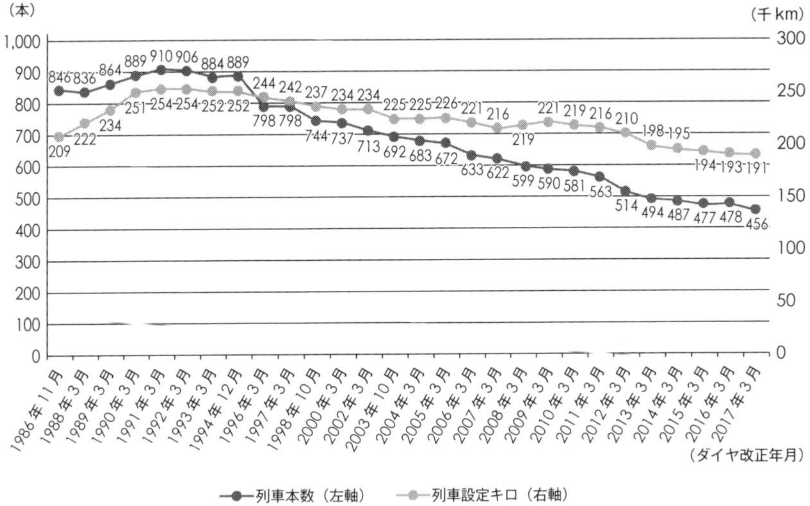

[出所]　『数字でみる物流』各年度版および『JR貨物要覧』各年版より作成。

1000kmを超えるような長距離においても鉄道の分担率がトラックに及ばない現状は、鉄道の競争力が低く、トラックが中心の物流システムが構築されていることの証左である[16]。

図1-4は列車本数と列車設定キロの推移である。国鉄最後のダイヤ改正である1986年11月のダイヤから掲載している。いずれも1990年3月のダイヤまで増加し、その水準を1994年12月のダイヤまで維持した後に減少に転じている。列車本数よりも列車設定キロの減少傾向が緩やかであるのは、JR貨物が平均輸送距離の長いコンテナ輸送を重視し、それが短い車扱輸送を縮小していることから、1列車あたりの設定キロが長くなっていることを示している。

2-2　経営資源

表1-3は年度末営業キロ数、駅数、車両数、コンテナ数、職員数の推移で

16　同様の指摘は伊藤秀和［2008］p.208を参照されたい。風呂本［1997］はトラックについて「渋滞、事故、資源浪費そして労働力不足をも抱えつつ、その不経済をだれもが認めながら一度確立したシステムの変換は容易ではない」と論じている（風呂本［1997］p.33）。

表1-3 JR貨物の年度末営業キロ・駅・車両・コンテナ・職員の推移

年度	年度末営業キロ (km)	(増減)	駅数	車両数 電気機関車	ディーゼル機関車等	機関車計	貨物電車	コンテナ貨車	車扱貨車	コンテナ数	職員数
1987	10,154.4		367	534	291	825	0	6,459	24,294	62,676	11,364
1988	10,125.9	-28.5	364	571	295	866	0	6,690	23,844	63,810	11,161
1989	10,149.3	23.4	362	589	295	884	0	7,102	22,662	69,234	10,669
1990	10,136.1	-13.2	360	598	294	892	0	7,740	22,430	77,118	10,258
1991	10,101.3	-34.8	360	603	294	897	0	8,238	21,993	81,690	10,291
1992	10,054.5	-46.8	356	621	294	915	0	8,333	20,559	79,139	10,065
1993	10,042.1	-12.4	353	621	293	914	0	8,150	19,066	76,416	9,731
1994	10,043.7	1.6	353	609	294	903	0	8,321	16,868	78,541	9,398
1995	10,043.7	0.0	353	599	296	895	0	8,310	14,508	77,862	9,290
1996	10,043.0	-0.7	351	593	296	889	0	7,970	12,945	75,950	8,683
1997	10,036.1	-6.9	347	594	286	880	0	8,091	12,010	80,947	8,138
1998	9,591.8	-444.3	329	584	274	858	0	8,061	10,803	77,811	7,835
1999	9,582.6	-9.2	332	584	268	852	0	8,035	9,553	76,395	7,324
2000	9,609.5	26.9	332	588	269	857	0	8,061	9,186	73,747	6,862
2001	9,537.4	-72.1	320	578	259	837	0	8,006	8,160	69,417	6,552
2002	9,232.0	-305.4	314	580	254	834	16	7,900	7,520	64,910	6,423
2003	9,081.3	-150.7	312	566	245	811	42	7,892	6,949	67,601	6,237
2004	8,911.3	-170.0	310	562	244	806	42	8,093	6,541	71,404	6,122
2005	8,678.7	-232.6	283	580	242	822	42	8,165	6,207	74,987	6,009
2006	8,471.4	-207.3	271	571	235	806	42	8,253	5,670	69,196	5,870
2007	8,357.3	-114.1	270	538	233	771	42	8,215	4,251	66,679	5,758
2008	8,344.6	-12.7	265	505	227	732	42	8,148	3,631	65,474	5,799
2009	8,342.8	-1.8	263	490	227	717	42	8,033	3,121	62,592	5,791
2010	8,337.5	-5.3	260	473	218	691	42	7,811	2,971	61,898	5,585
2011	8,337.5	0.0	253	457	201	658	42	7,789	2,634	61,804	5,407
2012	8,340.5	3.0	254	457	195	652	42	7,779	2,041	61,614	5,362
2013	8,340.5	0.0	252	442	192	634	42	7,650	2,029	64,252	5,220
2014	8,193.9	-146.6	245	442	175	617	42	7,472	1,926	66,900	5,117
2015	8,166.8	-27.1	246	430	160	590	42	7,243	1,933	67,685	4,960
2016	7,965.1	-201.7	243	429	161	590	42	n.a.	n.a.	67,433	n.a.

[注] 1. 車扱貨車の車両数は私有貨車（JR貨物以外の者が保有する貨車）を含む。
    2. コンテナ数は私有コンテナ（JR貨物以外の者が保有するコンテナ）を除く。
[出所] 『鉄道統計年報』各年度版および『JR貨物要覧』各年版より作成。

ある。営業キロは1987年度末時点で1万154.4kmであったが、以後小規模な増加はあるものの、減少傾向が継続している。とりわけ1998年度から2007年度にかけての10年間において減少が著しく、1728.5kmが廃止されている[17]。また2014年度から2016年度にかけても375.4kmが廃止されており、2016年度末には8000kmを下回って7965.1kmとなっている。

周知のとおり、JR貨物は一部の線区を除いて、鉄道事業法に基づく第2種鉄道事業者として、第1種鉄道事業者であるJR旅客各社や、新幹線の開業に伴いJR旅客各社より経営分離された並行在来線を運営する鉄道事業者（以下、並行在来線事業者という）等が保有する線区を借りて貨物輸送を実施している[18]。わが国の鉄道貨物輸送は、その大部分が上下分離の形態をとっているのである。そのためJR貨物は線区を廃止する際に発生する埋没費用の割合が小さく、営業キロ数の削減は比較的容易であると考えられる[19]。

駅数は一部年度を除いて減少し続けている。1987年度の駅数は367であったが、2005年度には300を下回って283となり、2016年度は243となっている[20]。電気機関車は1987年度に534両であったが、輸送量の増加にともなって両数が増加し、1992年度には621両となった。しかし1994年度以降は小規模な増減を繰り返しながら減少して2006年度には571両となり、2007年度以降は増加に転じることなく減少し続けている。2016年度には429両と1987年度よりも105両少なくなっている。ディーゼル機関車等は1987年度から1997年度まで290両前後で推移していたが、1998年度以降は

---

17 ただし当該の期間には貨物輸送が開始された路線・区間（以下、線区という）が54.8kmあり、一方で線路改良工事、駅の移転等により営業キロが5.1km減少している。

18 第1種鉄道事業とは、自らが鉄道線路を敷設して輸送を行う事業であり、自己の線路の容量に余裕がある場合には、第2種鉄道事業者に自己の線路を使用させることができる。第2種鉄道事業は第1種鉄道事業者または第3種鉄道事業者が敷設した鉄道線路を使用して輸送を行う事業である。第3種鉄道事業は鉄道線路を敷設して第1種鉄道事業者に譲渡するか、または第2種鉄道事業者に使用させる事業であり、自らは輸送を行わない（『数字でみる鉄道』2017年版、pp.278-279を参照した）。JR貨物も第1種鉄道事業の許可を得ている線区を保有している。2017年4月1日現在、第1種鉄道事業の許可を得ているのは11線区38.0kmである。

19 山本［2014］p.45においても同様の指摘がなされている。JR貨物の費用構造については白石［2010］の分析も参照されたい。

20 厲［2003］はJR貨物が進める駅の集約について「個々の駅の輸送量の大小を基準としたものであり、ネットワークの全体としての科学的手法に基づく最適化が考慮されていたわけではない」と批判する（厲［2003］p.18）。

路線網の縮小と一部路線の電化による電気機関車への置き換えにより減少傾向となり、2016年度は161両と1987年度の半数余りに減少している。貨物電車は2002年度以降に配置されているが、これは2004年3月のダイヤ改正より運転を開始した特急コンテナ電車[21]である。

貨車はコンテナと車扱で傾向が異なる。コンテナ貨車は1987年度に6459両であったが、輸送量の増加にともなって両数が増加し、1991年度には8000両を上回った。その後2002年度と2003年度を除いて、2009年度までは8000両前後で推移していたが、2010年度以降は減少しており、2015年度は7243両となっている。車扱貨車は1987年度時点で2万4294両であったが、2014年度まで一貫して減少している。2014年度は1926両で1987年度の7.9％である。2015年度はわずかに増加して1933両となっている。

コンテナ数は増減を繰り返している。1987年度に6万2676個であったが、電気機関車、コンテナ貨車と同様に輸送量の増加にともなって個数が増加し、1991年度には8万個を上回った。1992年度以降は小規模に増減しつつも減少傾向となり、1996年度には7万5950個となったが、1997年度には再び8万個を上回った。しかし1998年度からは再び減少し、2002年度には6万5000個を下回っている。2003年度から増加に転じ、2005年度には7万4987個まで回復したが、2006年度から減少し、2012年度は6万1614個でJR貨物発足以来最少の個数となった。2013年度以降はやや回復し、2016年度は6万7433個となっている。コンテナは車両に比べて製造、維持・管理に要するコストが低廉であるので、需要量に合わせて増減しているものと考えられる。

職員数は1991年度と2008年度にやや増加したのを除いて減少し続けている。1987年度に1万1364人であったが、2015年度には5000人を下回る4960人となっており、1987年度の半数にも満たない人数となっている。

---

21 特急コンテナ電車にはスーパーレールカーゴの愛称が付けられており、東京タ駅～安治川口駅間を最高速度130km/hで運転されている。車両形式はM250系で、その開発に至る経緯と車両の概要については別所［2003］、淺倉・中川［2005］、日本貨物鉄道編［2007c］pp.460-465を参照されたい。スーパーレールカーゴは佐川急便の専用列車であるが、その積載量は同社の東京～大阪間における全輸送量の10％に相当するという（佐川急便［2017］p.31）。

3　経営の動向

前節で概観した輸送量、運転、経営資源の動向から、JR貨物は鉄道事業の規模を縮小する方向にあることが明らかとなった。本節では、そのようなJR貨物の姿勢が経営に及ぼす影響を考察したい。

図1-5は貨物運輸収入の推移である。当然ではあるが、図1-2の輸送トンキロの推移と類似した傾向にある。総額では1987年度から1991年度にかけて増加し、その後2002年度まで減少が続いている。2003年度から2007年度にかけて増加傾向に転じるが、2008年度から2012年度まで再び減少している。ただし2013年度以降は再び増加傾向にある。最高額は1991年度の1946億円であったが、2016年度は1187億円で1991年度の6割程度となっている。

コンテナは1987年度の810億円から増加し、1991年度は1252億円で1987年度の1.5倍に達した。以後、1997年度までおおむね1200億円前後で推移し、1998年度から2008年度までは、おおむね1100億円前後で推移している。2009年度から減少傾向となり、2011年度には1000億円を割り込んだが、2012年度以降は増加に転じ、2016年度は1092億円となっている。

車扱は継続的かつ大幅な減少となっており、増加したのは2011年度と2016年度のみである[22]。1987年度は759億円であったが、2016年度は95億

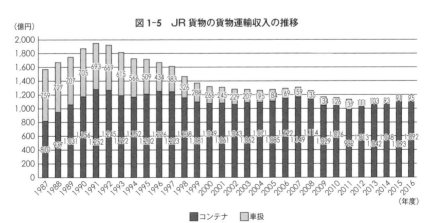

図1-5　JR貨物の貨物運輸収入の推移

[出所]　『鉄道統計年報』各年度版および『JR貨物要覧』各年版より作成。

円で 1987 年度の 12.5％である。1987 年度の扱別比率は、コンテナが 51.6％、車扱が 48.4％と拮抗していたが、以後はコンテナの比率が拡大する傾向にあり、1995 年度には 70％を超え、2001 年度には 80％を超えている。2012 年度以降は 90％以上で推移している。なお、輸送トンキロに比較して車扱の比率がやや大きい。これは JR 貨物の運賃制度が遠距離逓減制となっており、平均輸送距離の短い車扱のほうがトンキロあたり運賃は割高になるためと考えられる。

表 1-4 は鉄道事業営業損益の推移である。JR 貨物は 2005 年度まで、鉄道事業とその他事業の営業損益を区分して公表していなかった。したがって 2005 年度までは鉄道事業営業損益の項目にその他事業の営業損益も含まれている[23]。

営業収益の大部分を貨物運輸収入が占めるため、営業収益額の推移は貨物運輸収入と類似の傾向にある。1987 年度から毎年度増加し、1992 年度に最高額の 2157 億円を計上している。しかしその後は減少が続き、1999 年度に 1645 億円となり、以後 2005 年度まで 1600 億円前後で推移している。2006 年度は鉄道事業とその他事業の営業損益が区分されたため、貨物運輸収入が増加したものの営業収益額は減少している。2007 年度はやや増加したが、2008 年度以降は減少傾向となり、2009 年度以降は 1300 億円台となっている。2013 年度以降はやや回復する傾向をみせているが、2016 年度は 1369 億円であり、2006 年度の 91.7％である。

営業費用も営業収益と類似の傾向を示している。営業費用合計は 1987 年度から毎年度増加し、1992 年度に最高額の 2102 億円を計上している。しかしその後は減少し、2000 年度に 1599 億円となり、2005 年度までおおむね 1600 億円前後で推移している。2006 年度は鉄道事業とその他事業の営業損

---

22 2011 年度に車扱の貨物運輸収入が増加したのは、東日本大震災発生直後の 2011 年 3 月 18 日から、首都圏から被災地である東北地方まで長距離の石油輸送を実施したことが主な要因である。輸送トンキロも 2010 年度の 17 億 7353 万トンキロから 2011 年度の 18 億 3832 万トンキロに増加している（『鉄道統計年報』各年度版を参照した）。当該の石油輸送は 2012 年 9 月 7 日まで実施されている（JR 貨物提供資料を参照した）。東日本大震災の被災地向け石油輸送については佐々木 [2011]、Sasaki [2012]、早乙女 [2012] p.45、村山ほか [2012]、日本貨物鉄道総合企画本部 [2013] pp.31-32、厲 [2013]、伊藤 [2017] pp.227-233 を参照されたい。
23 『数字でみる鉄道』各年版を参照した。

表1-4 JR貨物の鉄道事業営業損益の推移

(単位:百万円)

年度	営業収益			営業費用				営業損益	
	貨物運輸収入	運輸雑収等	合計	運送費	減価償却費	一般管理費等	合計		減価償却費計上前
1987	156,823	15,224	172,047	139,536	10,386	10,965	160,887	11,160	21,546
1988	166,430	15,641	182,071	141,845	13,682	15,955	171,482	10,589	24,271
1989	173,803	17,796	191,599	150,352	12,604	18,748	181,704	9,896	22,499
1990	186,029	18,597	204,626	156,955	13,367	22,972	193,294	11,332	24,699
1991	194,563	20,315	214,878	168,809	13,310	26,090	208,209	6,669	19,979
1992	191,434	24,282	215,716	167,843	13,884	28,432	210,159	5,557	19,441
1993	180,683	24,750	205,433	164,703	13,328	25,512	203,544	1,890	15,218
1994	171,788	24,820	196,608	161,468	14,104	24,554	200,125	-3,517	10,586
1995	171,126	25,167	196,293	159,758	14,219	25,318	199,294	-3,001	11,217
1996	166,025	24,872	190,897	153,345	13,997	28,533	195,875	-4,978	9,019
1997	160,644	26,367	187,010	148,768	14,130	27,989	190,888	-3,877	10,253
1998	145,221	28,532	173,753	136,391	14,030	27,522	177,943	-4,190	9,840
1999	136,906	27,578	164,484	127,519	12,260	25,007	164,785	-302	11,959
2000	131,541	28,718	160,260	122,628	12,459	24,767	159,854	405	12,865
2001	130,523	30,191	160,714	120,248	12,577	25,336	158,162	2,552	15,129
2002	127,247	30,161	157,408	116,416	12,927	25,391	154,734	2,674	15,601
2003	129,208	36,541	165,749	120,177	14,403	27,285	161,865	3,884	18,287
2004	126,616	35,047	161,663	118,509	16,302	23,446	158,258	3,405	19,707
2005	126,906	37,835	164,740	120,007	16,547	24,652	161,206	3,534	20,081
2006	129,067	20,308	149,375	121,818	15,202	16,313	153,333	-3,958	11,244
2007	130,823	20,840	151,663	123,554	16,323	15,952	155,829	-4,165	12,157
2008	124,964	21,366	146,330	123,657	16,752	15,100	155,509	-9,179	7,573
2009	116,219	20,791	137,010	116,489	17,060	13,598	147,147	-10,137	6,923
2010	115,158	20,158	135,317	112,164	17,162	13,214	142,540	-7,223	9,939
2011	112,874	20,195	133,069	110,435	16,828	13,059	140,321	-7,252	9,575
2012	112,422	18,834	131,256	109,869	16,419	12,835	139,123	-7,867	8,552
2013	114,469	18,684	133,153	107,888	16,559	13,089	137,536	-4,383	12,176
2014	114,112	19,787	133,899	109,226	16,906	12,911	139,043	-5,143	11,762
2015	118,399	17,967	136,366	109,457	17,093	13,174	139,724	-3,357	13,736
2016	118,718	18,216	136,934	n.a.	17,933	n.a.	136,406	528	18,461

[注]　網掛け部分はその他事業を含む数値である。
[出所]　『鉄道統計年報』各年度版および『JR貨物要覧』各年版より作成。

益が区分されたことから 1533 億円に減少し、以後 2008 年度まで 1500 億円台で推移している。2009 年度以降には再度減少し、2012 年度以降は 1300 億円台となっている。2016 年度は 1364 億円で、2006 年度の 89.0％である。営業収益の減少に合わせて、営業費用を削減している様子がうかがえる。営業費用において最も大きな比率を占めているのは運送費[24]で、営業費用合計の 8 割前後を占めている。減価償却費と一般管理費等[25]は、それぞれ営業費用合計の 1 割程度である。

営業損益は 1994 年度から 1999 年度までの 6 年間と、2006 年度から 2015 年度までの 10 年間で損失を計上している。1987 年度から 1993 年度までの 7 年間と、2000 年度から 2005 年度までの 6 年間は利益を計上しているが、前述のとおり、これはその他事業を含む利益額である。2006 年度から 2009 年度までのその他事業の利益額は 80 億円前後で推移している[26]。2000 年度から 2005 年度までの 6 年間の利益額は 40 億円未満で推移していることから、同期間については、鉄道事業は損失を計上しているものと考えらえる[27]。したがって、JR 貨物は発足後 30 年間のうち、少なくとも 1994 年度から 2015 年度までの 22 年間は鉄道事業で利益を計上できず、2016 年度にようやく利益を計上したことになる。

上記の 22 年間を、2005 年度以前と 2006 年度以降に分けて概観すると、前半の期間のうち、1994 年度から 1997 年度までの 4 年間は営業収益が 1870 億円から 1966 億円の範囲にあり、他の年度に比べて大きかったが、営業費用は 1993 年度の 2035 億円から 1997 年度の 1909 億円へと 127 億円の削減にとどまっている。1998 年度と 1999 年度の 2 年間に 261 億円削減していることを考慮すると、営業費用の削減に着手するのが遅れたと言わざるを得ない。後半の期間はその他事業の営業損益が除外されたことから収益額が大幅に減少したため、前半の期間に比べて損失額が大きくなっている。先述の表

---

24 『鉄道統計年報』各年度版における線路保存費、電路保存費、車両保存費、運転費、運輸費、保守管理費、輸送管理費の合計である。
25 一般管理費等とは『鉄道統計年報』各年度版における案内宣伝費、厚生福利施設費、一般管理費、諸税の合計から厚生福利施設収入を差し引いたものである。
26 『数字でみる鉄道』各年版を参照した。
27 同期間に鉄道事業が損失を計上していることは伊藤ほか［2005］p.13、髙橋［2017］p.24、田村［2017b］pp.25-26 において明らかにされている。

序-2 および表序-3 のとおり、わが国全体の貨物輸送量は 2000 年度以降減少傾向にある。経済活動の停滞と 2011 年 3 月に発生した東日本大震災が影響を及ぼしていると考えられる。

ただし減価償却費計上前の営業損益は 2006 年度以降においても利益を計上し続けている。周知のとおり、減価償却費は固定資産の減耗分を各固定資産の耐用年数に応じて費用として配分する会計処理であり、引当金として内部留保されるものである。したがって、減価償却費計上前に営業利益を計上している限り、経営環境に大きな変化がなければ、少なくとも短期の事業存続は可能である[28]。

JR 貨物が営業収益の減少に合わせて、営業費用を削減していることは先に述べたが、営業費用の削減の多くは人件費において行われている。表 1-5 は人件費の推移と営業費用の増減を人件費と人件費以外に区分して示したものである。人件費は 1987 年度から 1992 年度までの期間は 1990 年度を除いて増加している。1987 年度は 696 億円であったが、1992 年度には最高額の 901 億円を計上している。しかし 1993 年度以降は 2014 年度を除いて減

表 1-5　JR 貨物の人件費の推移および営業費用の増減　　（単位：百万円）

年度	人件費	営業費用の増減	
		人件費	人件費以外
1987	69,557		
1988	70,444	887	9,708
1989	79,561	9,116	1,106
1990	79,489	-72	11,662
1991	88,828	9,339	5,576
1992	90,101	1,273	677
1993	86,168	-3,933	-2,683
1994	86,001	-167	-3,251
1995	84,975	-1,026	195
1996	84,574	-401	-3,018
1997	80,273	-4,301	-686
1998	70,681	-9,592	-3,353
1999	66,273	-4,407	-8,750
2000	62,097	-4,176	-755
2001	58,289	-3,808	2,116
2002	55,886	-2,403	-1,025
2003	55,617	-269	7,400
2004	54,116	-1,501	-2,106
2005	53,058	-1,058	4,007
2006	51,455	-1,603	-6,270
2007	49,923	-1,532	4,027
2008	49,372	-551	231
2009	45,905	-3,467	-4,895
2010	44,854	-1,051	-3,556
2011	43,688	-1,166	-1,053
2012	43,211	-476	-721
2013	40,043	-3,168	1,581
2014	40,324	281	1,226
2015	39,963	-361	1,042
2016	39,300	-663	-2,655

［出所］『鉄道統計年報』各年度版および『JR 貨物要覧』各年版より作成。

---

[28] JR 貨物の経営環境を制度面で大きく左右するのは、JR 貨物が支払う線路使用料であろう。これについては第 3 章の補論において考察したい。

少し続けている。1993年度から1997年度までの5年間に98億円削減して803億円となり、1998年度と1999年度の2年間に140億円削減して663億円となっている。2001年度からは500億円台となり、2007年度からは400億円台で推移している。2015年度からは400億円を下回っている。2016年度は393億円で、2006年度の76.4％である。先に述べたように、2016年度の営業費用は2006年度の89.0％であり、その他事業の数値を含まない2006年度以降に限定しても人件費が大幅に削減されていることがわかる。

一方、人件費以外の営業費用においては増減を繰り返している。2006年度以降の累計において、人件費は122億円削減されたことになるが、人件費以外では48億円の削減にとどまっている。

4　評価と課題

4-1　経営改善策の評価

前節までの考察から、JR貨物は発足直後の時期を除いて、営業収入の減少に対応して営業費用を削減し、鉄道事業の規模を縮小することでその存続を図っていることが明らかとなった。具体的には、輸送量が大きい主要な幹線である東海道・山陽・東北の各線、鹿児島線の門司から福岡に至る区間、盛岡から札幌に至る各線区および日本海縦貫線を重視する経営方針を採っており[29]、これらを100km/h前後の高速で運転するコンテナ列車による輸送を事業の中心に据えている。

これらの線区の大部分は旅客輸送においても主要な幹線である（もしくは主要な幹線であった）がゆえに、線路等のインフラは列車を高速で運転することが可能な水準に維持されている[30]。長距離での高速輸送という鉄道貨物輸送が優位となる条件が整っているのである。また比較的輸送距離の短い車扱については、コンテナへの転換を推進するとともに、需要が堅調な内陸部

29　日本海縦貫線とは、湖西・北陸・IRいしかわ鉄道・あいの風とやま鉄道・えちごトキめき鉄道・信越・白新・羽越・奥羽の各線を経由する日本海側の各線区の呼称である。なお盛岡から札幌に至る各線区の一部区間についても並行在来線事業者（IGRいわて銀河鉄道・青い森鉄道・道南いさりび鉄道）により運営されている。

30　一般的に線路は軌道とそれを敷設する路盤から構成され、軌道はレール（軌条）、枕木、道床から構成される。http://www.senken-k.co.jp/work/railway/index.html を参照されたい。

図1-6　JR貨物の1992年度平日平均の断面輸送量

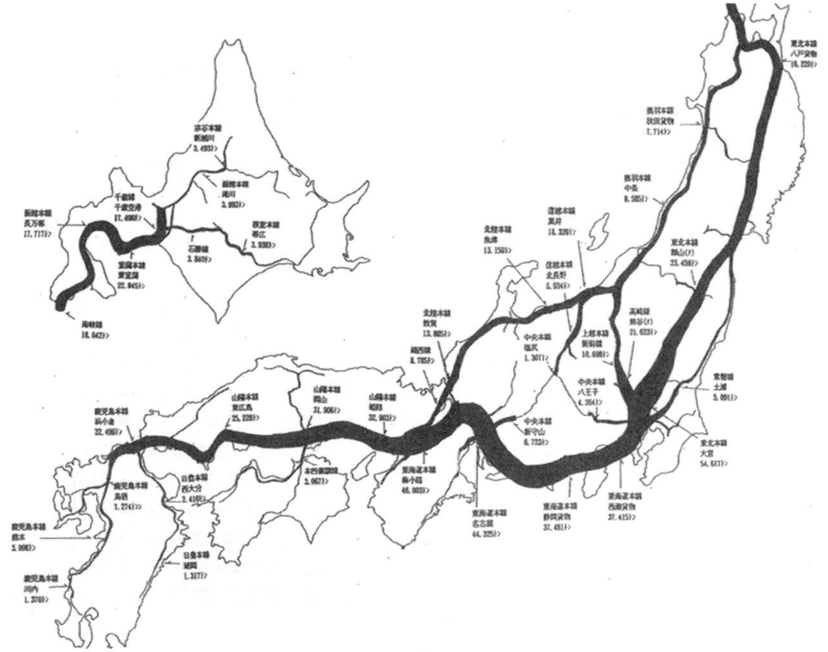

［出所］　JR貨物提供資料より引用。

への石油製品の輸送にほぼ特化している。

　図1-6は営業収益、営業費用ともに最高額を記録した1992年度の平日平均の断面輸送量であり、図1-7は2017年度平日平均の断面輸送量である。JR貨物は主要な幹線以外の線区においては貨物輸送を廃止する傾向にある。両者を比べると、JR貨物の路線網（実線で表示されている線区）が縮小していることがわかる。一方、主要な幹線の輸送量が他の線区に比べて大きいことは共通している。

　わが国全体の貨物輸送量が2000年度以降減少傾向にあること、およびJR貨物が1998年度以降、多くの線区において貨物輸送を廃止していることは先述した。しかし図序-1および図序-2でみたように、鉄道の分担率は縮小していない。これは、JR貨物が鉄道の特性を発揮できる市場に経営資源を集中させ、市場の縮小を必死で回避した成果であるともいえよう[31]。

図1-7　JR貨物の2017年度平日平均の断面輸送量

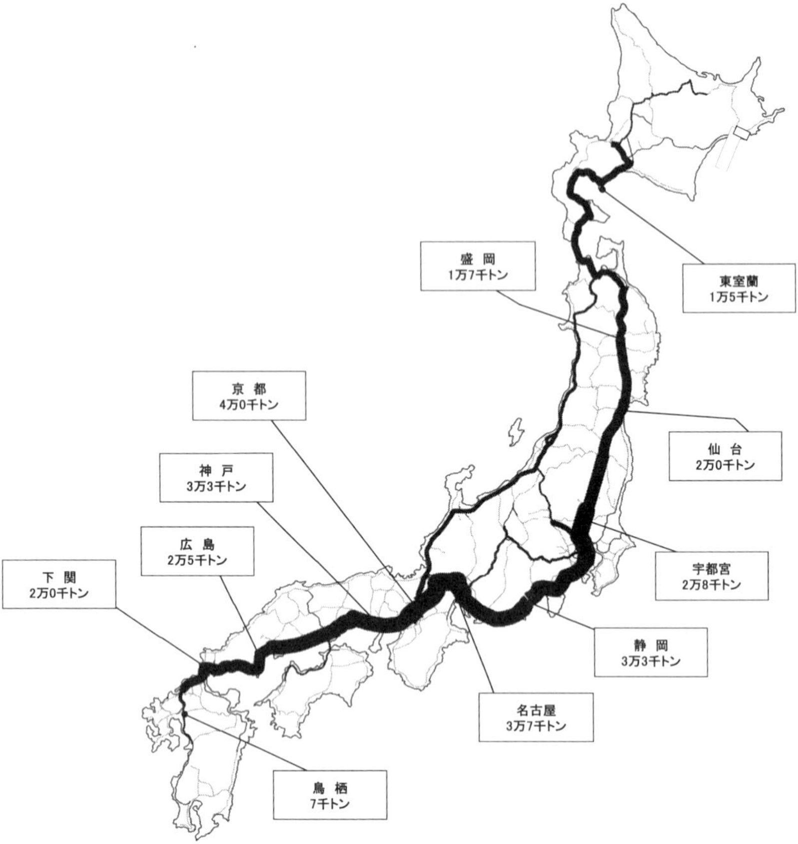

盛岡　1万7千トン
東室蘭　1万5千トン
京都　4万0千トン
神戸　3万3千トン
仙台　2万0千トン
広島　2万5千トン
宇都宮　2万8千トン
下関　2万0千トン
静岡　3万3千トン
名古屋　3万7千トン
鳥栖　7千トン

［出所］　JR貨物提供資料より引用。

　周知のとおり、わが国の貨物輸送ではトラックが中心的な役割を果たしている。鉄道にとって厳しい経営環境において、JR貨物が鉄道事業の規模を縮小すること、とりわけ主要幹線における長距離の高速輸送に経営資源を集中することでその存続を図っていることは、合理的な経営判断といえなくもない。
　しかし、長期間にわたって鉄道事業で営業損失を計上し続けていたことを

31　ただし「国鉄時代に引き続き相変わらず縮小均衡の落着点を模索しているような状況が続いている印象を持つ」との批判もある（佐藤［2012a］p.131）。

考慮すると、このような経営判断が妥当であったと認めることは難しい。路線網の縮小によって、鉄道を利用する意向のある荷主企業の逸走を招いているのではないか。仮に主要幹線に経営資源を集中するというJR貨物の経営判断が妥当であったとするならば、後に考察する線路使用料の設定方式や主要幹線の線路容量に代表されるような、現行の経営環境のもとでは、JR貨物が鉄道事業において持続的に自立採算を維持することは困難であると判断せざるを得ない。

4-2　今後の課題─モーダルシフト推進策を中心に─

　鉄道の分担率は、近年になってわずかながら拡大する傾向を示しているものの、トラックから鉄道へのモーダルシフトは大きく進展していないことも事実である。その要因は2つあると考えられる。

　第1は、荷主企業にとって鉄道はトラックに比べて本質的に使いにくいことにある[32]。鉄道のダイヤは硬直的であり、荷主企業の要求に応じて柔軟に変更することは難しい。また端末輸送においてはトラックを利用するのが一般的であり、荷主企業からのジャスト・イン・タイム輸送の要求に応えにくい[33]。

　第2は、JR貨物が営業収益の減少に対応して、鉄道事業の規模、とりわけ路線網を縮小して事業の存続を図ってきたことにある。路線網の縮小は、荷主企業の鉄道輸送に対するニーズとのミスマッチを発生させている[34]。また、貨物列車の既存の運転経路において輸送障害等が発生した場合に、迂回経路を確保して貨物列車の運転を継続することが困難となるケースが発生している[35]。鉄道事業の規模を縮小したことによって、JR貨物がモーダルシ

32　同様の指摘は風呂本［1997］p.33も参照されたい。
33　ただしジャスト・イン・タイム輸送については「荷主企業のいわば工場内をきれいにするがそのしわ寄せを外に放置する企業行動や本質とかけ離れた過剰な品質管理要求が、物流コストを高め、更には道路混雑等の社会問題まで誘発している」との批判（廣・大森・中村［2001］pp.77-78）があることは留意すべきである。
34　同様の指摘は吉岡［2011a］p.63を参照のこと。これについては第5章で詳述する。
35　2018年7月に発生した大雨および同年9月に発生した台風による災害によって、山陽線の貨物列車は広島県内の区間を中心に3か月余りにわたって運転が不可能となった。山陽線の迂回経路が設定されていなかったために、岡山県以東の各地と九州地方を結ぶ貨物列車は運転できない状態が2か月近く継続したことは記憶に新しい。これについては第6章において詳述する。

とはいえ、サービス水準の向上や輸送力の確保等、JR貨物をはじめとする貨物鉄道事業がモーダルシフトの受け皿として機能するために改善すべき余地は残されている。先行研究における議論を踏まえると[37]、モーダルシフトを促進するための条件として以下の6つを挙げることができる。

① 幹線輸送力の拡大。
② 安全・安定輸送の確保（輸送障害発生時の対応）。
③ 情報システムの改良。
④ 駅の近代化（着発線荷役方式の駅の整備等）。
⑤ 老朽化の著しい車両の置き換え。
⑥ コンテナのサービス水準の向上。

以上のうち、①と②に深く関係するインフラの整備については第6章、第7章において考察し[38]、本章では主に③から⑥までに関係する各施策について考察する。ただし④については第6章、第7章においても考察する。また①については、インフラの整備以外にも先行研究において以下の諸施策が提言されている。

伊津野［1999］はモーダルシフトにおける制約条件の1つは駅での荷役・滞留時間であるとし、スワップボディ[39]を用いた輸送システムを提言している。

角［2005］は「線路容量の制限のため貨物輸送力が不足する場合」につい

---

36 風呂本［1996］は「1990年代に入り、環境問題、労働力不足から再びモーダルシフトが叫ばれて久しく、特にトラックから鉄道貨物輸送への転移が検討されているが、なかなか進展していない。能力的にも現在の貨物鉄道会社は僅かに旅客鉄道会社の線路を借用して運行しているに過ぎず、受皿となりうる設備能力を有していない」と論じている（風呂本［1996］p.39）。
37 矢田貝［1993］pp.38-39、宮澤・佐藤［1999］、厲・大森・中村［2001］pp.75-76、厲［2003］pp.17-18、香川［2006］p.32、香川［2007］pp.16-19、伊藤直彦［2008］p.65、モーダルシフト研究会2009b］、佐藤［2016］p.42、魚住［2017］pp.163-164およびJR貨物提供資料を参照した。香川［2007］はトラックへの社会的規制（排気ガスに対する規制、スピードリミッターの装着義務化等）もモーダルシフトを促進する要因であると分析する（香川［2007］p.17）。
38 野村［1994］は鉄道へのモーダルシフトにおける課題として「大都市圏内や主要ルートにシフトのために必要な空間を確保すること」を挙げている（野村［1994］p.8）。
39 スワップボディについては長谷川ほか［1998］が詳しい。スワップボディは鉄道輸送用コンテナとしても輸送できるトラックの架装ボディ（荷台容器）である（伊津野［1999］p.65）。長谷川［2016］はわが国において鉄道輸送用のスワップボディが普及しなかった要因として、貨車への荷役が煩雑であったこと、30ftコンテナが普及したことを挙げている（長谷川［2016］pp.118-119）。

ては、「運転途中で分割可能な新しい編成方式や貨客混合列車を採用して、線路容量も線路有効長も増すことなく輸送力を増加する可能性を検討する必要がある」と述べている（角［2005］pp.22-23）。

モーダルシフト研究会［2009b］も「ローカル線での旅客＋貨物の列車を走らせる客貨併結（協調運転）」を提言している（モーダルシフト研究会［2009b］p.21）。

吉岡［2011b］は「トラック輸送を鉄道輸送にシフトする場合、貨物列車の大幅な増発が必要である」と主張し、具体策として「旅客列車の待避を考慮しなくても良い深夜・早朝時間帯に1600トン・1300トン列車を運行する一方で、昼間は旅客列車向けの待避線（長さは300m前後）に収まる列車（700トン列車）」を設定するよう提言している（吉岡［2011b］pp.69-70）。

③情報システムの改良については、JR貨物は積極的に実施しており、その主なものとしてはIT-FRENS&TRACEシステムとPRANETSが挙げられる。IT-FRENS&TRACEシステムは2005年8月より稼働している。IT-FRENSシステムは、1994年1月より使用している列車輸送枠の予約システムであるFRENS（Freight Information Network System）を改良したものである[40]。輸送に最適な列車をシステムが自動的に選択することで輸送の平準化を行う機能を付加し、実質的な輸送力の増強に寄与している。

TRACE（Truck and Railway Combinative Efficient System）システムは、駅構内におけるコンテナ荷役機械の作業を管理するものである。コンテナの位置を1m未満の精度で把握可能であり、荷役時間の短縮と輸送の正確性を向上させている。PRANETS（Positioning System for Rail Network and Safety Operating）は貨物列車の位置をリアルタイムで把握し、走行中の運転士に運転を支援する情報を伝え、安全・安定輸送を支援するシステムである。これについては2008年4月より使用を開始している[41]。

40　IT-FRENSのITは情報技術（Information Technology）の略である。
41　IT-FRENS&TRACEシステムおよびPRANETSについては瀬山［2003］、花岡［2004、2005、2009］、伊藤［2005］、日本貨物鉄道編［2007a］pp.216-217、日本貨物鉄道編［2007c］pp.625-632、重田［2008］、宮口［2009］pp.53-59、JR貨物［2010］、中村［2012］、https://www.jrfreight.co.jp/service/improvement/it/ および https://www.jrfreight.co.jp/storage/upload/1c475d540ceb2950fc9ac7e21f50bb04.pdf を参照した。

情報システムの改良はサービス水準の向上のみならず、②安全・安定輸送の確保（輸送障害発生時の対応）においても有効であり、JR貨物の積極的な姿勢は高く評価できる。

④駅の近代化（着発線荷役方式の駅の整備等）が必要とされる理由は、わが国の多くの貨物駅が、着発線とは別に荷役作業を行うための荷役線を設置する構造となっていることにある。これは、かつて貨物輸送の大部分において、車扱貨車による操車場を介した中継輸送が採用されていたことによる。先に述べたように、車扱貨車の場合、貨車自体に直接貨物を積載し、また貨車ごとに行先が異なるので、駅に到着した貨車の編成を分割し、荷役作業を行う必要のある貨車を荷役線に転線させて荷役を行うことは一定の合理性を有していた。

しかし従来の駅構造では、駅構内で貨車の入換作業が必要であり、駅での停車時間の短縮が難しい。現在のコンテナ貨車による駅間直行輸送の場合、荷役作業を行うべきコンテナのみ荷役を行えばよく、中継輸送をする場合でも、途中の駅において列車から列車にコンテナを積み替えるだけなので、必ずしも貨車の編成を分割する必要はない。従来の貨物駅の構造は現在の輸送実態に合致していないのである[42]。

また駅構内での貨車の入換作業は従事する職員の負担が大きい。当該の作業が不要になれば、それに従事する職員の事故を防止できるので、安全面からもメリットが大きい[43]。着発線上に荷役ホームを設置し、列車が駅に到着した直後から荷役作業を行うことで、駅での停車時間を容易に短縮できる着発線荷役方式の駅構造が望ましい[44]。

表1-6は駅の現状である。JR貨物は着発線荷役駅が効率的であることを認識しており、駅の着発線荷役方式への改築や着発線荷役駅の新設を進めている。しかし、2017年4月1日現在、コンテナを取り扱う91駅のうち、着

---

[42] 従来の駅構造の非効率性については厲［2003］p.15および厲［2004］pp.32-33においても論じられている。

[43] 同様の指摘は吉岡［2013］p.95を参照されたい。着発線荷役駅のメリットについては鎌田・山本・舟橋［2001］pp.60-61、白鳥［2006］p.47が詳しい。

[44] 鎌田［2000c］は着発線荷役方式の駅構造に改良した場合、貨物の集貨締切時間を約3時間繰り下げることが可能になると述べている（鎌田［2000c］p.38）。

表1-6　JR貨物の駅の現状（2017年4月1日現在）

駅総数 （ORS含む）	車扱取扱駅数	コンテナ取扱駅							
		駅数		ORS数	大型コンテナ取扱駅数				
			着発線荷役駅数		20ft	トップリフター取扱			
						20ft		30ft	40ft
						総重量20トン	総重量24トン		
258	181	91	29	34	64	55	54	54	11
構成比	70.2%	35.3%	11.2%	13.2%	24.8%	21.3%	20.9%	20.9%	4.3%
コンテナ取扱駅構成比			31.9%	37.4%	70.3%	60.4%	59.3%	59.3%	12.1%

［注］　1．ORSとはオフレールステーションの略表記であり、コンテナ取扱機能を持った線路から離れた貨物駅として設置し、最寄りの貨物駅との間をトラックにより輸送する施設の呼称である。
　　　2．駅には車扱とコンテナの双方を取り扱うものがあるので、車扱取扱駅数とコンテナ取扱駅数の合計は駅総数と一致しない。
［出所］　『JR貨物要覧』2017年版より作成。

発線荷役が可能であるのは29駅にとどまる。着発線と荷役線が分離した旧態依然の駅構造は、輸送の効率性、およびトラックに対する競争力を向上させる観点から、早急に改築する必要がある[45]。

　着発線荷役が可能な29駅のうち、基盤整備事業によって整備されたものが最も多く15駅である。他に都市計画事業によって5駅、新幹線の整備事業によって4駅が整備されており、JR貨物が自ら整備したのは2駅、国鉄が整備したのは2駅、幹線鉄道等活性化事業の補助を受けて第三セクター事業者が整備したのが1駅である[46]。基盤整備事業はJR貨物が2013年3月に廃止した梅田駅にかかる事業を最後に終了となっており[47]、今後新たに着発線荷役駅を整備する場合、多額の資金をいかに調達するかが大きな課題である。

　基盤整備事業等の公的支援に頼った着発線荷役駅の整備が難しいのであれ

45　同様の指摘は西村［2007］p.59を参照されたい。
46　JR貨物提供資料を参照した。基盤整備事業とは、国鉄の長期債務を返還する原資に充当するために日本国有鉄道清算事業団（以下、国鉄清算事業団という）所有地の売却処分を行うものである。その所有地上にJRの事業用施設が存在する場合は、JRの所有地に代替施設を整備することとなっている。幹線鉄道等活性化事業は事業費の30%を国が補助するものである（当該事業を活用した鉄道貨物輸送のインフラ整備については第6章で詳述する）。
47　梅田駅の基盤整備事業については第7章で詳述する。

ば、その整備によって捻出される駅用地を活用することも検討すべきであろう。着発線荷役方式は着発線上に荷役ホームを設置するので駅用地の集約が可能である[48]。捻出される駅用地を利用して関連事業を展開すること、あるいはそれを売却することで着発線荷役駅の整備に要する資金を賄うことも考えられる[49]。

　⑤老朽化の著しい車両の置換え、⑥コンテナのサービス水準の向上については、これらの現状からその必要性は大きいといえる。表1-7は機関車・コンテナ・コンテナ荷役機械の現状を示したものである。JR貨物が使用する機関車のうち、国鉄が製造したものは175両残存している。全体の3割余りが車齢32年以上に達しているのである。車齢の高い機関車は車両故障による輸送障害発生の原因となる懸念が大きい[50]。また鉄道車両は一般的に耐用年数が25年から30年程度であるため、これらは早急に置換えが必要である。コンテナ貨車は2018年3月のダイヤ改正に合わせて原則的にJR貨物が製造したものに統一された。しかし機関車は製造価格がコンテナ貨車に比べて高価なため、新形式への置換えが迅速に進展していない[51]。

　コンテナについては、JR貨物が所有するものはほぼすべてが長さ12ftである。しかし、荷主企業にとって望ましいのは長さ31ftのコンテナである。荷主企業の多くは積載重量が10トンのトラックの利用を前提に入出荷システムを構築している。31ftコンテナは内容積が当該のトラックとほぼ同等であり、既存の入出荷システムを変更する必要がないからである[52]。私有コン

48　従来の駅を着発線荷役駅に整備すれば、駅の面積を半分程度に縮小できるとの議論もある（伊藤・岡野・岡田［2003］p.6）。

49　鎌田・山本・舟橋［2001］は都市計画と連携すること、具体的には市街地に立地する貨物駅を物流施設が立地する郊外に移転し、貨物駅跡地を市街地の再開発に利用することで、着発線荷役駅の整備を提言している（鎌田・山本・舟橋［2001］pp.64-65）。早川［2005］は「広大なターミナル土地資産を有効に使うこと」を主張する（早川［2005］p.21）。

50　吉岡［2013］は「貨物列車のほとんどは機関車が貨車を牽引する形式をとっているため、機関車の故障が即運行不能へとつながる」ことを指摘し、JR貨物がJR旅客各社に比べて「車両を原因とした輸送障害比率が高くなる要因の1つとなっている」ことを明らかにしている（吉岡［2013］pp.95-97）。

51　機関車やコンテナ貨車の製造価格については、2018年11月にJR貨物総務部に対して数値の提供を依頼したものの、回答が得られなかった。

52　コンテナの規格については JR 貨物発足直後から議論がある。古屋［1988］は「輸送用容器はハンドリングコストや積載効率の観点からは一般に大型であることが有利である」ことを挙げ、12ftコンテナの規格を見直すよう提言している（古屋［1988］p.98）。他に早川［2005］p.17、白鳥［2006］pp.34-35、松永［2010］p.188を参照されたい。12ftコンテナの平均運用効率は15%

第1章 JR貨物

表 1-7　JR 貨物の機関車・コンテナ・コンテナ荷役機械の現状

機関車	区分	新形式	旧形式			合計
			JR貨物製	国鉄製更新車	国鉄製	
	両数	358	41	160	15	574
	構成比	62.4%	7.1%	27.9%	2.6%	100.0%

JR貨物所有コンテナ（個数）	種別	長さ(ft)			計
		12	20	31	
	有蓋	52,922	492	140	53,554
	通風	13,617			13,617
	無蓋	10			10
	計	66,549	492	140	67,181
	構成比	99.1%	0.7%	0.2%	100.0%

私有コンテナ（個数）	用途別	長さ(ft)			計
		12	20～24	30～31	
	有蓋	297	1,216	2,207	3,720
	無蓋	1,463	1,665	38	3,166
	通風	224	15	482	721
	冷蔵	7,222	9	35	7,266
	冷凍	190	9	234	433
	タンク	329	1,398	135	1,862
	ホッパ	31	462		493
	活魚		1		1
	電源	24			24
	計	9,781	4,774	3,131	17,686
	構成比	55.3%	27.0%	17.7%	100.0%

コンテナ荷役機械	用途別	フォークリフト		トップリフター	
		12ft	20ft	30ft	40ft
	最大荷重(トン)	8	15	24	24・35
	台数	370	82	42	45
	構成比	68.6%	15.2%	7.8%	8.3%

［注］ 1. 機関車は 2018 年 4 月 1 日現在、それ以外は 2017 年 4 月 1 日現在の状況である。
　　　2. 事業用コンテナを除く。
　　　3. 機関車の国鉄製更新車は台車・モーター・制御装置等を取り替えたものを指す。
［出所］『JR 貨物要覧』2017 年版および JR 貨物提供資料より作成。

テナにおいては、長さ 30 ～ 31ft のものが 17.7％を占めていることも、荷主企業のニーズが表れている。

　荷主の誰もが利用可能な汎用の 31ft コンテナの導入については、1 個あたり 400 ～ 500 万円の費用を要するため、環境省と国土交通省が連携する物流の低炭素化促進事業に基づき、JR 貨物または利用運送事業者が購入する費用の 2 分の 1 が補助されている[53]。モーダルシフトを推進するには、当該の補助を活用して、汎用の 31ft コンテナの個数を大幅に増加させる必要がある。

　31ft コンテナの取り扱いが可能な荷役機械（トップリフター）についても、さらなる導入が望まれる。フォークリフトは、一般的にコンテナを傾けて荷役作業を行うので、コンテナに積載されている荷物に負荷や衝撃が加わるデメリットがある[54]。一方、トップリフターは水平荷役を行うので、荷役作業中の荷痛みを軽減するうえでも有益である[55]。表 1-6 と表 1-7 にあるように、30ft 以上のコンテナを取り扱える（31ft コンテナの取り扱いが可能な）トップリフターは 87 台導入されており、65 駅に配置されている。31ft コンテナの取り扱いが可能なトップリフターの台数を大幅に増加させ、その配置駅を拡大すべきである[56]。

　なお JR 貨物は大部分の線区で電気を動力として列車を運転しており、着発線荷役駅においても着発線ホームの線路上に電気を供給する架線が設置されている。これらの駅のコンテナ荷役機械には、荷役作業の際に架線に接触しないように揚程制限装置が装備されている。今後着発線荷役駅を新たに整備する場合、着発線ホームの線路上に架線が設置されると考えられるので、

　　程度であるのに対して、31ft コンテナは 25％であるという（木村ほか［2013］p.10）。李・安部［2004a］は 12ft コンテナの問題点として、積載質量あたりの容積が小さく、内寸が標準型パレットと合致しないことを挙げ、倉庫も含めた物流容器・施設の標準化（トラック輸送に適した構造への準拠）が必要と論じている（李・安部［2004a］pp.123-124）。林［2013］は 12ft コンテナについて同様の問題点を挙げ、31ft コンテナの普及拡大が必要と述べている。31ft コンテナ導入のメリットについては JR 貨物も認識している。日本貨物鉄道総合企画本部［2013］p.29 および https://www.jrfreight.co.jp/service/transport/31feet/ を参照されたい。
53　https://www.env.go.jp/guide/budget/h24/h24-gaiyo/025.pdf を参照されたい。
54　JR 貨物ニュース編集部［2007］p.25、木村ほか［2013］p.7 を参照されたい。
55　モーダルシフト研究会［2009b］p.18 においても同様の指摘がなされている。
56　31ft コンテナと、それを取り扱うトップリフターは重量が大きいため、それらを新規に導入する駅では、コンテナホームの補強が必要となることも考えられる。

今後導入するコンテナ荷役機械は架線下荷役が可能なものに統一することが望ましいといえよう。

表1-8は主な設備投資を年月順に示したものである。JR貨物が国鉄から継承した駅は大部分が旧態依然としたものであり、機関車、貨車等の輪転資材も国鉄末期にはほとんど新造されなかったため、JR貨物は減価償却費を上回る積極的な設備投資を続けてきた[57]。しかし先述したように、JR貨物は発足後30年間のうち少なくとも22年間は営業損失を計上している。自己資金による大規模な設備投資は困難な経営状況といえる。

以上のような状況から、国はJR貨物の設備投資に要する費用に充てるため、無利子貸付をJR貨物に対して二度行っている。まず1998年度と1999年度の2年間に、日本鉄道建設公団（現鉄道建設・運輸施設整備支援機構[58]）から貸し付けられている。貸付額は1998年度が188億円、1999年度が132億円である。次いで2011年度より2017年度までの7年間に、鉄道・運輸機構から総額700億円が貸し付けられている。それとともに、青函トンネル（54km）とその前後の明かり区間を含む計82kmの、新幹線と貨物列車が共用走行となる区間（以下、青函共用走行区間という）にかかる機関車の新造等に190億円の支援（うち無利子貸付2分の1、国からの助成金2分の1）が実施されている[59]。

無利子貸付は、設備投資に要する資金を調達する際に、借入金の利子によってJR貨物の負債が膨張することを抑制する効果があり、JR貨物の経営改善に資するものと評価できる。しかしながら、現状の貸付額では、機関車等の輪転資材の新造に充当し得る程度であり、着発線荷役駅を整備する資金としては不十分であると言わざるを得ない[60]。

---

57 JR貨物発足初年度の1987年度から2002年度までの16年間における鉄道事業への設備投資額は2488億円であり、同期間の減価償却費2113億円を上回っている。http://report.jbaudit.go.jp/org/h14/2002-h14-0960-0.htm を参照した。佐藤［2012a］は、JR貨物が国鉄から承継した営業用資産は車両や貨物駅が中心であり、「とくに車両は古いものが多く、償却が済んでいる簿価の小さなものが多かった。そのため、毎年計上される減価償却費は小さく、輸送体系を大きく効率化するための財源は借り入れに頼らざるを得なかった」と分析している（佐藤［2012a］p.132）。
58 以下、鉄道・運輸機構という。
59 http://www.mlit.go.jp/tetudo/tetudo_tk2_000019.html、http://www.mlit.go.jp/common/000135076.pdf および国土交通省鉄道局へのヒアリング（2018年11月15日）による。
60 二度目の無利子貸付が実施された2011年度より2017年度までの7年間において、機関車とコ

表 1-8　JR 貨物の主な設備投資の年譜

年	月	内　容
1987	10	容積 18m³の新型コンテナ（18A、V18A）登場。
1988	1	高速コンテナ貨車コキ 100 形式を開発。
1988	3	活魚輸送コンテナ(私有)を開発。20ft 型クールコンテナ開発。トップリフター導入。
1989	2	EF66 形式（JR 貨物製旧形）直流電気機関車登場。
1989	7	新車扱情報システム使用開始。
1990	6	EF200 形式新形電気機関車試作車完成。
1991	3	低床式コキ70形式貨車の完成。両側面二方開き 20ft タイプ30 A 形式コンテナ登場。
1991	9	列車運行状況表示システム導入。
1992	4	DF200 形式新形電気式ディーゼル機関車試作車完成。
1992	7	EF200 形式直流電気機関車営業運転開始。
1993	3	DF200 形式電気式ディーゼル機関車営業運転開始。
1993	6	東海道線貨物輸送力増強工事起工式。
1994	1	貨物情報ネットワークシステム（FRENS）が始動。
1994	9	列車抑止情報表示システム（移動電話による列車運行状況把握システム）の導入。
1994	10	国鉄製コキ 50000 形式貨車の台車枠取替工事完了（3,350 両）。
1996	2	EF210 形式新形直流電気機関車試作車完成。
1996	10	通信衛星を利用した列車位置検知システム使用開始。
1997	6	EH 500 形式新形交直流電気機関車試作車完成。
1997	12	EF 210 形式直流電気機関車営業運転開始。
1998	3	東海道線コンテナ輸送力増強工事完成。
2000	3	EH500 形式交直流電気機関車量産車完成。
2000	4	コンテナ貨車・コンテナの番号自動読取システム導入。
2000	6	EH200 形式直流電気機関車試作車完成。
2000	10	常磐線土浦駅改良工事が完成、E&S 方式に。
2001	12	EF510 形式新形交直流電気機関車完成。
2002	3	コンテナ品質情報システム使用開始。
2003	3	EH200 形式直流電気機関車完成。
2004	3	M250 系特急コンテナ電車営業運転開始。
2005	8	IT-FRENS & TRACE システム全面稼動。
2008	4	PRANETS(運転支援システム) 使用開始。
2009	3	PRANETS による列車位置情報の提供を開始。
2010	3	HD300 形式ハイブリッド機関車試作車完成。
2010	4	新情報システム (鉄道 Web サービス) 運用開始。
2012	10	JR 貨物初の汎用 31ft ウィングコンテナを製作。
2012	11	EH800 形式交流機関車試作車完成。

［注］　JR 貨物が主体的に実施した設備投資を記載してある。
［出所］　『JR 貨物要覧』2017 年版および https://www.jrfreight.co.jp/about/ より作成。

5　おわりに

　JR貨物は、発足直後の好調な輸送量に支えられて、その他事業を含む営業損益ではあるが1993年度まで7年連続で営業利益を計上した。しかしその後はわが国の経済活動の停滞と、相次ぐ大規模な自然災害によって輸送量が減少し（表1-9参照）、1994年度から2015年度まで22年間にわたって鉄道事業で営業損失を計上し続けている。2016年度にわずかながら、ようやく営業利益を計上したことになる。減価償却費計上前の営業損益では、鉄道事業単体の営業損益が公表された2006年度以降においても利益を計上し続けていることから、現行の経営環境のもとでは、JR貨物は直ちに鉄道事業の存続が困難になるとは思われない。しかしながら、鉄道事業において持続的に自立採算を維持することは困難であると判断せざるを得ない。

　JR貨物は路線網の縮小等により、鉄道事業の規模を縮小することで経営の改善を図ってきた。しかし路線網の縮小は荷主企業の鉄道輸送に対するニーズとのミスマッチを発生させており、また、貨物列車に輸送障害が発生しても、迂回経路を確保して貨物列車の運転を継続することが困難となるケースも見受けられる。

　JR貨物は、モーダルシフトの受け皿として機能するべく、サービス水準の向上や輸送力の確保に資するような、様々な施策を実施してきた。しかしながら、JR貨物は2015年度まで20年以上営業損失を計上し続けており、内部留保が十分とは言えない状態にある。また国鉄から継承した駅や輪転資材が老朽化していたため、JR貨物は借り入れを行って減価償却費を上回る設備投資をせざるを得ない状況が継続している。

　表1-10は長期債務残高の推移である。JR貨物は会社発足時に、国鉄の債務を944億円継承している。1990年度末まで減少傾向にあったが、1991年度末以降は増加傾向となっている。先述のとおり1998年度と1999年度に無利子貸付が実施されたことから、1999年度末と2000年度末にいったん減少したものの、2001年度末から再び増加傾向となり、2009年度末には1929億

ンテナ貨車の新造に要した費用は合計732億円である（https://www.jrfreight.co.jp/infoを参照した）。

表 1-9　JR 貨物の自然災害に起因する主な輸送障害の年譜

年	月	内　容
1991	10	武蔵野線新小平駅線路災害発生（10/11〜12/12）。
1995	1	阪神・淡路大震災による輸送障害発生（東海道線住吉駅〜六甲道駅間他、1/17〜3/31）。
1998	8	大雨で東北線黒磯駅〜新白河駅間（上下線）・上越線水上駅〜越後中里駅間（上り線）が不通に（東北線 8/27〜9/25、上越線 8/27〜9/22）。
2000	3	有珠山火山活動で室蘭線長万部駅〜東室蘭駅間が不通に（3/29〜6/7）。
2004	10	新潟県中越地震による輸送障害発生（上越線宮内駅〜小出駅間・信越線柏崎駅〜南長岡駅間、10/23〜12/26）。
2005	12	旅客列車の脱線事故により羽越線が不通（12/25〜1/18）。
2007	7	新潟県中越沖地震による輸送障害発生（信越線柿崎駅〜柏崎駅間、7/16〜9/12）。
2010	7	中国地方集中豪雨による美祢線不通（7/14〜翌年 10/16）。
2011	3	東日本大震災による輸送障害発生（東北線 3/11〜4/20、常磐線 3/11〜、石巻線 3/11〜翌年 10/8）。
2014	10	台風 18 号の接近・上陸に伴う線路内への土砂流入により、東海道線の由比駅〜興津駅間が 10 日間にわたって不通に（10/6〜16）。
2016	4	熊本地震による輸送障害が発生し、7 日間にわたって鹿児島線が不通。
2016	8, 9	相次ぐ台風の接近・上陸により北海道で多数の線路設備に被害が発生し、石北線（8/23〜9/30）、根室線（9/5〜12/21）が長期にわたって不通に。

［出所］　『JR 貨物要覧』2017 年版および https://www.jrfreight.co.jp/about/ より作成。

円に達した。2011 年から実施されている無利子貸付によって借入金が減少し、長期債務残高も減少する傾向にあるものの、2017 年度末の残高は 1637 億円であり、会社発足時に比べて 73.4％ も増加している。

　JR 貨物がモーダルシフトの受け皿として機能するには、あまりにも経営基盤が脆弱であると言わざるを得ない。モーダルシフトを推進するためには、国を中心とした公的部門による鉄道貨物輸送への大規模かつ積極的な支援が必要不可欠である[61]。ただし、公的部門による支援措置が JR 貨物の経営支

61　このような指摘は、JR 貨物発足直後の輸送量が増加傾向にあった時期においてもなされている。矢田貝［1993］は「足腰の弱くなった JR 貨物会社をモーダルシフトの担い手に仕立て上げようとすればする程、政府は助成その他措置をしなければならなくなる。何のための民営化であったのかが問われることになろう」と論じている（矢田貝［1993］p.39）。また風呂本［1996］は JR 貨物を「もはや特定荷主の下請けと化した貧弱な経営基盤で共通費を負担せずに直行貨物輸送を行う貨物列車会社」と評している（風呂本［1996］p.47）。

表 1-10 JR 貨物の長期債務残高の推移

(単位:億円)

年度末	社債	借入金	無利子	合計
1986	821	122		944
1987	740	118		859
1988	665	114		779
1989	646	141		788
1990	625	151		777
1991	605	327		932
1992	528	471		999
1993	470	668		1,139
1994	418	724		1,143
1995	379	768		1,147
1996	350	787		1,137
1997	330	877		1,208
1998	279	809	187	1,277
1999	202	709	319	1,231
2000	116	645	319	1,080
2001		815	319	1,134
2002		1,073	319	1,393
2003		1,055	319	1,375
2004		1,053	319	1,373
2005		1,172	319	1,491
2006		1,232	319	1,552
2007		1,358	319	1,678
2008		1,449	319	1,768
2009		1,610	319	1,929
2010		1,571	319	1,890
2011		1,477	319	1,797
2012		1,395	392	1,788
2013		1,265	521	1,786
2014		1,138	592	1,731
2015		1,005	677	1,683
2016		809	773	1,582
2017		737	899	1,637

[出所] JR 貨物提供資料より作成。

援なのか、あるいはモーダルシフトの推進なのか、目的を明確にすることが重要である[62]。もし公的部門による支援措置が JR 貨物の経営支援であるならば、現状の支援体制で差し支えない。JR 貨物は自助努力を行っており、経営環境に大きな変化がなければ、少なくとも JR 貨物の短期の事業存続は可能だからである。

　もし公的部門による支援措置がモーダルシフトの推進を目的としているのであれば、鉄道貨物輸送への大規模かつ積極的な支援は必要不可欠であるが、それとともに、そのような支援は JR 貨物以外の貨物輸送を実施する鉄道事

62　小澤［2002a］は「鉄道貨物輸送による環境負荷低減等は、あくまで社会全体の厚生を高める手法」であり、JR 貨物の経営課題を解決する本質的な要素ではないと指摘する（小澤［2002a］p.391）。

業者も享受できるよう制度設計をすべきである。全国的な鉄道貨物輸送は、現在はJR貨物の独占となっているが、モーダルシフトを推進するためには、地域間の鉄道貨物輸送市場の活性化が必要不可欠である。JR貨物以外の鉄道事業者が地域間の鉄道貨物輸送市場に参入し得る環境を整えることも、公的部門の役割であると思われる[63]。

---

[63] これについては第5章において考察したい。

第2章
臨海鉄道

1　はじめに

　わが国では1950年代後半から1960年代にかけての高度経済成長期において、臨海部に大規模な工業地帯（以下、臨海工業地帯という）が全国的に造成された。臨海鉄道は臨海工業地帯を発着する貨物を輸送するために、当時の国鉄、臨海工業地帯の属する地方自治体および臨海工業地帯に進出した各企業が共同出資して設立した第三セクター方式の鉄道である。

　1980年代以降、わが国の経済構造変化と貨物輸送のトラックへの転換によって、臨海鉄道の輸送量は減少傾向を示している。輸送量の減少に伴って、近年は一部の線区を廃止する事業者のみならず、全路線を廃止する事業者も現れている。臨海鉄道に出資する沿線企業等が鉄道による輸送を必要としなければ、臨海鉄道の廃止はやむを得ないように見える。しかし臨海鉄道はモーダルシフトの推進に資する可能性がある。本章では臨海鉄道の沿革と現状を確認したうえで、臨海鉄道の存在意義を明らかにし、臨海鉄道に対する公的支援策について検討したい。

　臨海鉄道についての主な先行研究は管見の限り以下のとおりである。

　鉄道貨物近代史研究会編［1993］は臨海鉄道の設立の経緯を述べている（鉄道貨物近代史研究会編［1993］pp.76-84）。日本貨物鉄道事業部［1993］、日本貨物鉄道編［2007b］は臨海鉄道の歴史的経緯と現状を述べている。津山［2006］、日本貨物鉄道編［2007c］は臨海鉄道の歴史的経緯を述べている。曽我［1993］、加賀山［2002］、髙嶋［2003］は臨海鉄道の現状を分析したものである。加賀山［2002］は「現在の特定荷主のニーズに応えながら、新規貨物を獲得できるか、経費の削減を行いながら適切な要員を確保していくか、今後、臨海鉄道が生き残っていくための重要なポイントである」と主張して

いる。

臨海鉄道事業者自身による論稿は矢田貝 [1987]、高木 [1991]、松本 [1991]、鳥海 [1992]、岡部 [1996]、河野 [1996]、矢代 [2002]、石井 [2006]、北川 [2006]、櫻井 [2006]、飛田 [2006]、吉留 [2006、2010]、田中 [2010]、服部 [2010]、山内 [2013]、川村 [2014]、石原 [2016]、伊藤 [2016]、江尻 [2016]、大場 [2017] がある。

2　臨海鉄道の沿革

わが国では高度経済成長期に重化学工業を中心とする、いわゆる「素材型産業」が急速に発展した。素材型産業は石油、鉄鉱石等の原材料を大量に使用するが、わが国はそれらの大部分を輸入に依存している。したがって、それらの輸送に便利な臨海部に臨海工業地帯が造成されることとなった。

臨海工業地帯は、高度経済成長期以前から東京湾岸の京浜工業地帯等大都市部に近接するものは存在したが、それが全国的に展開する契機となったのは、1962 年に国が策定した最初の全国総合開発計画である。当該計画は特定地域を重点的に開発する「拠点開発方式」を採用し、これに基づいて新産業都市に 15 地域が、工業整備特別地域に 6 地域が、それぞれ指定された[1]。

臨海工業地帯の造成が全国的に進展するとともに、各臨海工業地帯を発着する貨物の輸送手段を確保することが重要な課題となった。臨海工業地帯に進出した各企業は大量輸送に適する鉄道の早期建設を強く要望した。臨海工業地帯の鉄道貨物輸送は当時全国的な路線網を有していた国鉄との直通運転を必要とする場合が多いことから、国鉄による鉄道の建設、運営が有力視されていた。

しかし当時の国鉄は新幹線の建設等幹線輸送力の増強に追われており、また臨海工業地帯の鉄道のような短距離路線は、建設および運営に要する費用に比較して収益の増加は多くを見込めず、経営上得策ではないことから、早

1　全国総合開発計画は数次にわたって策定されている。最初の全国総合開発計画の概要については経済企画庁編 [1962] を参照した。新産業都市、工業整備特別地域に指定された地域の概要については国土総合開発資料研究会編 [1973] pp.175-192 を参照した。最初の全国総合開発計画についての議論は柳沢 [1991] pp.137-145、山﨑 [1998] pp.172-178 および本間 [1999] pp.17-47 を参照されたい。

期建設に難色を示した。その結果、鉄道の早期建設を図るために国鉄、臨海工業地帯の属する地方自治体および臨海工業地帯に進出した各企業が共同出資して鉄道事業者を設立する、いわゆる「臨海鉄道方式」を採用することとなった。

臨海鉄道方式を採用したことは、臨海鉄道に出資する3者にとって以下のようなメリットがあった[2]。

① 国鉄にとっては鉄道の建設および運営に要する費用の負担を軽減し得る一方で、貨物輸送の増加が見込まれる。

② 臨海工業地帯の属する地方自治体は、鉄道による安定的な輸送を確保することで地域経済の発展を促進し得る。

③ 臨海工業地帯に進出した各企業は、鉄道による円滑な輸送を早期に確保することで輸送時間の短縮および輸送費の節減が可能になる。

なお、国鉄は投資し得る事業の範囲が他の交通事業者と共同使用する施設を運営する事業等に限定されていたため、臨海鉄道への出資を可能とすべく1962年4月に日本国有鉄道法第6条が改正されている[3]。1963年9月16日に最初の臨海鉄道である京葉臨海鉄道が開業し、その後他の臨海工業地帯にも相次いで臨海鉄道が誕生することとなった。1975年11月15日の衣浦臨海鉄道の開業により、臨海鉄道はこれまでに13事業者が開業している。なお、1987年4月1日に国鉄が分割・民営化されたため、国鉄が保有する各臨海鉄道の株式はJR貨物が継承している。

臨海鉄道には、国鉄の資本参加によって既存の鉄道から臨海鉄道に転換したものと、新規に鉄道が建設されたものとが存在する。前者に該当するのは釧路開発埠頭、福島臨海鉄道および水島臨海鉄道であり、他の事業者は後者に該当する[4]。

また、既存の臨海工業地帯に新設されたものと、新産業都市または工業整

---

2 臨海鉄道設立の経緯については苫小牧港開発編［1980］pp.235-238、名古屋臨海鉄道編集委員会編［1981］pp.10-11 および京葉臨海鉄道編［1983］pp.11-14 を参照した。ただし後述するように、臨海鉄道には国鉄の資本参加によって既存の鉄道から臨海鉄道に転換したものも存在する。
3 日本国有鉄道法第6条改正の経緯については、京葉臨海鉄道編［1983］pp.14-23 が詳しい。
4 ただし前者に該当する事業者の一部の線区には、臨海鉄道転換後新たに建設されたものが存在する。また後者に該当する事業者の一部の線区にも、沿線の地方自治体や臨海工業地帯に進出した企業が所有する専用線を転用したものや、既存の鉄道事業者から譲渡されたものが存在する。

図 2-1 臨海鉄道の事業者数とキロ程合計

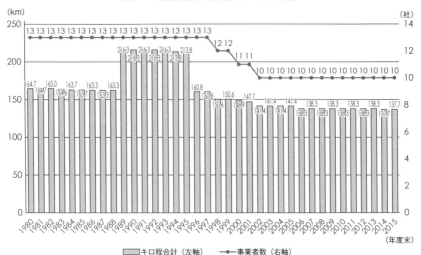

[注] 1. 貨物輸送実績のない事業者は除く。
 2. 旅客輸送の開業、廃止およびキロ程の変更は除く。
 3. 未開業線の廃止は除く。
[出所]『鉄道要覧』各年度版他より作成。

備特別地域に指定されたことを契機として既存の鉄道から転換もしくは新設されたものとにも分類され得る[5]。新産業都市に指定された地域で開業したのは苫小牧港開発、八戸臨海鉄道、仙台臨海鉄道、福島臨海鉄道、秋田臨海鉄道、新潟臨海鉄道および水島臨海鉄道の7事業者であり、工業整備特別地域に指定された地域で開業したのは鹿島臨海鉄道である。

旅客輸送については水島臨海鉄道が倉敷市駅〜三菱自工前駅間 10.4km において、鹿島臨海鉄道が鹿島サッカースタジアム駅〜水戸駅間 53.0km において、それぞれ実施している。ただし鹿島臨海鉄道の旅客輸送実施区間については、1989 年 11 月 1 日より貨物輸送が開始されたものの、輸送経路の変更によって 1996 年 3 月 16 日に廃止されており、現在貨物輸送は行われていない。また福島臨海鉄道は 1972 年度まで旅客輸送を実施していた。

図 2-1 は臨海鉄道の事業者数とキロ程の合計である。臨海鉄道は 1980 年

---

5 設立の経緯に基づく臨海鉄道の分類については青木［2003］p.18 も参照されたい。

度末時点で13事業者が営業しており、キロ程の合計は1980年度末から1988年度末まで160km台で推移している。1989年度末から1995年度末までは先述のとおり鹿島臨海鉄道が鹿島サッカースタジアム駅〜水戸駅間53.0kmにおいて貨物輸送を実施していたためにキロ程合計は210km台に増加している。当該区間の貨物輸送が廃止された直後の1996年度末には160.8kmとなったが、1998年度末以降も輸送量の減少から線区の廃止が相次ぎ、全路線を廃止する事業者も現れている。釧路開発埠頭は1999年9月10日に、苫小牧港開発は2001年3月31日に、新潟臨海鉄道は2002年10月1日に、それぞれ全路線を廃止している。2015年度末の事業者数は10、キロ程の合計は137.7kmである。

ただし新潟臨海鉄道の廃止は、国土交通省の港湾事業である新潟東港の西水路掘削事業を実施する際に、藤寄駅〜太郎代駅間の線路が支障となることから、当該区間を廃止せざるを得なくなったことが主な要因である。黒山駅〜藤寄駅間については、当該区間を利用する企業が存在すること、および将来的な有効活用の可能性を考慮して、新潟県が新潟臨海鉄道から無償で譲り受け、新潟県の専用線として存続している。なお、新潟県は当該専用線を新潟トランシスに貸与しており、輸送はJR貨物が行っている[6]。

3 臨海鉄道の輸送と経営の状況

本節では、13番目の臨海鉄道である衣浦臨海鉄道が開業した1975年度以降の期間における、臨海鉄道の輸送と経営の状況を概観する[7]。

3-1 輸送の状況

図2-2は臨海鉄道の貨物輸送トン数合計の推移である。貨物輸送量を考察する場合、一般的には輸送距離を考慮して輸送トンキロを用いる場合が多い。

---

[6] 新潟県交通政策局より提供された資料を参照した。全路線を廃止した事業者について、加賀山 [2002] は「線路分断というやむを得ない事由」による新潟臨海鉄道は別として、釧路開発埠頭と苫小牧港開発は「特定の荷主の動向に左右される臨海鉄道の特徴が悪い方に表れてしまった」と指摘している（加賀山 [2002] p.17）。
[7] 本節の各図表は、単年度のものを除いて1975年度、1980年度、1985年度、1990年度と、1995年度から2015年度までの数値を掲載している。

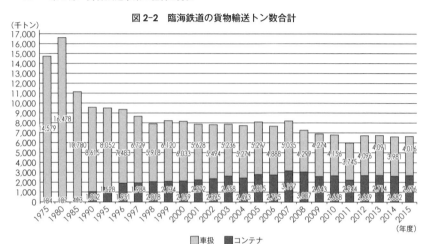

図 2-2　臨海鉄道の貨物輸送トン数合計

[出所]　『鉄道統計年報』各年度版より作成。

　しかし臨海鉄道は、最もキロ程の合計が長かった1989年度末においても、1事業者あたり平均のキロ程が20km未満と短距離であり、輸送トン数を用いても差し支えない。

　全体的な傾向としては、1975年度をピークとして1980年代前半に急激に減少し、それ以降は緩やかな減少となっている。貨物輸送トン数合計は1975年度よりも1980年度のほうが大きいが、これは後述するように、1980年度は神奈川臨海鉄道が石灰石を、鹿島臨海鉄道が航空燃料を、それぞれ輸送していたためである。これらを除いた1980年度の貨物輸送トン数合計は1466万トンであり、1476万トンである1975年度よりもやや小さい[8]。

　貨物輸送トン数合計は1985年度に1119万トンまで減少し、1990年度には963万トンに減少している。1997年度から2008年度までの期間は700〜800万トン台となり、2009年度以降は600万トン台にまで減少しており、2011年度は東日本大震災の影響により600万トンを下回っている。2015年度は669万トンであり、1975年度の45.3％である。

　ただし表序-2で見たように、わが国の鉄道貨物輸送トン数の合計のほう

---

[8] 1980年度の数値については『民鉄統計年報』昭和55年度版、pp.4-13、神奈川臨海鉄道社史編集委員会編［1993］p.134および社史編集委員会編［2000］p.39より算出した。

が減少傾向はより顕著である。1975年度は1億8062万トンであったが、1985年度に9629万トン、1990年度に8662万トンへと大幅に減少し、その後も減少し続けている。2015年度には4321万トンであり、1975年度の23.9％となっている。2015年度の鉄道貨物輸送トン数の合計のうち、臨海鉄道の占める割合は約15.5％である[9]。

　臨海鉄道の貨物輸送トン数が減少した要因としては、わが国の経済構造の変化に起因する重化学工業等の素材型産業の衰退、トラック輸送への転換等が挙げられるが、1980年代前半に輸送量が大幅に減少したのは、臨海鉄道と直通運転を行う国鉄による貨物輸送の大幅な削減の影響が大きい[10]。

　扱別ではコンテナよりも車扱の輸送トン数が大きい。これは臨海鉄道が臨海工業地帯に進出した各企業の専用線を発着する車扱貨車の輸送を前提としていたためである（高嶋［2003］p.57）。2015年度における車扱の主な輸送品目は石油製品と石灰石であり、前者は車扱の輸送トン数の63.6％、後者は17.4％を占めている[11]。

　ただし車扱の輸送トン数は減少傾向が続いており、貨物輸送トン数合計に占める割合も低下している。車扱は1985年度までは1000万トン以上で推移していたが、1990年度および1995年度は800万トン台となり、1996年度は748万トンに減少した。1997年度から2007年度までの期間は、2006年度を除いて500～600万トン台で推移していたが、2008年度以降は2011年度を除いて、おおむね400万トン台となっている。2015年度の402万トンは、1458万トンであった1975年度の27.5％である。貨物輸送トン数合計に占める車扱の割合は、1985年度までは90％以上を占めていたが、1990年度および1995年度は80％台となり、1996年度から2001年度までの期間は70％台、2002年度以降はおおむね60％台に低下している。

9　『鉄道統計年報』平成27年度版より算出した。
10　序章で述べたように、国鉄は1980年代前半に貨物列車および貨物駅を継続的に削減し、とくに1984年2月のダイヤ改正では、貨物駅の大幅な削減と、操車場を介した継送輸送方式から駅間直行輸送方式への全面転換に伴う操車場の全廃を実施したため、臨海鉄道に大きな影響を及ぼした。図序-2で見たように、1975年度の輸送機関別国内貨物輸送分担率（トンキロベース）は鉄道が13.1％、トラックが36.0％であったが、1985年度には鉄道が5.0％に縮小する一方、トラックは47.4％に拡大している。2015年度の分担率は鉄道が5.3％、トラックは50.2％となっている。
11　『鉄道統計年報』平成27度版を参照した。

一方、コンテナの輸送量はおおむね増加傾向にある。1985年度以前は50万トン未満であり、貨物輸送トン数合計の5％にも満たなかったが、1990年度には100万トンを上回って約1割を占めるようになった。1998年度以降は200万トンを上回っている。2015年度は268万トンとなっており、貨物輸送トン数合計の40.0％を占めている。

表2-1は貨物輸送トン数を事業者別に示したものである。沿線に大規模な臨海工業地帯を有する京葉臨海鉄道、神奈川臨海鉄道、名古屋臨海鉄道の数値が大きい。京葉臨海鉄道は、2005年度以前では2001年度を除いて200〜250万トンの範囲で推移していたが、2006年度から減少傾向となり、2011年度には東日本大震災の影響もあり133万トンにまで落ち込んだ[12]。しかし2012年度以降は再び増加する傾向にあり、2015年度は185万トンとなっている。

神奈川臨海鉄道は1980年度および1985年度の輸送量が大幅に増加しているが、これは1979年10月から1988年3月まで石灰石の輸送を実施していたことが主な要因である[13]。1990年度から2007年度までの期間は180〜200万トンの範囲で推移していたが、2008年度以降は減少傾向となり、2015年度は123万トンとなっている。

名古屋臨海鉄道は1975年度の輸送量が232万トンで京葉臨海鉄道に匹敵する大きさであったが、以後減少し続け、1990年度には150万トンを下回っている。1999年度には100万トンを割り込み、2005年度までは70〜80万トン台で推移していたが、2006年度以降は100万トンを上回るようになり、2015年度は115万トンとなっている。2006年度以降に増加しているのは、2006年11月より名古屋南貨物駅〜盛岡夕駅間（約900km）で自動車部品の専用コンテナ列車（トヨタロングパスエクスプレス）の運転が開始されたことによるものと考えられる[14]。

12　現存する臨海鉄道10事業者のうち7事業者が東北地方と関東地方に立地しており、東日本大震災はこれらの事業者の経営に大きな影響を及ぼしている。各事業者の被災状況については横田［2011］、石川［2012］、富嶋［2012］、川村［2014］、江尻［2016］を参照されたい。
13　1979年度から1987年度までの期間の全輸送トン数に占める石灰石の割合は約19％であった。神奈川臨海鉄道社史編集委員会編［1993］pp.132-135を参照した。
14　トヨタロングパスエクスプレスについてはJR貨物［2008］p.16を参照した。

他の事業者はおおむね150万トン未満で推移しており、近年は100万トン未満となっている。これらのうち一部の年度で150万トンを上回る輸送量を示しているのが鹿島臨海鉄道である。鹿島臨海鉄道は1980年度の輸送量が169万トンと突出して大きいが、これは1978年3月から1983年8月まで新東京国際空港（現成田国際空港）向けの航空燃料を輸送したことが主な要因である[15]。

表2-2は各事業者の車扱貨物輸送トン数である。輸送トン数が大きいのは仙台臨海鉄道、京葉臨海鉄道、神奈川臨海鉄道、名古屋臨海鉄道である。主な輸送品目は名古屋臨海鉄道が石灰石であり、他の3事業者は石油製品である。ただしこれらの事業者も車扱の輸送量は減少する傾向にあり、京葉臨海鉄道は1997年度に、神奈川臨海鉄道は1990年度に、それぞれ200万トンを下回っている。神奈川臨海鉄道は2013年度以降100万トン未満にまで減少している。名古屋臨海鉄道も1985年度に200万トンを下回り、1997年度以降は100万トン未満で推移している。1975年度は232万トンであったが、2015年度は70万トンであり、1975年度の30.4％に落ち込んでいる。仙台臨海鉄道は1975年度から1990年度まで増加傾向を示しており、1990年度は122万トンであった。その後は減少傾向に転じ、1997年度には100万トンを下回り、2007年度以降は東日本大震災の影響で大きく落ち込んだ2011年度と2012年度を除いて、おおむね50万トン台となっている。

現存する他の6事業者は、1995年度以降50万トン未満で推移している。これらのうち八戸臨海鉄道と秋田臨海鉄道は2008年度以降、鹿島臨海鉄道は2010年度以降、水島臨海鉄道は2012年度以降、それぞれ車扱の輸送実績がなくなっている。八戸臨海鉄道は2002年度以前には10万トン以上の輸送量であったが、2003年度に大幅な減少を示して1万トン未満となり、2007年度には3000トン台となっていた。水島臨海鉄道は1997年度以降10万トンを下回っており、2002年度から2006年度まではわずか1000トン未満となっていた。2007年度以降は、2011年度の500トンを除いて輸送実績がなくなっている。

15　1977年度から1983年度までの期間の全発送トン数に占める当該航空燃料の割合は約63％であった。社史編集委員会編［2000］p.100を参照した。

表 2-1　臨海鉄道の

年度	釧路開発埠頭	苫小牧港開発	八戸臨海鉄道	仙台臨海鉄道	福島臨海鉄道	秋田臨海鉄道	新潟臨海鉄道
1975	495,636	1,448,748	331,798	635,243	1,349,465	578,745	333,519
1980	715,028	1,354,469	270,994	638,501	1,160,490	425,993	279,582
1985	310,260	609,903	179,025	932,711	622,108	194,332	192,627
1990	136,920	285,266	259,809	1,292,206	676,836	193,082	143,022
1995	162,530	212,576	253,074	1,284,787	553,123	293,498	205,018
1996	140,411	200,948	243,590	1,216,519	535,452	277,033	198,449
1997	60,275	123,452	249,342	1,081,917	498,481	252,621	186,928
1998	34,952	0	246,054	925,644	417,792	219,142	166,897
1999	652		232,116	1,045,987	400,437	365,493	178,117
2000			245,614	997,714	328,968	486,035	161,633
2001			238,408	819,158	313,148	453,446	136,848
2002			254,104	862,550	328,735	432,274	
2003			258,708	895,051	299,803	425,500	
2004			277,353	718,167	319,118	366,247	
2005			301,710	906,577	283,287	372,631	
2006			349,565	848,443	317,985	n.a.	
2007			323,017	797,745	331,630	375,923	
2008			314,250	710,758	313,180	162,405	
2009			255,860	712,846	286,846	142,867	
2010			310,010	650,904	287,505	159,650	
2011			184,430	400,826	194,132	173,745	
2012			369,110	491,031	251,614	169,350	
2013			355,165	717,476	268,155	194,615	
2014			381,090	674,688	266,078	174,465	
2015			362,005	665,988	257,413	168,975	

[注]　苫小牧港開発は1999年4月1日より廃止日まで営業を休止していた。
[出所]　『鉄道統計年報』各年度版より作成。

貨物輸送トン数

(単位:トン)

鹿島臨海鉄道	京葉臨海鉄道	神奈川臨海鉄道	名古屋臨海鉄道	衣浦臨海鉄道	水島臨海鉄道
662,757	2,455,830	2,869,941	2,317,825	92,582	1,191,228
1,686,100	2,326,224	4,365,232	2,221,412	381,495	839,094
251,907	2,004,138	3,443,974	1,673,962	178,094	599,664
145,702	2,292,453	1,993,942	1,429,208	147,351	630,708
182,886	2,171,123	2,070,300	1,314,355	366,369	509,959
190,978	2,415,757	1,895,403	1,246,513	349,917	522,277
208,374	2,297,578	1,821,829	1,087,453	362,337	486,109
192,926	2,036,764	1,892,726	1,018,412	320,859	464,408
206,136	2,181,740	2,001,188	857,400	314,029	471,040
247,785	2,047,998	2,037,908	887,976	288,069	462,456
296,600	1,977,947	1,997,165	847,036	334,399	485,809
287,407	2,174,640	1,938,172	757,773	358,868	495,064
309,133	2,235,822	1,846,274	770,958	337,982	514,677
291,851	2,291,372	1,873,707	773,935	347,322	507,552
306,632	2,337,351	1,949,312	787,607	354,808	512,585
329,128	1,989,734	1,951,968	1,008,664	375,571	512,585
337,220	1,983,233	1,902,951	1,298,738	363,725	517,924
288,730	1,878,751	1,616,601	1,227,398	348,087	445,735
243,569	1,929,588	1,435,572	1,156,931	317,488	435,803
243,834	1,819,704	1,323,779	1,231,043	343,944	453,628
197,764	1,334,277	1,528,842	1,261,983	274,026	438,720
233,391	1,680,040	1,511,522	1,302,715	354,922	401,043
259,798	1,780,244	1,182,035	1,304,380	343,643	398,771
278,324	1,837,490	1,143,042	1,166,312	336,937	405,074
278,602	1,850,607	1,227,968	1,145,925	353,570	380,635

表 2-2　臨海鉄道の

年度	釧路開発埠頭	苫小牧港開発	八戸臨海鉄道	仙台臨海鉄道	福島臨海鉄道	秋田臨海鉄道	新潟臨海鉄道
1975	495,636	1,448,748	331,798	635,243	1,322,405	578,745	333,519
1980	715,028	1,354,469	270,994	638,501	1,135,400	425,993	279,582
1985	310,260	609,903	168,285	932,711	589,385	194,332	192,627
1990	136,920	285,266	183,459	1,224,138	593,446	140,997	143,022
1995	162,530	212,576	136,734	1,107,123	417,696	97,873	205,018
1996	140,411	200,948	127,585	1,041,998	417,225	88,088	198,449
1997	60,275	123,452	130,778	920,695	372,518	65,721	186,928
1998	34,952	0	128,144	714,947	307,631	55,277	166,897
1999	652		125,822	794,776	300,877	191,058	177,862
2000			129,547	802,587	229,790	300,870	161,263
2001			125,743	626,793	216,610	270,391	136,488
2002			123,379	647,195	211,954	246,164	
2003			6,853	679,329	203,900	216,980	
2004			7,203	696,999	221,666	167,352	
2005			5,110	676,368	178,272	178,646	
2006			3,675	619,807	200,741	n.a.	
2007			3,297	589,176	212,374	174,058	
2008			0	496,957	196,108	0	
2009			0	519,200	190,270	0	
2010			0	508,331	199,608	0	
2011			0	400,826	173,826	0	
2012			0	381,203	186,976	0	
2013			0	582,230	198,282	0	
2014			0	539,764	196,056	0	
2015			0	541,584	183,604	0	

[注]　苫小牧港開発は1999年4月1日より廃止日まで営業を休止していた。
[出所]　『鉄道統計年報』各年度版より作成。

車扱貨物輸送トン数

(単位：トン)

鹿島臨海鉄道	京葉臨海鉄道	神奈川臨海鉄道	名古屋臨海鉄道	衣浦臨海鉄道	水島臨海鉄道
630,453	2,455,830	2,869,941	2,317,825	92,582	1,066,537
1,671,979	2,326,224	4,363,073	2,221,412	351,800	723,631
231,416	1,998,873	3,443,974	1,644,272	115,809	348,098
67,918	2,214,638	1,955,734	1,376,628	58,335	234,449
63,578	2,025,692	1,941,037	1,244,400	300,028	137,646
49,597	2,052,823	1,629,242	1,131,014	277,721	127,639
46,477	1,942,276	1,562,198	958,587	290,317	68,514
20,299	1,711,569	1,581,224	901,478	254,638	41,349
18,262	1,835,282	1,660,480	729,946	251,657	33,493
18,013	1,678,744	1,703,073	751,324	228,191	29,456
15,456	1,556,464	1,645,252	737,138	273,870	23,553
14,922	1,735,703	1,588,041	629,523	296,938	628
15,704	1,758,581	1,472,242	598,787	282,366	934
12,557	1,804,237	1,488,531	583,958	290,467	688
11,481	1,828,236	1,540,839	579,473	298,119	696
10,742	1,481,295	1,582,393	672,997	316,119	696
14,333	1,469,539	1,549,435	721,306	301,670	0
4,564	1,393,616	1,270,021	649,491	288,509	0
400	1,480,109	1,145,100	678,660	260,676	0
0	1,385,176	1,086,557	684,712	291,354	0
0	907,280	1,341,784	695,497	225,352	500
0	1,205,431	1,303,127	714,260	304,875	0
0	1,297,812	949,353	769,115	293,847	0
0	1,335,936	893,743	728,311	287,687	0
0	1,315,918	972,636	704,727	297,070	0

66　第 1 部　貨物鉄道事業の経緯と現状

表 2-3　臨海鉄道のコン

年度	釧路開発埠頭	苫小牧港開発	八戸臨海鉄道	仙台臨海鉄道	福島臨海鉄道	秋田臨海鉄道	新潟臨海鉄道
1975	0	0	0	0	27,060	0	0
1980	0	0	0	0	25,090	0	0
1985	0	0	10,740	0	32,723	0	0
1990	0	0	76,350	68,068	83,390	52,085	0
1995	0	0	116,340	177,664	135,427	195,625	0
1996	0	0	116,005	174,521	118,227	188,945	0
1997	0	0	118,564	161,222	125,963	186,900	0
1998	0	0	117,910	210,697	110,161	163,865	0
1999	0		106,294	251,211	99,560	174,435	255
2000			116,067	195,127	99,178	185,165	370
2001			112,665	192,365	96,538	183,055	360
2002			130,725	215,355	116,781	186,110	
2003			251,855	215,722	95,903	208,520	
2004			270,150	21,168	97,452	198,895	
2005			296,600	230,209	105,015	193,985	
2006			345,890	228,636	117,244	n.a.	
2007			319,720	208,569	119,256	201,865	
2008			314,250	213,801	117,072	162,405	
2009			255,860	193,646	96,576	142,867	
2010			310,010	142,573	87,897	159,650	
2011			184,430	0	20,306	173,745	
2012			369,110	109,828	64,638	169,350	
2013			355,165	135,246	69,873	194,615	
2014			381,090	134,924	70,022	174,465	
2015			362,005	124,404	73,809	168,975	

［注］　苫小牧港開発は 1999 年 4 月 1 日より廃止日まで営業を休止していた。
［出所］　『鉄道統計年報』各年度版より作成。

テナ貨物輸送トン数

(単位：トン)

鹿島臨海鉄道	京葉臨海鉄道	神奈川臨海鉄道	名古屋臨海鉄道	衣浦臨海鉄道	水島臨海鉄道
32,304	0	0	0	0	124,691
14,121	0	2,159	0	29,695	115,463
20,491	5,265	0	29,690	62,285	251,566
77,784	77,815	38,208	52,580	89,016	396,259
119,308	145,431	129,263	69,955	66,341	372,313
141,381	362,934	266,161	115,499	72,196	394,638
161,897	355,302	259,631	128,866	72,020	417,595
172,627	325,195	311,502	116,934	66,221	423,059
187,874	346,458	340,708	127,454	62,372	437,547
229,772	369,254	334,835	136,652	59,878	433,000
281,144	421,483	351,913	109,898	60,529	462,256
272,485	438,937	350,131	128,250	61,930	494,436
293,429	477,241	374,032	172,171	55,616	513,743
279,294	487,135	385,176	189,977	56,855	506,864
295,151	509,115	408,473	208,134	56,689	511,889
318,386	508,439	369,575	335,667	59,452	511,889
322,887	513,694	353,516	577,432	62,055	517,924
284,166	485,135	346,580	577,907	59,578	445,735
243,169	449,479	290,472	478,271	56,812	435,803
243,834	434,528	237,222	546,331	52,590	453,628
197,764	426,997	187,058	566,486	48,674	438,220
233,391	474,609	208,395	588,455	50,047	401,043
259,798	482,432	232,682	535,265	49,796	398,771
278,324	501,554	249,299	438,001	49,250	405,074
278,602	534,689	255,332	441,198	56,500	380,635

表2-3は各事業者のコンテナ貨物輸送トン数である。2006年度以前は水島臨海鉄道が最大の数値を示している。1975年度から1990年度までの期間では唯一10万トンを上回っており、早くからコンテナ化を積極的に進めていたことがうかがえる。1985年度には25万トンで、1990年度には40万トンとなっている。1997年度から2014年度までの期間は、おおむね40〜50万トン台で推移していたが、2015年度はやや減少して38万トンとなっている。輸送トン数のうちコンテナが占める割合は、1975年度においても10.5％であり、1985年度には42.0％にもなっている。1990年度には60％を上回り、1998年度以降は、車扱の輸送実績がない年度を除いて90％以上を占めている。

近年、コンテナの輸送トン数が大きいのは京葉臨海鉄道と名古屋臨海鉄道である。両者は車扱の輸送トン数も大きい。京葉臨海鉄道は1995年度の15万トンから1996年度に36万トンへと2倍以上に増加し、以降2000年度までの期間は30万トン台で推移し、2001年度以降は40〜50万トン台となっている。名古屋臨海鉄道は1996年度から2004年度までの期間は10万トン台であったが、2006年度から2007年度にかけて急増し、2007年度以降は40〜50万トン台で推移している。2006年度から増加したのは、先述のとおり自動車部品の専用コンテナ列車の運転が開始されたことによるものと考えられる。

現存する他の7事業者は、神奈川臨海鉄道の2005年度を除いて40万トン未満で推移している。これらのうち八戸臨海鉄道、鹿島臨海鉄道、神奈川臨海鉄道は一部の年度において30万トン以上の数値を示している。とりわけ八戸臨海鉄道は2006年度以降、2009年度と2011年度を除いて、30万トン台となっている。先述したように、八戸臨海鉄道と鹿島臨海鉄道は車扱の輸送実績がなくなっている。一方で、神奈川臨海鉄道は車扱の輸送量も大きい。

すでに全路線を廃止している3事業者のうち、釧路開発埠頭および苫小牧港開発は本表に掲載したすべての年度でコンテナの輸送実績がなく、新潟臨海鉄道も1999年度から2001年度までの期間にわずかな輸送量を示すのみである。

臨海鉄道がコンテナ輸送を拡大しているのは、

① 直通運転を実施するJR貨物がコンテナ輸送を強化していること。
② タンクコンテナ等特殊な用途に使用し得るコンテナが普及したこと。
③ コンテナ輸送によって広範に荷主を確保し、減少する輸送量に歯止めをかけること。

がその理由であると考えられる。

しかし、これについては高嶋［2003］の指摘を考慮する必要がある。高嶋は、臨海鉄道の路線が比較的短距離であることから、荷主が臨海鉄道を利用せずに直接JR貨物の駅にコンテナを持ち込むことも比較的容易であると指摘する。そのため、コンテナ輸送の拡大は臨海鉄道を維持するうえで重要な方策である一方、それが臨海鉄道の存在意義を失わせてしまう可能性を秘めていると主張している（高嶋［2003］pp.56-57）。

3-2　経営の状況

各事業者はコンテナ輸送の拡大以外にも様々な経営努力を積極的に行っている。JR貨物からの業務（JR貨物の各駅における貨物取扱業務と貨車入換業務、列車検査業務、貨車検査修繕業務等）の受託は多くの事業者が実施している[16]。またJR貨物の主要幹線におけるインフラ整備に際して、京葉臨海鉄道と水島臨海鉄道が事業対象施設の整備・保有主体となっている[17]。廃棄物輸送や海上コンテナ輸送などの新たな品目の輸送を実施する事業者も存在する[18]。

---

[16] 業務受託の経緯については櫻井［2006］p.7も参照されたい。八戸臨海鉄道はJR貨物に加えて、青い森鉄道からの業務も受託している。川村［2014］およびhttp://www.hachirin.com/jigyoubu.htmlを参照した。また衣浦臨海鉄道はJR貨物の武豊線における列車運転業務を受託している。伊藤［2016］p.27を参照した。
[17] JR貨物の主要幹線におけるインフラ整備については、国が事業対象施設の整備に要する費用の10分の3を補助する幹線鉄道等活性化事業費補助の対象事業となっている。国は補助対象事業者を第三セクター事業者に限定する方針であるため、事業対象施設を主に使用するJR貨物ではなく、臨海鉄道等の第三セクター事業者が補助金の受け皿として事業対象施設の整備・保有主体となっている。社史編纂委員会編［1999］pp.56-59および国土交通省鉄道局より提供された資料を参照した。また鎌田［2000c］p.40および宮澤［2003］も参照されたい。JR貨物の主要幹線におけるインフラ整備については第6章で詳述する。
[18] 神奈川臨海鉄道は1989年から海上コンテナの輸送を開始し、1995年より川崎市の廃棄物輸送を開始している。また仙台臨海鉄道は1998年から海上コンテナの輸送を開始している。これらについてはhttp://www.kanarin.co.jp/およびhttp://www.geocities.jp/s_rintetu/を参照した。川崎市の廃棄物輸送については斉藤［1997a］pp.19-20、斉藤［1997b］p.36、猪俣［2000］p.23、大畑・西田［2000］pp.51-52、日本貨物鉄道編［2007b］p.418、白木［2009］pp.13-14も参照されたい。

表 2-4　2015 年度鉄道事業営業収益内訳　　(単位：千円)

区分	事業者名	貨物運輸収入	構成比	運輸雑収	構成比	旅客運輸収入	構成比	合計
臨海鉄道	八戸臨海鉄道	241,232	46.6%	276,722	53.4%	0	0.0%	517,954
	仙台臨海鉄道	270,422	57.4%	200,837	42.6%	0	0.0%	471,259
	福島臨海鉄道	151,879	55.0%	124,497	45.0%	0	0.0%	276,376
	秋田臨海鉄道	121,947	45.5%	146,254	54.5%	0	0.0%	268,201
	鹿島臨海鉄道	270,425	26.7%	125,093	12.3%	618,552	61.0%	1,014,070
	京葉臨海鉄道	1,122,391	64.4%	621,087	35.6%	0	0.0%	1,743,478
	神奈川臨海鉄道	586,058	42.0%	809,950	58.0%	0	0.0%	1,396,008
	名古屋臨海鉄道	425,199	45.5%	508,355	54.5%	0	0.0%	933,554
	衣浦臨海鉄道	206,470	55.4%	166,287	44.6%	0	0.0%	372,757
	水島臨海鉄道	373,034	55.3%	12,780	1.9%	288,975	42.8%	674,789
民営鉄道	太平洋石炭販売輸送	163,000	100.0%	0	0.0%	0	0.0%	163,000
	岩手開発鉄道	423,738	94.1%	26,418	5.9%	0	0.0%	450,156
	黒部峡谷鉄道	203,912	10.9%	29,572	1.6%	1,643,730	87.6%	1,877,214
	秩父鉄道	1,146,793	34.3%	256,592	7.7%	1,935,266	58.0%	3,338,651
	三岐鉄道	504,352	32.9%	146,807	9.6%	883,876	57.6%	1,535,035
	西濃鉄道	153,113	64.6%	83,781	35.4%	0	0.0%	236,894
	JR 貨物	118,399,135	86.8%	17,967,437	13.2%	0	0.0%	136,366,572

［注］　1.　岩手開発鉄道と秩父鉄道の運輸雑収には鉄道線路収入を含む。
　　　　2.　貨物運輸収入の構成比が 1% 未満である名古屋鉄道と大井川鐵道は本表から除外した。
［出所］　『鉄道統計年報』平成 27 度版より作成。

表 2-5　2015 年度鉄道事業営業費用内訳

(単位：千円)

区分	事業者名	運送費	構成比	減価償却費	構成比	一般管理費等	構成比	合計
臨海鉄道	八戸臨海鉄道	350,422	75.4%	34,711	7.5%	79,610	17.1%	464,743
	仙台臨海鉄道	349,944	75.2%	59,774	12.9%	55,400	11.9%	465,118
	福島臨海鉄道	212,199	71.3%	37,725	12.7%	47,890	16.1%	297,814
	秋田臨海鉄道	219,910	83.4%	13,820	5.2%	29,992	11.4%	263,722
	鹿島臨海鉄道	815,027	76.2%	92,537	8.7%	161,425	15.1%	1,068,989
	京葉臨海鉄道	1,271,710	74.9%	176,856	10.4%	249,023	14.7%	1,697,589
	神奈川臨海鉄道	1,296,032	84.9%	87,028	5.7%	143,707	9.4%	1,526,767
	名古屋臨海鉄道	749,268	79.8%	78,576	8.4%	110,657	11.8%	938,501
	衣浦臨海鉄道	226,014	60.2%	55,816	14.9%	93,336	24.9%	375,166
	水島臨海鉄道	530,490	74.1%	64,731	9.0%	120,369	16.8%	715,590
民営鉄道	太平洋石炭販売輸送	70,100	72.6%	10,175	10.5%	16,220	16.8%	96,495
	岩手開発鉄道	304,554	80.0%	15,616	4.1%	60,400	15.9%	380,570
	黒部峡谷鉄道	1,485,774	70.6%	237,092	11.3%	381,165	18.1%	2,104,031
	秩父鉄道	2,707,563	78.9%	247,740	7.2%	478,196	13.9%	3,433,499
	三岐鉄道	1,496,708	81.1%	166,252	9.0%	181,672	9.8%	1,844,632
	西濃鉄道	157,718	70.7%	24,393	10.9%	40,912	18.3%	223,023
JR 貨物		109,457,011	78.3%	17,092,778	12.2%	13,173,813	9.4%	139,723,602

［注］　貨物運輸収入の構成比が 1％未満である名古屋鉄道と大井川鐵道は本表から除外した。
［出所］　『鉄道統計年報』平成 27 度版より作成。

72　第1部　貨物鉄道事業の経緯と現状

表 2-6　臨海鉄道の

キロ程 年度			8.5km	9.5km	4.8km	7.9km	
	釧路開発埠頭	苫小牧港開発	八戸臨海鉄道	仙台臨海鉄道	福島臨海鉄道	秋田臨海鉄道	新潟臨海鉄道
1975	-9,794	19,413	-10,610	-8,392	-65,497	15,389	-18,668
1980	26,584	49,456	4,202	40,311	37,966	42,195	10,718
1985	-51,449	-125,698	-15,585	120,178	-18,980	-6,363	-285
1990	-1,583	-1,170	22,531	136,817	67,761	13,002	-7,056
1995	25,086	-60,296	10,607	9,753	26,394	-4,524	281
1996	11,888	-19,019	10,490	9,137	-5,642	-8,111	10,405
1997	-14,115	-70,709	7,745	-9,415	-21,805	-13,290	1,061
1998	-8,078	-28,655	-5,785	-35,314	-1,313	-38,031	-500
1999	n.a.		-13,099	-35,749	-20,766	2,519	20,382
2000			11,011	-16,271	-8,359	16,072	19,230
2001			-6,917	-17,074	-20,707	-4,557	29,334
2002			637	10,756	-5,317	-3,897	n.a.
2003			7,970	44,867	-1,036	-4,820	
2004			35,441	11,358	-5,605	-22,577	
2005			18,757	2,779	-13,960	-25,339	
2006			16,688	-29,711	12,322	26,436	
2007			19,453	-25,836	6,339	8,497	
2008			19,975	-29,281	92	-37,166	
2009			11,600	-24,025	1,428	1,533	
2010			41,615	-12,786	6,788	-28,377	
2011			47,359	-222,913	-27,330	5,712	
2012			-7,217	-138,825	-35,435	1,219	
2013			18,456	-13,357	-20,257	-913	
2014			30,273	-9,716	-23,394	9,299	
2015			53,211	6,141	-21,438	4,479	

［注］　1．苫小牧港開発は1999年4月1日より廃止日まで営業を休止していた。
　　　2．キロ程は2017年10月1日現在の数値である。
［出所］『鉄道統計年報』各年度版より作成。

鉄道事業営業損益

(単位：千円)

19.2km	23.8km	13.5km	20.5km	11.6km	14.8km
鹿島臨海鉄道	京葉臨海鉄道	神奈川臨海鉄道	名古屋臨海鉄道	衣浦臨海鉄道	水島臨海鉄道
17,059	-19,590	-30,931	-78,468	-102,409	-274
811,310	27,668	266,907	177,564	-81,871	33,832
-91,269	451,486	147,641	13,468	-134,827	7,045
-2,419	165,629	125,130	-26,469	-132,266	37,419
-60,004	116,632	37,335	-2,043	-26,441	-33,933
-59,943	59,493	-920	30,049	-25,470	43,188
-90,765	-86,030	-60,621	-24,982	-11,907	34,200
-83,316	-147,525	-37,496	5,165	-19,786	18,963
-105,952	-224,163	-72,499	-115,375	-27,233	37,460
-117,001	-272,444	-62,827	-132,925	-44,660	3,342
-24,631	-304,341	-53,193	-158,739	9,559	-48,617
-142	-75,046	-49,095	-151,105	5,195	-51,378
-4,887	-40,627	-40,498	-56,865	1,186	-25,388
-4,667	-40,537	8,481	-81,688	-10,636	-42,033
-15,112	-15,602	27,491	8,737	42,792	-31,926
-12,718	-135,018	34,736	-31,489	51,746	-21,093
-46,660	-78,900	5,565	-32,074	39,495	-28,163
-102,384	-68,598	-70,130	-106,169	41,858	-54,169
-100,190	-34,982	-108,345	-94,755	6,565	-37,990
-166,544	-57,338	-71,617	-46,088	21,915	-44,364
-227,597	-260,285	17,933	-62,297	-8,962	-42,283
-107,711	-36,098	-31,596	-38,509	8,567	-43,130
-93,553	-45,393	-88,409	-38,155	18,312	-19,252
-89,608	-27,852	-134,953	-57,151	-12,314	-40,358
-54,919	45,889	-130,759	-4,947	-2,409	-40,801

74　第1部　貨物鉄道事業の経緯と現状

表 2-7　臨海鉄道の

年度	釧路開発埠頭	苫小牧港開発	八戸臨海鉄道	仙台臨海鉄道	福島臨海鉄道	秋田臨海鉄道	新潟臨海鉄道
1975	104.0	85.4	97.8	87.5	104.8	80.8	94.3
1980	87.5	88.0	95.4	79.8	91.3	79.1	85.9
1985	128.4	115.9	99.1	76.8	97.8	97.8	94.0
1990	99.6	94.3	91.1	79.2	85.8	90.0	97.1
1995	79.2	130.3	95.5	92.9	92.1	97.1	87.8
1996	88.6	106.9	95.8	92.5	95.4	98.3	83.5
1997	116.5	160.1	96.9	93.5	96.6	99.7	88.2
1998	110.2	n.a.	99.9	94.7	93.0	107.6	88.3
1999	n.a.		101.4	96.1	97.0	94.8	78.0
2000			95.9	94.8	94.7	91.7	77.3
2001			100.3	95.8	98.3	97.2	68.6
2002			98.1	92.9	95.7	97.1	n.a.
2003			97.4	88.1	95.2	96.9	
2004			94.2	93.9	97.4	102.1	
2005			96.5	95.1	99.5	103.1	
2006			96.9	99.7	94.7	90.6	
2007			96.2	98.5	94.1	93.5	
2008			96.5	99.6	94.6	111.2	
2009			97.8	98.4	93.3	94.2	
2010			93.7	97.1	92.4	107.9	
2011			90.8	207.7	103.1	94.1	
2012			99.7	107.1	97.7	94.6	
2013			94.4	86.8	94.6	94.0	
2014			88.2	88.2	96.7	89.1	
2015			83.0	86.0	94.1	93.2	

[注]　苫小牧港開発は1999年4月1日より廃止日まで営業を休止していた。
[出所]　『鉄道統計年報』各年度版より作成。

第 2 章 臨海鉄道

償却前営業係数

鹿島臨海鉄道	京葉臨海鉄道	神奈川臨海鉄道	名古屋臨海鉄道	衣浦臨海鉄道	水島臨海鉄道
83.6	94.7	94.2	97.2	224.7	92.3
52.7	95.1	87.3	85.0	92.1	91.0
103.9	76.2	92.1	94.8	123.4	94.2
88.1	88.0	90.6	98.2	136.5	88.5
92.4	89.7	93.2	96.9	90.5	95.2
93.5	91.8	95.1	95.1	89.5	86.4
96.3	97.5	99.0	98.0	85.3	86.1
94.5	99.6	97.1	95.8	85.9	87.0
97.5	102.6	98.6	103.7	86.9	85.5
99.4	106.1	98.7	106.9	91.2	89.2
92.3	108.4	98.3	111.5	75.6	98.0
90.7	94.8	98.1	112.2	77.9	98.7
91.7	92.8	97.4	103.3	77.9	94.7
89.6	93.8	94.6	105.4	81.9	97.1
90.6	92.6	92.8	95.7	68.7	96.7
91.5	98.8	91.9	98.2	72.0	94.9
93.0	94.5	93.3	96.6	74.7	94.7
98.1	93.3	97.7	103.1	72.6	98.0
98.2	90.7	101.2	102.3	82.5	95.8
102.1	92.1	99.4	97.6	77.7	97.1
110.7	104.4	94.1	100.1	87.2	97.5
99.2	90.2	98.3	97.4	85.0	99.2
99.5	92.9	102.3	96.6	81.9	95.1
99.3	92.1	103.6	97.9	90.0	96.8
96.3	87.2	103.1	92.1	85.7	96.5

表2-4は2015年度における鉄道事業営業収益の内訳を示したものである。比較のために貨物輸送実績のある民営鉄道とJR貨物も掲載してある。臨海鉄道はJR貨物からの業務の受託等を行っているため、運輸雑収の構成比が大きくなる傾向が見られる。旅客輸送を実施している鹿島臨海鉄道と水島臨海鉄道は運輸雑収の構成比が小さいが、京葉臨海鉄道は35.6％であり、他の7事業者は40〜50％台の構成比となっている。一方、民営鉄道の運輸雑収の構成比は西濃鉄道が35.4％と大きいものの、他の事業者は10％未満にとどまっている。JR貨物は13.2％である。

表2-5は2015年度における鉄道事業営業費用の内訳である。表2-4と同様に貨物輸送実績のある民営鉄道とJR貨物も掲載してある。表2-4で見たように、臨海鉄道は営業収益に占める運輸雑収の比率が大きいが、これは運輸収入では運送費さえも賄えないからである。旅客輸送を実施している鹿島臨海鉄道と水島臨海鉄道は運輸収入が運送費を上回っているものの、他の8事業者は貨物運輸収入が運送費を下回っている。これらの事業者にとって、運輸雑収は鉄道事業を存続させるうえで極めて重要な収益であるといえる。一方、民営鉄道で運輸収入が運送費を下回っているのは三岐鉄道と西濃鉄道であり、他の4事業者とJR貨物は運輸収入が運送費を上回っている。

表2-6は臨海鉄道の鉄道事業営業損益の推移である。本表に掲載したすべての年度で営業利益を計上している事業者は皆無であり、各事業者はいずれかの年度で営業損失を計上している。1980年度は衣浦臨海鉄道を除くすべての事業者が営業利益を計上しているが、1990年度、1995年度および1996年度は半数近くの6事業者が営業損失である。他の年度は半数以上の事業者が営業損失を計上しており、1998年度、2001年度、および2012年度から2014年度までの期間は8割以上の事業者が営業損失となっている。2015年度に営業利益を計上しているのは八戸臨海鉄道、仙台臨海鉄道、秋田臨海鉄道、京葉臨海鉄道の4事業者である。ただし京葉臨海鉄道は1997年度から2014年度まで営業損失を計上し続けていた。2011年度は損失額が大きくなっている。

仙台臨海鉄道は2006年度から2014年度までの期間に営業損失を計上しており、2011年度と2012年度は1億円を超える損失額となっている。福島臨

海鉄道は 2011 年度以降営業損失となっている。福島臨海鉄道の営業収益は、1998 年度から 2009 年度までの期間は 4 億円台であったが、2010 年度は 3 億 9500 万円で 4 億円を下回り、2011 年度以降は 2 億円台にとどまっている[19]。東日本大震災が鉄道事業経営に大きな影響を及ぼしていることがうかがえる。

　鹿島臨海鉄道は 1975 年度と 1980 年度を除いて営業損失を計上しており、やはり 2011 年度は損失額が大きくなっている。神奈川臨海鉄道は 2008 年度以降、2011 年度を除いて営業損失が続いている。名古屋臨海鉄道は 1998 年度と 2005 年度にわずかながら営業利益を計上したものの、1997 年度以降営業損失基調で推移している。水島臨海鉄道は 2001 年度以降、継続して営業損失となっている。

　ただし減価償却費計上前の営業係数（以下、償却前営業係数という）[20]を概観すると、鉄道事業営業損益とは異なる傾向が見られる。表 2-7 に示したように、各事業者は多くの年度で営業係数が 100 未満となっている。水島臨海鉄道は本表に掲載したすべての年度で 100 未満であり、衣浦臨海鉄道は 1995 年度以降 100 未満である。東日本大震災が影響している 2010 年度から 2012 年度までの期間を除くと、仙台臨海鉄道は 100 未満が続いており、福島臨海鉄道は 1980 年度以降、鹿島臨海鉄道は 1990 年度以降、八戸臨海鉄道と京葉臨海鉄道は 2002 年度以降、それぞれ 100 未満となっている。2013 年度以降では神奈川臨海鉄道を除く 9 事業者が 100 未満である。

　したがって臨海鉄道は、経営環境に大きな変化がなければ、少なくとも短期の事業存続は可能である。直ちに事業運営が困難となることはないが、内部留保が不足している。線路、信号保安設備、車両検査修繕施設等のインフラの更新や、車両の置き換えといった新たな設備投資が必要となるときに、存続が難しくなる可能性がある。

4　公的支援策と経営改善策の検討

　臨海鉄道の輸送量は 1980 年代前半に大幅な減少となり、それ以降も緩や

19　『鉄道統計年報』各年度版より算出した。
20　営業係数＝（営業費用／営業収益）×100 で算出される。100 未満が利益となり、100 を超えると損失となる。

かな減少傾向が継続している。これまでに開業した13事業者のうち、すでに3事業者は全路線を廃止しており、他の事業者にも一部線区を廃止しているものが存在する。多くの事業者は近年営業損失を計上しているが、償却前営業係数では100未満となっており、直ちに事業運営が困難となることはない。しかし内部留保は不足しており、インフラの更新、車両の置き換え等の新たな設備投資が必要となるときには存続が困難になる可能性がある。本節では臨海鉄道に対する公的部門による支援が物流政策の観点から妥当性を有するのか検証したうえで、臨海鉄道への公的支援策と臨海鉄道の経営改善策を検討する。

4-1 公的部門による関与の妥当性

臨海鉄道は、基本的にその設立の経緯から沿線企業が荷主であり株主であるという関係が強く、特定の荷主に大きく依存している。「工場再編成や販路変更といった荷主サイドの事情によって輸送ルートや出荷量が変わる」傾向にあり（高木［1991］p.73）、沿線企業が鉄道輸送を必要としなければ、臨海鉄道の存続は困難となる可能性が高い。

また、沿線企業とともに株主である沿線の地方自治体にとっても、沿線企業が鉄道輸送を必要としなければ、鉄道輸送を確保することで地域経済の発展を促進するという当初の目的からは臨海鉄道の存続を必要とすることはない。同様に臨海鉄道と直通運転を行うJR貨物にとっても、臨海鉄道がJR貨物の輸送量を培養する効果を有することが明確でなければ、臨海鉄道の存続を必要としない[21]。臨海鉄道に出資する沿線企業、沿線の地方自治体およびJR貨物の3者が臨海鉄道を必要としなければ、臨海鉄道は基本的に廃止されることになる。

沿線企業が生産拠点を沿線外に移転する場合のように、沿線で輸送すべき貨物が存在しなくなった場合には、臨海鉄道が廃止されてもとくに問題とはならない。しかし、沿線企業が貨物輸送をトラックに転換する場合には、沿

21　中島［1997］は「JRのフィーダーサービスとして、あるいは特定物資の大量輸送機関として、今後その特性をどれだけ発揮できるか」が、臨海鉄道を含む「民鉄貨物の課題である」と指摘する（中島［1997］p.37）。

沿線企業に臨海鉄道の利用を継続させるべく公的部門の関与する余地がある。序章において鉄道貨物輸送がトラック輸送に比較して有するメリットを4点挙げたが、臨海鉄道については、社会的費用の小ささ、すなわち環境負荷が小さく輸送の安全性の点で優れていることと、大量輸送に適していることを考慮すべきである。

　臨海鉄道は路線が比較的短距離であることから、環境負荷の低減に大きく貢献するとはいえないようにも思われる。しかし以下のようなケースでは、臨海鉄道が環境負荷の低減に資するので、臨海鉄道の存続に公的部門が関与することは妥当であると考えられる。

　第1に、臨海鉄道の廃止によって臨海鉄道と接続するJR貨物の駅の周辺地域において環境負荷が増大するケースである。貨物駅については山本［2005］の分析が有益である。山本は貨物駅の立地形態を、

① 工業地帯立地型
② 郊外住宅街立地型
③ 旅客駅隣接立地型

に分類している。これらのうち、JR貨物の駅に多いのは②郊外住宅街立地型であり、「居住地域と接近しているため生活環境に関する摩擦が生じるおそれ」が強いと指摘している。一方、臨海鉄道の駅に多いのは①工業地帯立地型であり、「周辺に居住者はなく、生活環境に対し特段の配慮は必要ない」としている（山本［2005］p.43）。

　以上の分析から、臨海鉄道の駅については、沿線地域における居住者の生活環境の保全を目的として、その存続を正当化することは難しい。しかし、臨海鉄道を廃止してトラック輸送に転換すると、臨海鉄道と接続するJR貨物の駅に発着するトラックが増加する。その結果、JR貨物の駅の周辺地域において環境負荷が著しく増大する可能性がある。山本［2005］の分類に従えば、JR貨物の駅の多くは②郊外住宅街立地型である。このような場合には、公的部門の関与によって臨海鉄道を存続させ、臨海工業地帯を発着する貨物の輸送をできる限り鉄道に誘導し、臨海鉄道と接続するJR貨物の駅の周辺地域における環境負荷の増大を抑制することが望ましい。

　先に述べたように、臨海鉄道はコンテナ輸送を拡大する傾向にある。しか

し臨海鉄道の路線は比較的短距離であることから、荷主が臨海鉄道を利用することなく直接トラックで JR 貨物の駅にコンテナを持ち込むことも容易である。この場合にも JR 貨物の駅の周辺地域において環境負荷が増大する可能性があるので、荷主が直接トラックで JR 貨物の駅にコンテナを持ち込むことなく臨海鉄道を利用するよう公的部門によって誘導される必要がある。

　第 2 に、臨海鉄道の廃止を契機として荷主が鉄道をまったく利用しなくなり、結果として環境負荷が増大するケースである。臨海鉄道に出資する荷主の多くは専用線を保有しており、それを利用して貨物輸送を実施している。また臨海鉄道が輸送する貨物の大部分は、全国的な路線網を有する JR 貨物との直通運転を必要とする。臨海鉄道が廃止された場合、これらの荷主が鉄道を利用するには、貨物をトラックに積載して JR 貨物の駅に持ち込まなければならない。

　トラックを利用しなければ輸送できないのであれば、荷主は鉄道をまったく利用せずに、全輸送区間でトラックを利用する可能性がある[22]。この場合に著しく環境負荷が増大するのであれば、臨海鉄道、さらには専用線を存続させてトラック輸送への転換を抑制しなければならない。

　第 3 に、臨海鉄道の沿線地域が市街地化しているケースである。臨海鉄道の沿線は基本的に臨海工業地帯であり、沿線の居住者の生活環境を考慮する必要性は乏しい。しかし、貨物輸送と旅客輸送を同一の路線で実施している水島臨海鉄道や、かつて旅客輸送を実施していた福島臨海鉄道のように、沿線地域が市街地化している場合がある。臨海鉄道の廃止によりトラックが増加し、市街地化した臨海鉄道の沿線地域において環境負荷が増大するのであれば、臨海鉄道に対する公的部門の関与は正当化され得る。

　輸送の安全性における鉄道の優位性は、臨海鉄道の存続に対する公的部門の関与を強く要請する根拠となり得る。臨海鉄道の主要な輸送品目が化学薬品および石油製品だからである。これらはいわゆる「危険物」であり、事故

22　同様の指摘は澤内［2018］p.67 を参照されたい。伊藤［2011］は、廃止した専用線を存続しておくべきであったと考えている荷主企業の存在を明らかにしている（伊藤［2011］p.41）。山内［2013］は専用線の廃止に伴って神奈川臨海鉄道の輸送量が減少していると述べている（山内［2013］p.52）。

発生時の被害は甚大であると考えられる[23]。したがって、これらを大量に輸送している臨海鉄道については、公的部門の関与によって存続することが望ましい。

　大量輸送に適しているというメリットは、臨海工業地帯を発着する大量の貨物を輸送するという臨海鉄道の中心的な役割に合致するものである。このような輸送、すなわちトラック輸送への転換が困難な程度の大量の貨物が存在する限り、臨海鉄道は存続する必要がある。またトラック輸送への転換が可能であると考えられる輸送量であっても、それによって社会的費用が著しく増大する場合には、臨海鉄道の存続は正当化され得る。

　しかしながら、そのような大量の輸送品目の収入が臨海鉄道を持続的に維持し得るほど大きいとは限らない。臨海鉄道は近年コンテナ輸送の比率が高まっているとはいえ、依然として車扱輸送の比率が高い。高坂［1996b］は車扱輸送に大きく依存している輸送品目の特徴として、

　①　大口ユーザーが多く、輸送ロットが大きいこと。
　②　専用線を有していること。
　③　重量のわりに低価格で、運賃負担力が弱いこと。

を挙げている（高坂［1996b］p.35）。トラック輸送への転換が困難な程度の大量の貨物が存在する一方で、その輸送品目の単位輸送量あたり運賃が低価格であり、その収入によって臨海鉄道を持続的に存続させることが困難な場合には、臨海鉄道に対する公的部門の関与が必要とされる[24]。

　なお臨海鉄道の存続に公的部門が関与する場合には、当然ながら臨海鉄道

---

[23] 高坂［1997a］p.21、中島［1997］p.23、石田［2001］p.9を参照した。松本［1991］は「危険品は道路輸送よりも鉄道の方が安全と考えられるし、同量を運ぶとしてもタンク車の方が3分の1の頻度ですむ」と主張する（松本［1991］p.79）。小澤［2002b］は、鉄道貨物輸送における安全の優位性がもたらすメリットとして「①環境汚染の防止、②金銭的犠牲の回避、③時間犠牲の回避（高速道路の長時間閉鎖）、④人命の犠牲や健康被害の回避」を挙げ、危険物の輸送はその優位性が大きく発揮できる領域であると主張する。

[24] ばら荷は諸外国からの輸入もあり、事実上海運とも競合関係にあるケースも存在する。先述したように、多くの臨海鉄道は運輸収入では運送費さえも賄えず、運輸雑収を増加させることで鉄道事業の存続を図っていることは示唆的である。諸外国における鉄道貨物輸送の研究には、車扱貨車によって大量輸送を行う主な品目である石油製品、石炭、金属鉱等のばら荷について、その収益性を疑問視するものが存在する。Woodburn［2001］は英国の鉄道貨物輸送を概観し、ばら荷輸送が素材型産業の景況に左右されることを指摘する。そして英国の鉄道貨物輸送が1990年代初頭までばら荷輸送に特化していたことについて、鉄道貨物輸送を発展させる戦略ではなかったと批判している（Woodburn［2001］pp.2-3）。

の様々な経営努力が前提とされなければならない。先に述べたように、各事業者はJR貨物等他の事業者からの業務の受託、コンテナ輸送の拡大および廃棄物輸送等の新たな分野の輸送を積極的に行っている。これらを前提として臨海鉄道の存続に公的部門が関与すべきである。

4-2 公的支援策と経営改善策の検討

前項における考察から、持続的な経営が困難となりつつある臨海鉄道について、その存続に公的部門が関与すべきであるのは、

① 臨海鉄道の廃止が臨海鉄道と接続するJR貨物の駅の周辺地域において環境負荷の増大を招くケース。
② 臨海鉄道の廃止を契機として、荷主が全輸送区間で鉄道を利用しなくなり、結果として環境負荷の増大を招くケース。
③ 臨海鉄道の廃止が市街地化した臨海鉄道の沿線地域における環境負荷の増大を招くケース。
④ 臨海鉄道が化学薬品、石油製品等輸送の安全性を強く求められる輸送品目を大量に輸送しているケース。
⑤ トラック輸送への転換が困難な程度の大量の貨物が存在する一方で、その輸送品目の単位輸送量あたり価格が低く、その収入では臨海鉄道を持続的に存続させることが困難なケース。

であると考えられる。

これらのうち①②③のケースにおいて公的部門が関与することは、モーダルシフトによる環境負荷の低減という国の施策に適うものである。④⑤のケースについては、臨海鉄道を存続させる必要性が高く、公的部門による関与が強く求められるといえる。本項では臨海鉄道を維持するための公的支援策を検討し、また公的支援に依らない臨海鉄道の経営改善策についても提言したい。

多くの臨海鉄道は近年営業損失を計上しているが、償却前営業係数では100を下回っている。これは事業者の内部留保が不足しており、インフラの更新、車両の置き換え等の新たな設備投資に必要な資金を事業者自身によって調達するのが困難であることを示している。したがって第1の公的支援策

としては、臨海鉄道の設備投資に要する費用を公的部門が補助することが考えられる。これは臨海鉄道の設備の近代化を促すので、輸送の安全性向上に資するものといえる。また事業者の費用負担を軽減することで経営改善を促進する効果も認められる。

しかしながら、需要を誘発して臨海鉄道の貨物運輸収入を増加させる、あるいは荷主企業に臨海鉄道の持続的な利用を促す効果は限られている。荷主の鉄道利用を最大限促進し得るような公的支援策が必要である。

第2は、いわゆる上下分離方式を導入することである。JR貨物は、基本的にJR旅客各社等のインフラを使用して列車を運行する第2種鉄道事業であるが、臨海鉄道は自らインフラを保有する第1種鉄道事業である。臨海鉄道からインフラ保有部門を会計上または組織上分離し、公的部門がインフラに関する費用を負担することで臨海鉄道の費用負担を大幅に軽減するのである[25]。上下分離方式を導入すれば臨海鉄道が運賃水準を引き下げることが可能になると考えられるので、沿線の企業に臨海鉄道の利用を促進し得る公的支援策であるといえよう。

臨海鉄道のインフラ保有部門を組織上分離する場合、基本的に公的部門が何らかの形でインフラを保有し、臨海鉄道が列車運行部門のみを担うことになる。先に触れたが、新潟臨海鉄道が廃止した路線の一部区間を新潟県が無償で譲り受けて自らの専用線として存続し、他の事業者に使用させているのはこれに類似する事例である。あるいは、臨海鉄道がインフラ保有部門を担当し、JR貨物等他の事業者が列車運行部門となる形態も考えられる。臨海鉄道は沿線の地方自治体が出資する第三セクター事業者であり、公的部門がインフラの保有に関与することになるからである。

第3は、臨海鉄道を利用した荷主に対して運賃助成を実施することである。沿線の企業に臨海鉄道の利用を促すには、臨海鉄道がトラックと競争可能な運賃水準でなければならない[26]。運賃助成は荷主の費用負担を軽減するので、

---

25 公的部門がインフラに関する費用を全額負担することで鉄道の存続を図っている事例の1つに上毛電気鉄道がある。これについては佐藤［1999］、角田［2004］および福田［2005］pp.63-66を参照されたい。
26 筆者は2006年5月10日に福島臨海鉄道の現地調査を実施したが、その際事業者からは「運賃水準を自動車と競争可能な程度にまで引き下げなければ、新たな荷主を確保することは難しい」との意見が出された。

荷主に臨海鉄道を利用するインセンティブを与える。臨海鉄道にとっても荷主が増えれば多くの収入を得ることができるので、臨海鉄道にも多くの荷主を得ようとするインセンティブを与える。運賃助成は荷主にも臨海鉄道にもメリットがあるといえる[27]。

ただし、運賃助成のような利用者に対する公的支援策は、対象者が増加すると行政費用が大きくなり非効率となる。多くの臨海鉄道はコンテナ輸送の拡大によって広範な荷主を獲得する経営努力を続けており、運賃助成の対象者は増加する傾向にある。また運賃助成には、助成額の決定について明確な基準を設定することが難しく、公的部門の決定する助成額が恣意的にならざるを得ないという欠点が存在する。運賃助成の実施は、対象者が少数で助成額の決定について対象者との交渉が比較的容易である、少数の荷主が大量の貨物を輸送するケースに限定されると考えられる。

第4は、荷主企業が所有する専用線の維持に要する費用を補助することである[28]。先に述べたように、臨海鉄道は沿線の企業が所有する専用線を発着する車扱貨車の輸送を前提としていた経緯があり、依然として車扱輸送の比率が高い。またコンテナ輸送であっても、専用線が存在すれば荷主の企業はトラックによる端末輸送が不要であり、荷主の企業が専用線とともに車扱輸送用の高床ホームを有している場合には、コンテナを貨車に積載したまま荷役を行う車上荷役が可能である。車上荷役はコンテナ自体の荷役作業を省略できるメリットがある[29]。専用線を維持することで、高嶋［2003］が懸念するような、荷主が臨海鉄道を利用せずにトラックで直接JR貨物の駅にコンテナを持ち込むことも防止できるといえる。

臨海鉄道の沿線企業が所有する専用線は、コンテナ輸送の拡大、トラック輸送への転換等により、近年減少する傾向にある。専用線についての包括的かつ詳細な資料は管見の限り取得が困難であるが[30]、臨海鉄道事業者から提

27　運賃助成等の利用者に対する公的支援策についての議論は青木［2000］pp.240-242および中条［2000］pp.199-203を参照されたい。
28　専用線の維持策については第4章でも述べる。
29　専用線のメリットについては岩沙・今城［2000］p.22も参照されたい。日本貨物鉄道編［2007c］は、トラックによる端末輸送が不要で工場から直接出荷することが容易な専用線の利用拡大を再検討すべきと提言している（日本貨物鉄道編［2007c］p.152）。
30　鉄道貨物近代史研究会編［1993］p.155には1965年度から1987年度までの期間における専用

第2章 臨海鉄道　85

図 2-3　臨海鉄道 A 社に接続する専用線数の推移

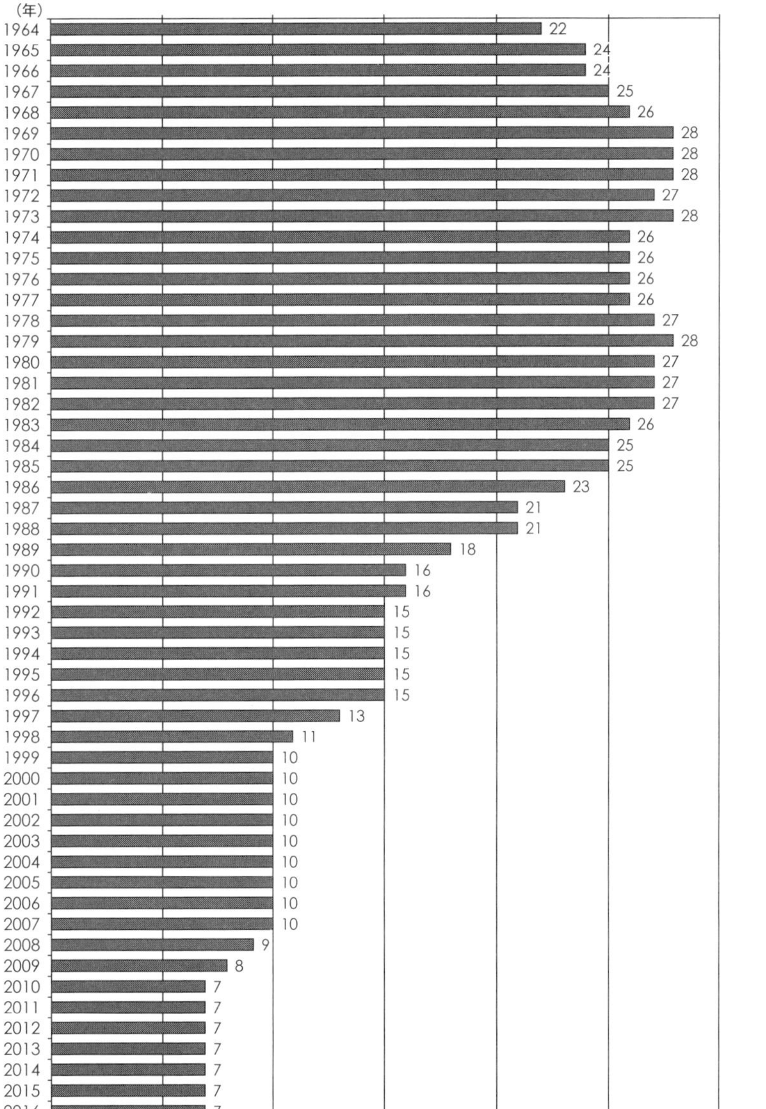

年	本数
1964	22
1965	24
1966	24
1967	25
1968	26
1969	28
1970	28
1971	28
1972	27
1973	28
1974	26
1975	26
1976	26
1977	26
1978	27
1979	28
1980	27
1981	27
1982	27
1983	26
1984	25
1985	25
1986	23
1987	21
1988	21
1989	18
1990	16
1991	16
1992	15
1993	15
1994	15
1995	15
1996	15
1997	13
1998	11
1999	10
2000	10
2001	10
2002	10
2003	10
2004	10
2005	10
2006	10
2007	10
2008	9
2009	8
2010	7
2011	7
2012	7
2013	7
2014	7
2015	7
2016	7
2017	7

［注］　1．各年の数値は 1 月 1 日現在のものである。
　　　　2．休止中のものを含む。
［出所］　A 社提供資料より作成。

供された資料によって、専用線の推移を部分的に明らかにすることは可能である。図2-3は臨海鉄道A社に接続する専用線数の推移である。専用線数は1980年代以降減少傾向にあり、2017年は1979年の4分の1となっている。

専用線を必要とする程度の大量の貨物が存在するにもかかわらず、専用線を所有する企業がこれを廃止してトラックによる端末輸送もしくはトラック輸送に転換しようとする最大の理由は、専用線の維持に要する費用が大きいことである。とくに専用線の老朽化により更新が必要となった際には、当該の企業は大規模な投資が必要である。

専用線を維持する費用の大部分は専用線の利用頻度に関係なく固定的に発生する費用であり、輸送量が減少すると単位輸送量あたりの費用は大きくなる。輸送量が一定水準を下回ると、トラック輸送等に転換するほうが単位輸送量あたりの費用は小さくなるので、当該の企業としては専用線を廃止せざるを得ない[31]。

また専用線の設備投資の大部分は回避不可能な費用であり、専用線が必要とされなくなった場合には埋没費用となってしまう。臨海鉄道の多くが鉄道事業営業損益で損失を計上しており、また第1章で述べたように、臨海鉄道と直通運転をしているJR貨物が鉄道事業の規模を縮小することでその存続を図っている現状では、当該の企業は臨海鉄道を経由した鉄道輸送の存続が確約されなければ、専用線への設備投資を躊躇せざるを得ない[32]。

したがって、専用線の存続が当該の企業にとって有益であることが明確化される必要がある。そのためには、臨海鉄道に接続するJR貨物の各路線が存続すること、さらには輸送量の増加に対応し得るように、JR貨物のインフラ整備が進められなければならない[33]。JR貨物の各路線が輸送量の増加に対応できなければ、JR貨物と直通運転をしている臨海鉄道も輸送量を増

　線の推移が記載されている。これによると1965年度は3116線2549kmの専用線が敷設されていたが、1980年度には2119線1924kmに減少し、1985年度には1019線1202km、1987年度には568線809kmへと大きく減少している。
31　高坂［1996a］は「引込み線・荷役機器・貨車等の保有コストがかかるため、輸送量の水準が低下すると高コストとなり、荷主が鉄道輸送を全廃する可能性がある」と指摘する（高坂［1996a］p.46）。中島［1997］p.42にも同様の指摘がみられる。
32　高坂［1997b］p.47を参照した。
33　JR貨物の営業路線のインフラ整備については第6章、第7章において考察する。

やすことができないからである。

　第5は、臨海鉄道に接続するJR貨物の各路線の維持、あるいはJR貨物のインフラ整備に際して国から補助が実施される場合には、幹線鉄道等活性化事業費補助の対象事業のケースと同様に、臨海鉄道が補助金の受け皿として補助対象施設の整備・保有主体になることである。臨海鉄道の輸送量を増やすにはJR貨物の各路線が輸送量の増加に対応できなければいけないので、これは間接的に荷主の臨海鉄道利用を促進し得る方策であるといえる。施設の整備・保有主体となることは、臨海鉄道にとっては償却資産の増加を意味するので、減価償却費が増加し財務状況が悪化する懸念がある。しかし当該の施設がなくなればJR貨物は輸送に支障をきたすことになるので、JR貨物から施設を維持するうえで十分な施設利用料を得ることができる。

　上記のJR貨物のインフラ整備にかかる補助は別として、いずれかの公的支援策を採用する際には、国および地方自治体が協調して実施すべきである。臨海鉄道は局地的な鉄道であり、臨海鉄道の存続がもたらす環境負荷の低減等の影響は沿線地域において顕著であるから、地方自治体が支援措置を行うことは妥当である。しかし、モーダルシフトの推進は国の政策目標であり、国も地方自治体と協調して支援措置を実施すべきである。

　上記のような、荷主企業や臨海鉄道に対する公的支援については、支援を受ける主体が特定の企業に限定されるため、公平性の観点から望ましくないとの議論も起こり得る。とはいえ、トラック輸送の現状を考慮すると、このような公的支援も次善策として許容されるものと考えられる。

　トラック輸送はサービスが単純で、固定費の比率が鉄道に比べて極めて小さいため、トラック事業への参入は容易である。トラック事業者数は2016年度末現在で6万2176事業者と多数存在する[34]。このため、事業者間で必然的に価格競争、すなわち運賃の引き下げ競争が発生する。荷主企業や臨海鉄道に何らかの公的支援を実施しなければ、鉄道から運賃の安価なトラックへの転換という、いわば「逆モーダルシフト」を防止することは困難である。

　公的支援に依らない臨海鉄道の経営改善策については2つ提言したい。

34　全日本トラック協会［2018］p.6を参照した。

第1は、JR貨物等他の事業者からの業務の受託を拡大することである。臨海鉄道はJR貨物の各駅における貨物取扱業務と貨車入換業務、列車検査業務、貨車検査修繕業務等を受託しているが、これを拡大することによって運輸雑収を増加させるのである。第1章で述べたように、JR貨物は人件費の削減によって経営改善を図っているので、駅業務を臨海鉄道に委託するインセンティブは大きいと考えられる[35]。

第2は、臨海鉄道がJR貨物と同様に、第2種鉄道事業者としてJR旅客各社の線区を使用して貨物列車を運転することである。臨海鉄道とJR貨物との直通輸送ではなく、臨海鉄道自体がJR旅客各社の線区に直接乗り入れるのである。これはJR貨物の独占状態にある地域間の鉄道貨物輸送市場に臨海鉄道が新規参入することを意味する。ただし、この意義と実現に向けての諸課題については第5章で詳しく考察したい。

5 おわりに

臨海鉄道は臨海工業地帯に進出した各企業の要請によって設立された経緯から、「沿線企業共同の専用線」（高嶋［2003］p.57）として認識される傾向が強い。沿線の企業が鉄道貨物輸送を必要としなくなれば、当然のように臨海鉄道の路線は廃止されている。しかし、臨海鉄道には輸送の安全性確保、環境負荷の低減等社会的費用の抑制、およびトラックへの転換が困難な大量輸送の実施という存続すべき根拠が存在する。公的部門が臨海鉄道の存続に関与する余地はあるといえよう。

設備投資に要する費用を調達することが困難な臨海鉄道に対して補助を実施することは、臨海鉄道の設備の近代化を促し、輸送の安全性向上に資するといえる。また事業者の費用負担を軽減することで経営改善を促進する効果も認められる。しかしモーダルシフトの推進という国の政策目標を達成する

---

35 当然ながら、臨海鉄道にとっては業務の受託にかかる費用の増加分がJR貨物から収受する業務委託料よりも小さいことが必要である。またJR貨物にとっても、業務を委託することによる費用の削減分が臨海鉄道への業務委託料を上回ることが必要である。吉留［2006］は貨車入換業務については十分に対応できるものの、「貨車検査は技能を修得するために数年が必要」であり、「技術継承および要員対策には苦慮している」と、業務の受託における課題を挙げている（吉留［2006］p.17）。

には、荷主の臨海鉄道利用を促進し得る方策が必要である。そのような公的支援策として、本章では、上下分離方式の導入、荷主に対する運賃助成、荷主の企業が所有する専用線の維持費用への補助を提言した。また、荷主の臨海鉄道利用を促進し得る方策としては間接的であるが、JR貨物のインフラ整備等に際して国から補助が実施される場合に、臨海鉄道が補助金の受け皿として補助対象施設の整備・保有主体になること、さらには公的支援に依らない臨海鉄道の経営改善策として、JR貨物等他の事業者からの業務の受託を拡大すること、地域間の鉄道貨物輸送市場に臨海鉄道が新規参入することを提言した。

ただし、本章は臨海工業地帯を発着する鉄道貨物輸送の意義を明らかにしたものであり、必ずしも臨海鉄道に対する公的支援策をJR貨物等他の貨物鉄道事業者に対する公的支援策よりも優先させることを主張するものではない。当然ながら公的支援策は費用対効果の大きいものを優先すべきである。

また、既存の臨海鉄道事業者を存続させる必要性を主張するものでもない。臨海鉄道事業者が鉄道輸送から撤退しても、当該の鉄道輸送が存続すれば問題はない。先に触れたように、新潟臨海鉄道が廃止した路線の一部区間について、新潟県が専用線として存続させていることは参考とすべき事例である。

第3章
客貨兼業鉄道

1　はじめに

　本章では、いわゆる地方鉄道において、貨物輸送が経営上どのような意義を有するのかを考察する。貨物輸送の存在が、地方鉄道の経営を安定させる大きな要素であると考えられるからである。地方鉄道は、自家用交通機関の普及の進展、沿線人口の減少および少子化に伴って利用者が減少しており、厳しい経営状況が継続している。しかし地方鉄道の多くは、通学や高齢者の通院等、いわゆる生活交通を担っている。移動制約者を中心とする沿線居住者にとって、地方鉄道は重要な交通機関である[1]。

　本書では、以下のいずれかに該当するものを地方鉄道と定義する。
① 『鉄道統計年報』各年度版において「地方旅客鉄道」に分類されている事業者。
② 『鉄道統計年報』各年度版において「貨物鉄道」に分類されている事業者のうち、旅客輸送実績を有するもの。

　そして上記①に該当する事業者のうち貨物輸送実績を有するもの、および上記②に該当する事業者を、本書では「客貨兼業鉄道」と定義し、その現状について考察する。近年、客貨兼業鉄道において貨物輸送の廃止が相次いでおり、その結果、経営が悪化したと考えられるケースや、鉄道事業が廃止に至ったと思われるケースが見られるからである[2]。

1　地方鉄道には、バスによる代替輸送が可能であるケースも多い。ただし本章ではこれについての分析は行わず、地方鉄道の存続を前提として論述する。不採算である地方鉄道を存続すべきケースについては福田［2005］pp.74-79 において分析している。
2　貨物輸送の存在が地方鉄道の経営を支えているとの指摘は鈴木［1999］p.72 および末原［2006］p.42 を参照されたい。浅井［2004］は「旅客需要の乏しいローカル鉄道としては、虎の子である貨物を失い、旅客だけが取り残された段階で廃止を待つしかなかったかも知れない」と論じている（浅井［2004］p.39）。四日市大学・三岐鉄道編［2008］は「旅客と貨物の何れか一方だけで

本章では、まず客貨兼業鉄道について、近年の輸送、経営の状況を概観する。そして客貨兼業鉄道の経営状況を客貨別に分析し、貨物輸送の存在が鉄道事業を存続するうえでどの程度の役割を果たしているのかを明らかにする。

なお近年の先行研究については、管見の限り以下のものがある。ただし、いずれも客貨兼業鉄道の経営における貨物輸送の役割について詳細に分析したものではない。

種村［1999］、鈴木［2006a、2006b、2006c］および四日市大学・三岐鉄道編［2008］は、客貨兼業鉄道の1つを取り上げて、その経緯と現状を述べている。

寺田［2000］、浅井［2004、2006］は地方鉄道全般について、鈴木［1999、2004］、香川［2002］は国鉄の特定地方交通線[3]を継承した第三セクター鉄道について、高嶋［2003］は臨海鉄道について、それぞれ考察しており、客貨兼業鉄道にも触れている。

川島は鉄道事業を地域別に取り上げて考察しており、川島［1998、2003、2004、2007a、2007b］では客貨兼業鉄道についても論じている。

青木［2003、2006］は民営鉄道における貨物輸送の歴史的経緯について論じるなかで、青木［2008］は地方鉄道の歴史的経緯について論じるなかで、それぞれ客貨兼業鉄道に触れている。

三岐線の採算を成立させることは難しい。三岐線を地域の足として残す最も実現性の高い道は、鉄道貨物輸送を死守することである」と主張する（四日市大学・三岐鉄道編［2008］p.56）。

3　特定地方交通線とは、1980年12月27日に公布、施行された日本国有鉄道経営再建促進特別措置法（以下、国鉄再建法という）の第8条第2項において「鉄道による輸送に代えて一般乗合旅客自動車運送事業による輸送を行うことが適当であるもの」として選定された路線である。具体的には、国鉄再建法に基づき1981年3月11日に公布、施行された日本国有鉄道経営再建促進特別措置法施行令の第3条において、1kmあたり平均通過人員（以下、平均通過人員という）が4000人／日未満の路線が特定地方交通線に指定されている。また、当時建設中であった路線についても、開業後に特定地方交通線に該当すると認められるものについては、建設を中断することとされた。ただし、平均通過人員が4000人／日未満の路線のうち、①片方向の1時間あたり最大輸送人員が1000人以上の路線②バス等による代替輸送を実施すべき並行道路が未整備の路線③積雪等により、並行道路においてバス等による代替輸送が困難となる日数が、1年度あたり10日を超える路線④平均通過人員が1000人／日以上で、旅客1人あたり平均輸送キロが30kmを超える路線、のいずれかに該当するものは、特定地方交通線から除外されている。なお平均通過人員は輸送密度とも称される。

2 概況

2-1 近年に至るまでの状況

本章では、客貨兼業鉄道による貨物輸送の廃止、さらには鉄道事業の廃止が相次いだ2000年度以降に焦点を当て、客貨兼業鉄道の輸送、経営の状況を考察するが、国鉄の末期にあたる1980年代から1999年度までの状況についても、本項で触れておきたい。図3-1は客貨兼業鉄道の事業者数と旅客営業キロ、貨物営業キロの合計を、1980年度末から1999年度末まで示したものである。客貨兼業鉄道は1980年度末時点で37事業者存在し、貨物営業キロの合計は760.4kmにも及んでいた。しかし、国鉄の貨物輸送が大幅に縮小した1980年代前半に、事業者数、貨物営業キロの合計ともに著しい減少を示している。客貨兼業鉄道の大部分は国鉄およびその貨物輸送部門を継承したJR貨物と直通運転を実施しており、いわば「JRのフィーダーサービス」(中島［1997］p.37)としての役割を担っているからである。

国鉄の分割・民営化直前の1986年度末には事業者数は19と、1980年度末からほぼ半減している。貨物営業キロの合計も同様に486.6kmとなって

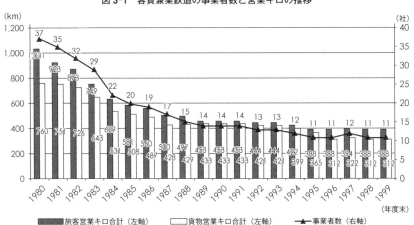

図3-1 客貨兼業鉄道の事業者数と営業キロの推移

［注］ 1. 貨物輸送実績のないものは除く。
　　　2. 営業キロ合計は小数点以下を四捨五入。
［出所］『鉄道統計年報』各年度版他より作成。

おり、36.0％もの急激な減少を示している。国鉄の貨物輸送部門がJR貨物に引き継がれた1987年度以後も、客貨兼業鉄道の貨物輸送は、緩やかではあるものの縮小傾向が継続している。貨物営業キロの合計は1994年度末に400kmを下回っており、1996年度末以降は312.3kmになっている[4]。

1999年度末の客貨兼業鉄道の事業者数は11であり、1980年度末よりも26少なく、1986年度末よりも8少ない。同様に、貨物営業キロの合計は先述のとおり312.3kmであり、1980年度末から58.9％、1986年度末から35.8％、それぞれ減少している。

客貨兼業鉄道の貨物輸送全般においては縮小傾向を示しているが、一方で新たな事業者による貨物輸送の開業も見られる。1984年度に神岡鉄道および樽見鉄道が開業しており、平成筑豊鉄道が1989年度に開業している。ただし、これらは国鉄の特定地方交通線を継承した第三セクター鉄道事業者であり、貨物輸送も国鉄当時から継承したものである。これらの開業による貨物営業キロの増加を除くと、客貨兼業鉄道の貨物輸送における縮小傾向はより大きなものとなる[5]。1984年度に開業した神岡鉄道の貨物営業キロは16.9kmであり、同じく1984年度に開業した樽見鉄道の貨物営業キロは16.2kmである。1989年度に開業した平成筑豊鉄道の貨物営業キロは9.8kmである。これらを除外すると、客貨兼業鉄道の貨物営業キロの合計は1986年度末が453.5kmとなり、1999年度末が269.4kmとなる。1986年度末は1980年度末から40.4％減少したことになる。また1999年度末は1980年度末から64.6％、1986年度末から40.6％、それぞれ減少したことになる。

旅客営業キロの合計は、1980年度末時点において1031.2kmにも及んでいた。しかし、先述したとおり1980年代前半に国鉄が貨物輸送を大幅に縮小したことから、客貨兼業鉄道においても貨物輸送を廃止、縮小する事業者が相次ぎ、結果的に旅客営業キロの合計も著しく減少している。国鉄の分割・民営化直前の1986年度末には559.6kmとなっており、45.7％もの急激な減

---

[4] 1997年度末に事業者数、貨物営業キロ、旅客営業キロがやや増加しているが、これは仙台臨海鉄道が統計上カウントされているからである。仙台臨海鉄道は客貨兼業鉄道には該当しないが、1997年度のみ旅客輸送（臨時旅客列車の運転）を行っている。
[5] 樽見鉄道は1988年度に貨物営業区間を18.3km拡大しているが、これは国鉄当時から継承したものではない。

少を示している。1987年度以後も、客貨兼業鉄道の旅客輸送は貨物輸送と同様に、緩やかではあるものの縮小傾向が継続している。旅客営業キロの合計は1988年度末に500kmを下回っており、1995年度末以降は400km未満で推移している。1999年度末の旅客営業キロの合計は387.8kmであり、1980年度末から62.4%、1986年度末から30.7%、それぞれ減少している。

先に述べたように、第三セクター鉄道事業者である神岡鉄道および樽見鉄道が1984年度に、平成筑豊鉄道が1989年度に、それぞれ国鉄の特定地方交通線を継承して開業している。これらの旅客輸送についても国鉄当時から継承されたものである。貨物輸送と同様に、これらの開業による旅客営業キロの増加を除くと、客貨兼業鉄道の旅客輸送における縮小傾向はより大きなものとなる[6]。1984年度に開業した神岡鉄道および樽見鉄道の旅客営業キロは、前者が19.9km、後者が23.6kmである。1989年度に開業した平成筑豊鉄道の旅客営業キロは49.2kmである。これらを除外すると、客貨兼業鉄道の旅客営業キロの合計は1986年度末が516.1kmとなり、1999年度末が295.1kmとなる。1986年度末は1980年度末から50.0%減少したことになる。また1999年度末は1980年度末から71.4%、1986年度末から42.8%、それぞれ減少したことになる。

2-2　近年の状況

客貨兼業鉄道は2000年度時点で11事業者存在する。ただし大井川鐵道は2000年度以降、貨物輸送トン数が1600トン未満であり、貨物運輸収入も280万円未満といずれも極めて小さい数値で推移しているので本章の対象から除外し、他の10事業者について考察する。なお福島臨海鉄道は2004年度から2006年度まで旅客輸送（臨時旅客列車の運転）を実施しているが、いずれの年度も旅客輸送人員が約2000人で旅客運輸収入は400万円未満と数値が極めて小さいので、本章の対象から除外している[7]。

近年、客貨兼業鉄道が貨物輸送を廃止するケースが相次いでいる。鹿島鉄

---

6 樽見鉄道は1988年度に路線の延伸によって旅客営業区間が10.9km拡大している。当然ながらこれは国鉄当時から継承したものではない。
7 『鉄道統計年報』各年度版および福島臨海鉄道総務部より提供された資料を参照した。

道は 2002 年 4 月 1 日に、平成筑豊鉄道は 2004 年 3 月 31 日に、神岡鉄道は 2005 年 3 月 31 日に、樽見鉄道は 2006 年 3 月 18 日に、岳南鉄道は 2012 年 3 月 17 日に、それぞれ貨物輸送を廃止している。これらのうち、平成筑豊鉄道は荷主である企業の工場閉鎖による廃止である。岳南鉄道は、貨物列車の直通運転をしている JR 貨物が東海道線富士駅の改良を実施し、岳南鉄道を利用していた荷主企業に対して、岳南鉄道の利用から富士駅を発駅とするコンテナ輸送への転換を要請し、荷主企業が JR 貨物の要請を受け入れたために廃止となっている[8]。他の 3 事業者は荷主である企業等の意向によるトラック輸送への転換が廃止の理由である。なお神岡鉄道は 2006 年 12 月 1 日に、鹿島鉄道は 2007 年 4 月 1 日に、それぞれ鉄道事業を廃止している[9]。

　旅客輸送では、利用者の減少によって鉄道事業が不採算化し、廃止されるケースが多い。しかし貨物輸送では、このように荷主企業の意向等、鉄道事業者の採算性とは異なる事情で廃止されるケースが目立つ。貨物輸送の廃止によって客貨兼業鉄道の経営が悪化すると考えられるのはこのためである。

　表 3-1 は客貨兼業鉄道の旅客輸送人員である。秩父鉄道は減少傾向にあるものの、800 万人以上と輸送人員が最も多い。次いで輸送人員が多いのは三岐鉄道であり、2002 年度以前が 300 万人台、2003 年度以降が 500 万人台である。2003 年度以降の数値が大きくなっているのは、2003 年 4 月 1 日に近畿日本鉄道から北勢線を継承したためである。他の 8 事業者は 300 万人未満で推移しており、そのうち 4 事業者は 100 万人未満である。

　鉄道事業が存続している 8 事業者の旅客輸送人員について、2015 年度を 2000 年度（三岐鉄道は 2003 年度）と比較すると、岳南鉄道（岳南電車）と三岐鉄道を除く 6 事業者は減少している。黒部峡谷鉄道と平成筑豊鉄道は 30% 以上の大幅な減少を示しており、鹿島臨海鉄道も 27.6% の減少である。

---

[8] この経緯については第 5 章で詳述する。なお岳南鉄道は 2013 年 4 月 1 日に会社分割を実施し、岳南電車が鉄道事業を継承している。『鉄道要覧』平成 26 年度版、p.14 を参照した。

[9] 平成筑豊鉄道の貨物輸送廃止日は 2004 年 10 月 1 日であるが、2004 年 3 月 31 日以降輸送実績がない。同様に、樽見鉄道も貨物輸送廃止日は 2006 年 4 月 30 日であるが、2006 年 3 月 18 日以降輸送実績がない。本章では前者の貨物輸送廃止日を 2004 年 3 月 31 日、後者のそれを 2006 年 3 月 18 日として考察する。各事業者の貨物輸送廃止に至る経緯および廃止日については岐阜県第三セクター鉄道連絡会議［2007］pp.48-50 のほか、国土交通省鉄道局、樽見鉄道営業部および平成筑豊鉄道営業部より提供された資料を参照した。

第 3 章　客貨兼業鉄道

表 3-1　客貨兼業鉄道の旅客輸送人員

(単位：千人)

事業者名	黒部峡谷鉄道	鹿島臨海鉄道	鹿島鉄道	秩父鉄道	岳南鉄道(岳南電車)	神岡鉄道	三岐鉄道	樽見鉄道	水島臨海鉄道	平成筑豊鉄道
旅客営業キロ	20.1km	53.0km	27.2km	71.7km	9.2km	19.9km	48.0km	34.5km	10.4km	51.3km
2000 年度	1,560	2,906	987	9,402	747	44	3,184	757	1,917	2,732
2001 年度	1,462	2,805	946	9,186	721	46	3,203	739	1,821	2,553
2002 年度	1,376	2,724	903	8,899	681	49	3,132	717	1,714	2,404
2003 年度	1,428	2,583	884	8,736	669	44	5,225	721	1,680	2,351
2004 年度	1,341	2,501	843	8,528	690	40	5,128	668	1,613	2,202
2005 年度	1,293	2,477	776	8,551	708	38	5,320	680	1,589	2,152
2006 年度	1,298	2,450	835	8,563	738	n.a.	5,350	709	1,589	2,068
2007 年度	1,220	2,448		8,520	732		5,509	612	1,598	2,025
2008 年度	1,284	2,438		8,634	746		5,640	615	1,680	2,045
2009 年度	1,288	2,374		8,394	766		5,432	601	1,610	2,127
2010 年度	1,216	2,222		8,189	773		5,499	602	1,593	1,915
2011 年度	1,073	1,856		8,071	743		5,472	628	1,644	1,913
2012 年度	1,043	2,148		8,140	762		5,754	646	1,668	1,814
2013 年度	1,028	2,180		8,190	773		5,754	643	1,716	1,774
2014 年度	983	2,109		8,290	749		5,639	647	1,660	1,740
2015 年度	1,083	2,104		8,172	806		5,790	666	1,741	1,722

［注］旅客営業キロは 2015 年度末の数値である。ただし、すでに廃止されている事業者は廃止時点の数値を掲載している。
［出所］『鉄道統計年報』各年度版より作成。

秩父鉄道、樽見鉄道、水島臨海鉄道は 10％前後の減少となっている。岳南鉄道（岳南電車）は 7.9％、三岐鉄道は 10.8％、それぞれ増加している。

　表 3-2 は客貨兼業鉄道の貨物輸送トン数である。鹿島臨海鉄道と水島臨海鉄道は表 2-2 および表 2-3 の数値を再掲してある。秩父鉄道は一部の年度を除いて 200 万トンを超えており、三岐鉄道も大部分の年度において 100 万トンを超えている。鹿島臨海鉄道、樽見鉄道、水島臨海鉄道、平成筑豊鉄道は 10 万トンから 50 万トン前後までの範囲にある。岳南鉄道は 2006 年度以降減少傾向となり、2007 年度以降は 10 万トンを下回り、貨物輸送が廃止された 2011 年度には 5 万 8518 トンとなっている。黒部峡谷鉄道、鹿島鉄道、神岡鉄道は 10 万トン未満で推移している。鹿島鉄道、岳南鉄道、神岡鉄道、

表 3-2　客貨兼業鉄道

事業者名	黒部峡谷鉄道	鹿島臨海鉄道		鹿島鉄道	秩父鉄道		岳南鉄道	
貨物営業キロ	20.1km	19.2km		19.5km	79.3km		7.3km	
年度	車扱	車扱	コンテナ	車扱	車扱	コンテナ	車扱	コンテナ
2000	33,920	18,013	229,772	28,768	3,052,402	0	130,159	15,865
2001	36,207	15,456	281,144	6,096	3,020,525	0	135,380	16,390
2002	24,338	14,922	272,485		3,061,781	2,185	106,921	18,270
2003	26,246	15,704	293,429		2,807,815	4,481	93,242	18,320
2004	26,849	12,557	279,294		2,684,996	4,423	94,544	27,375
2005	30,211	11,481	295,151		2,700,862	4,545	106,933	27,540
2006	30,211	10,742	318,386		2,508,834	4,660	95,080	24,040
2007	30,373	14,333	322,887		2,307,181	521	66,626	26,140
2008	24,416	4,564	284,166		2,042,764	471	63,338	21,910
2009	31,459	400	243,169		1,705,824	0	49,501	17,190
2010	45,390	0	243,834		1,859,020	0	44,902	19,510
2011	41,241	0	197,764		2,181,948	0	41,423	17,095
2012	43,376	0	233,391		2,048,303	0		
2013	32,822	0	259,798		2,216,032	0		
2014	23,388	0	278,324		2,200,629	0		
2015	20,762	0	278,602		1,927,301	0		

［注］　貨物営業キロは 2015 年度末の数値である。ただし、すでに廃止されている事業者は廃止時点の数値を掲載している。
［出所］　『鉄道統計年報』各年度版より作成。

　樽見鉄道、平成筑豊鉄道は貨物輸送を廃止しているが、いずれも廃止直前に輸送トン数が減少している。平成筑豊鉄道は 2003 年度にやや増加しているものの、2002 年度は 2001 年度から 12 万 650 トンも減少している。

　貨物輸送が存続している 5 事業者の推移を見ると、黒部峡谷鉄道は 2 万トンから 4 万トン台の範囲で増減を繰り返している。2013 年度以降は減少局面にあり、2015 年度は 2 万 762 トンとなっている。鹿島臨海鉄道は 2007 年度まで増加傾向にあり、2005 年度から 2007 年度までの期間は 30 万トンを超えていたが、2008 年度以降は、東日本大震災の影響を受けた 2011 年度を

第3章 客貨兼業鉄道　99

の貨物輸送トン数
（単位：トン）

神岡鉄道		三岐鉄道	樽見鉄道	水島臨海鉄道		平成筑豊鉄道
16.9km		26.5km	34.5km	15.6km		9.8km
車扱	コンテナ	車扱	車扱	車扱	コンテナ	車扱
50,625	15,555	2,058,672	386,050	29,456	433,000	473,594
58,898	14,725	2,824,441	266,310	23,553	462,256	492,442
38,684	12,475	2,321,708	187,930	628	494,436	371,792
41,673	12,960	1,223,550	164,422	934	513,743	378,328
15,328	4,855	1,036,828	149,346	688	506,864	
		1,049,500	104,614	696	511,889	
		1,094,744		696	511,889	
		1,004,274		0	517,924	
		1,012,282		0	445,735	
		935,101		0	435,803	
		1,012,356		0	453,628	
		844,780		500	438,220	
		989,616		0	401,043	
		1,060,304		0	398,771	
		1,057,994		0	405,074	
		1,035,408		0	380,635	

除いて、おおむね25万トン前後で推移している。秩父鉄道は2002年度まで300万トンを超えていたが、2003年度から2009年度にかけて減少し、2009年度は171万トンに落ち込んでいる。2010年度以降はやや持ち直し、200万トン前後で推移している。三岐鉄道は2003年度以降大きく減少しているが、これは第1章で述べたように、2000年7月から2002年12月まで中部国際空港の埋立土砂輸送を実施していたからである。2004年度以降はおおむね100万トン前後で推移している。水島臨海鉄道は2003年度まで増加傾向にあり、2003年度から2007年度までの期間は50万トンを超えていたが、

2008年度以降は緩やかな減少を示している。2012年度以降は40万トン前後となっている。

当該の5事業者の貨物輸送トン数について、2015年度を2000年度（三岐鉄道は2003年度）と比較すると、鹿島臨海鉄道を除く4事業者は減少している。黒部峡谷鉄道と秩父鉄道は30％台後半の大幅な減少を示しており、三岐鉄道と水島臨海鉄道は10％台の減少となっている。鹿島臨海鉄道は12.4％の増加である。

図3-2は客貨兼業鉄道の運輸収入合計額の推移を客貨別に示したものである。旅客運輸収入は、2000年度には69億円であったが、一部の年度で増加に転じるものの減少基調で推移しており、2011年度以降は60億円を下回っている。貨物運輸収入は2000年度と2001年度には40億円台であったが、

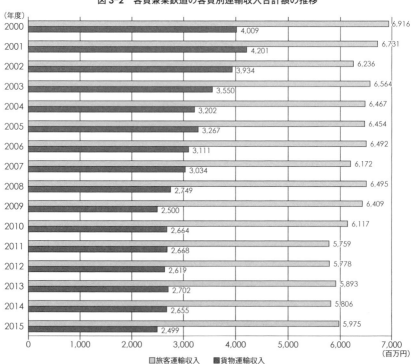

図3-2　客貨兼業鉄道の客貨別運輸収入合計額の推移

［出所］『鉄道統計年報』各年度版より作成。

2002年度から2004年度までの期間に大幅に減少している。先述のとおり、三岐鉄道による中部国際空港の埋立土砂輸送が2002年12月に終了したことに加えて、鹿島鉄道が2002年4月1日に、平成筑豊鉄道が2004年3月31日に、神岡鉄道が2005年3月31日に、それぞれ貨物輸送を廃止していることが影響しているものと考えられる。2008年度以降はおおむね20億円台後半で推移している。2015年度の運輸収入合計額を2000年度と比較すると、旅客は13.6%の減少であるが、貨物は37.7%の減少となっている。

ただし2000年度以降に2事業者が旅客輸送を、5事業者が貨物輸送を、それぞれ廃止しているので、1事業者あたり平均の運輸収入額は異なる傾向を示している。図3-3は客貨兼業鉄道の1事業者あたり平均の運輸収入額について、客貨別に推移を示したものである。客貨の合計ではおおむね増加す

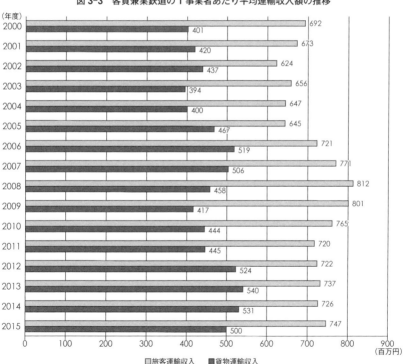

図3-3 客貨兼業鉄道の1事業者あたり平均運輸収入額の推移

［出所］ 『鉄道統計年報』各年度版より作成。

る傾向にある。2004年度以前は10億円台であったが、2005年度に11億円台に増加し、2006年度以降は、東日本大震災の影響を受けた2011年度を除いて、12億円台で推移している。旅客運輸収入も客貨の合計と類似の傾向にあり、2005年度以前は6億円台であったが、2006年度以降は7億円を超えており、2008年度と2009年度は8億円を超えている。一方、貨物運輸収入はおおむね4～5億円台で増減を繰り返しているが、2012年度以降、その客貨の合計に占める比率は大きくなっている。2011年度以前はおおむね30％台（2002年度、2005年度、2006年度は40％台）で推移していたが、2012年度以降は40％台が継続している。

表3-3は客貨兼業鉄道の鉄道事業営業損益の状況である。鹿島臨海鉄道と水島臨海鉄道は表2-6に掲載した数値を再掲している。本表に掲載している

表3-3　客貨兼業鉄道の鉄道事業営業損益

（単位：千円）

年度	黒部峡谷鉄道	鹿島臨海鉄道	鹿島鉄道	秩父鉄道	岳南鉄道（岳南電車）	神岡鉄道	三岐鉄道	樽見鉄道	水島臨海鉄道	平成筑豊鉄道
2000	-15,111	-117,001	-124,677	-231,312	-37,877	-31,912	-27,741	-40,692	3,342	-44,913
2001	-91,807	-24,631	-148,262	-112,309	-32,518	-31,078	15,755	-75,862	-48,617	-52,172
2002	-174,340	-142	-102,376	-9,015	-41,802	-47,602	7,259	-127,429	-51,378	-11,501
2003	-56,005	-4,887	-69,390	998	-81,366	-58,012	-521,878	-70,056	-25,388	-24,299
2004	-50,118	-4,667	-61,862	20,867	-23,875	-70,216	-476,934	-95,936	-42,033	-71,660
2005	-96,149	-15,112	-56,704	29,360	-26,136	-69,038	-365,430	-116,391	-31,926	-50,102
2006	-61,163	-12,718	-2,063	47,747	-46,408	n.a.	-473,527	-118,227	-21,093	-71,467
2007	-138,512	-46,660		-82,212	-52,620		-414,796	-104,308	-28,163	-95,466
2008	-54,862	-102,384		-184,289	-56,465		-434,596	-104,774	-54,169	-101,636
2009	-18,434	-100,190		-253,954	-47,748		-443,038	-103,658	-37,990	-115,954
2010	-51,674	-166,544		-105,619	-62,637		-356,756	-93,046	-44,364	-212,733
2011	-87,632	-227,597		-49,808	-68,195		-441,541	-88,943	-42,283	-114,432
2012	-246,497	-107,711		-159,762	-87,972		-482,428	-81,552	-43,130	-275,811
2013	-153,371	-93,553		-122,281	-75,238		-310,987	-83,609	-19,252	-137,974
2014	-279,694	-89,608		-34,646	-73,774		-328,624	-84,403	-40,358	-147,470
2015	-226,817	-54,919		-94,848	-70,948		-309,597	-69,582	-40,801	-129,219

［注］　網掛け部分は貨物輸送実績のない年度である。
［出所］　『鉄道統計年報』各年度版より作成。

年度において営業利益を計上しているのは秩父鉄道の2003年度から2006年度までの期間と、三岐鉄道の2001年度と2002年度、水島臨海鉄道の2000年度のみであり、他はすべて営業損失となっている。三岐鉄道は2003年度以降、3億円を超える損失額を計上しているが、これは近畿日本鉄道から北勢線を継承したことが主な要因である。他の7事業者は本表に掲載しているすべての年度において営業損失を計上している。黒部峡谷鉄道は2012年度以降の損失額が大きく、2012年度と2014年度、2015年度は2億円台となっている。2011年度以前は2002年度と2007年度を除いて17億円以上を計上していた旅客運輸収入が、2012年度以降は15～16億円台と伸び悩んでいることが主な要因である[10]。

岳南鉄道（岳南電車）と平成筑豊鉄道は貨物輸送廃止後、損失額が増加しているが、樽見鉄道は貨物輸送廃止直後の2006年度に損失額が増加したものの、その後は減少する傾向を示している。

3　客貨別の経営分析

本節では、客貨兼業鉄道の鉄道事業営業損益を客貨別に推計し、それぞれの営業損益を明らかにする。貨物輸送において営業利益を計上していれば、貨物輸送が客貨兼業鉄道の経営を安定させる要素になっていると言えるからである。

ただし『鉄道統計年報』では、営業収益のうちの運輸雑収および営業費用は客貨別に計上されていない。これらについては何らかの基準に基づいて配分し、客貨別の営業損益を推計せざるを得ない。その基準として適当と思われる数値は車両走行キロの客貨別の比率である[11]。営業費用の各科目の多くは、車両走行キロに一定程度比例する性質があると考えられるからである。したがって電気機関車、気動車等各車両の走行キロを客貨別に配分し、それによって得られた客貨別の比率に基づいて、運輸雑収および営業費用を配分

10　『鉄道統計年報』各年度版を参照した。
11　客貨別の営業損益の推計方法については樽見鉄道営業部より提供された資料を参照した。また筆者が2008年11月に実施した平成筑豊鉄道のヒアリングにおいても、事業者から「客貨別の営業損益は計上していないが、計上するのであれば、車両走行キロの客貨別の比率に基づいて運輸雑収および営業費用を配分するのが適当と考える」との回答を得た。

する。

各車両の走行キロを客貨別に配分する際には、以下の点に留意している。

① 樽見鉄道のディーゼル機関車と黒部峡谷鉄道の電気機関車は、旅客輸送、貨物輸送のいずれにも使用されているので、それらが牽引する客車および貨車の車両走行キロの比率に基づいて走行キロを配分している。

② 秩父鉄道の電気機関車は臨時旅客列車の運転に使用されることがあるものの、基本的に貨物輸送に使用されているので、貨物輸送の走行キロとしている。

③ 営業費用のうち車両保存費については、荷主の所有する貨車等、他の事業者が所有する車両の走行キロを除いて配分している。

客貨別の営業損益の推計結果は、旅客輸送が表3-4、貨物輸送が表3-5の

表3-4　客貨兼業鉄道の旅客輸送営業損益推計

(単位：千円)

年度	黒部峡谷鉄道	鹿島臨海鉄道	鹿島鉄道	秩父鉄道	岳南鉄道	神岡鉄道	三岐鉄道	樽見鉄道	水島臨海鉄道	平成筑豊鉄道
2000	-42,651	-260,566	-162,761	154,820	-50,565	-56,428	7,479	-82,974	-53,355	-99,064
2001	-126,523	-257,986	-159,182	317,184	-54,666	-66,525	118,511	-93,170	-55,379	-106,772
2002	-234,655	-217,723	-102,376	215,080	-52,608	-81,493	21,684	-134,228	-55,791	-48,623
2003	-103,146	-240,756	-69,390	192,387	-98,119	-85,999	-510,597	-76,813	-49,171	-60,128
2004	-85,041	-218,952	-61,862	165,143	-52,994	-62,456	-507,095	-103,594	-66,037	-71,660
2005	-127,642	-245,499	-56,704	143,510	-55,912	-69,038	-457,212	-108,672	-53,684	-50,102
2006	-111,115	-275,478	-2,063	156,045	-65,406	n.a.	-459,823	-118,227	-62,153	-71,467
2007	-179,428	-325,017		39,990	-70,364		-473,804	-104,308	-41,573	-95,466
2008	-94,087	-432,872		-28,321	-103,217		-480,930	-104,774	-24,264	-101,636
2009	-87,160	-375,897		-101,521	-60,049		-476,549	-103,658	-30,491	-115,954
2010	-140,202	-430,257		-13,272	-97,652		-399,958	-93,046	-40,379	-212,733
2011	-193,273	-404,563		-104,644	-100,559		-478,283	-88,943	-29,709	-114,432
2012	-321,925	-320,908		-42,653	-87,972		-524,491	-81,552	-19,894	-275,811
2013	-191,189	-330,796		15,892	-75,238		-380,494	-83,609	-36,448	-137,974
2014	-271,687	-340,193		91,892	-73,774		-408,534	-84,403	-58,739	-147,470
2015	-225,669	-218,635		38,486	-70,948		-404,738	-69,582	-44,615	-129,219

［注］　網掛け部分は貨物輸送実績のない年度である。
［出所］　『鉄道統計年報』各年度版より作成。

とおりである。旅客輸送は、秩父鉄道および三岐鉄道以外の事業者が表3-4に掲載しているすべての年度において営業損失という推計結果になっている。秩父鉄道は旅客輸送量が大きく、2008年度から2012年度の期間を除いて営業利益を計上している。三岐鉄道は、先述したように近畿日本鉄道から北勢線を継承したため、2003年度以降営業損失となっている。

旅客輸送とは対照的に、貨物輸送においては、すべての事業者が表3-5に掲載している年度のいずれかにおいて営業利益という推計結果になっている。ただし秩父鉄道は、営業利益を計上しているのは2011年度のみであり、2010年度を除いて1億円を超える損失額となっている。黒部峡谷鉄道は2013年度まで営業利益が継続しており、2014年度と2015年度に営業損失となっているものの、損失額は1000万円未満にとどまっている。三岐鉄道は2000年度から2003年度までの期間と2006年度に営業損失を計上しているが、

表3-5　客貨兼業鉄道の貨物輸送営業損益推計

(単位：千円)

年度	黒部峡谷鉄道	鹿島臨海鉄道	鹿島鉄道	秩父鉄道	岳南鉄道	神岡鉄道	三岐鉄道	樽見鉄道	水島臨海鉄道	平成筑豊鉄道
2000	27,540	143,565	38,084	-386,132	12,688	24,516	-35,220	42,282	56,697	54,152
2001	34,716	233,355	10,920	-429,493	22,148	35,447	-98,926	17,308	6,762	54,600
2002	60,315	217,581		-224,095	10,806	33,891	-14,425	6,799	4,413	37,122
2003	47,141	235,869		-191,389	16,753	27,987	-5,492	6,757	23,783	35,829
2004	34,923	214,285		-144,276	29,119	-7,760	30,161	7,658	24,004	
2005	31,493	230,387		-114,150	29,776		91,782	-7,719	21,758	
2006	49,952	262,760		-108,298	18,998		-13,704		41,060	
2007	40,916	278,357		-122,202	17,744		59,008		13,410	
2008	39,225	330,488		-159,117	46,752		46,334		-29,905	
2009	68,726	275,707		-152,433	12,301		33,511		-7,499	
2010	88,528	263,713		-92,347	35,015		43,202		-3,985	
2011	105,641	176,966		54,836	32,364		36,742		-12,574	
2012	75,428	213,197		-117,109			42,063		-23,236	
2013	37,818	237,243		-138,173			69,507		17,196	
2014	-8,007	250,585		-126,538			79,910		18,381	
2015	-1,148	163,716		-133,334			95,141		3,814	

[出所]　『鉄道統計年報』各年度版より作成。

表 3-6 貨物輸送廃止前後の鉄道事業営業損益

(単位：千円)

事業者名	年度		鉄道事業	旅客輸送	貨物輸送
鹿島鉄道	2000	収益	325,248	260,868	64,380
		費用	449,925	423,630	26,295
		損益	-124,677	-162,761	38,084
	2002	収益	236,587	236,587	0
		費用	338,963	338,963	0
		損益	-102,376	-102,376	0
	増減	収益	-88,661	-24,281	-64,380
		費用	-110,962	-84,667	-26,295
		損益	22,301	60,385	-38,084
平成筑豊鉄道	2002	収益	441,215	371,190	70,025
		費用	452,716	419,813	32,903
		損益	-11,501	-48,623	37,122
	2004	収益	337,701	337,701	0
		費用	409,361	409,361	0
		損益	-71,660	-71,660	0
	増減	収益	-103,514	-33,489	-70,025
		費用	-43,355	-10,452	-32,903
		損益	-60,159	-23,037	-37,122
神岡鉄道	2003	収益	89,795	18,152	71,643
		費用	147,807	104,151	43,656
		損益	-58,012	-85,999	27,987
	2005	収益	20,207	20,207	0
		費用	89,245	89,245	0
		損益	-69,038	-69,038	0
	増減	収益	-69,588	2,055	-71,643
		費用	-58,562	-14,906	-43,656
		損益	-11,026	16,961	-27,987
樽見鉄道	2004	収益	215,519	151,107	64,412
		費用	311,455	254,700	56,755
		損益	-95,936	-103,594	7,658
	2006	収益	181,918	181,918	0
		費用	300,145	300,145	0
		損益	-118,227	-118,227	0
	増減	収益	-33,601	30,811	-64,412
		費用	-11,310	45,445	-56,755
		損益	-22,291	-14,633	-7,658
岳南鉄道	2010	収益	210,809	166,199	44,610
		費用	273,446	263,851	9,595
		損益	-62,637	-97,652	35,015
	2012	収益	170,710	170,710	0
		費用	258,682	258,682	0
		損益	-87,972	-87,972	0
	増減	収益	-40,099	4,511	-44,610
		費用	-14,764	-5,169	-9,595
		損益	-25,335	9,680	-35,015

[出所] 岐阜県第三セクター鉄道連絡会議［2007］p.59 および『鉄道統計年報』各年度版より作成。

2001年度を除いて損失額は3000万円台以下である。水島臨海鉄道も2008年度から2012年度までの期間に営業損失を計上しているが、損失額は3000万円未満である。神岡鉄道と樽見鉄道は貨物輸送を廃止した年度以外は営業利益となっている。他の4事業者は本表に掲載しているすべての年度において営業利益を計上しているが、鹿島臨海鉄道以外の3事業者は、すでに貨物輸送が廃止されている。

次に貨物輸送が廃止された5事業者について、廃止の前年度と次年度の営業損益を比較し、貨物輸送の廃止が鉄道の経営に及ぼした影響を考察する。表3-6は鉄道事業を廃止した5事業者について、貨物輸送の廃止前年度と廃止次年度の営業損益を鉄道事業、旅客輸送および貨物輸送の別に示したものである。鹿島鉄道は貨物輸送の廃止によって営業収益が6438万円減少し、旅客輸送についても同時期に営業収益が2428万円減少している。しかし旅客輸送の営業費用を8467万円と大幅に削減し、貨物輸送の廃止による営業費用の減少分2630万円をあわせて1億1096万円も営業費用を削減したので、損益は改善している。ただし、先述したように鹿島鉄道は鉄道事業を廃止している。

他の4事業者は貨物輸送の廃止による営業収益の減少額のほうが鉄道事業営業費用の削減額よりも大きく、損益が悪化している。当該の5事業者については、貨物輸送は少なくともアボイダブルコスト(avoidable cost：回避可能費用)を賄う程度の収益は確保していたといえる[12]。先述したように神岡鉄道は鉄道事業を廃止している。神岡鉄道は貨物輸送の比重が極めて大きく、貨物輸送の廃止によって鉄道事業の存続が困難になったと考えられる。

4　貨物輸送の意義と今後の課題

多くの客貨兼業鉄道は、他の地方鉄道と同様に旅客輸送量は減少傾向にある。一方で、貨物輸送が存続している事業者の貨物輸送量は、おおむね一定もしくは旅客輸送に比べて緩やかな減少傾向にとどまっている。客貨別の営

12　アボイダブルコストを賄い得ないサービスを不採算サービス、つまり事業者が廃止しようとするサービスと定義したのは、岡野［1980］において取り上げられているPonsonby［1963］である。

業損益の推計結果、および貨物輸送を廃止した事業者の多くが貨物輸送廃止後に鉄道事業営業損益が悪化していることからも明らかなように、貨物輸送は鉄道事業の存続、および経営の安定化に一定の役割を果たしているといえよう。とはいえ、現存する客貨兼業鉄道は沿線に大口の荷主が所在していたという、いわば例外的な事情によって貨物輸送が存続していることも事実である。したがって、貨物輸送は地方鉄道の存続、および経営の安定化に一定の役割を果たしているとしても、必ずしも他の地方鉄道においても貨物輸送を行うべきという結論にならないことは留意する必要がある[13]。

現存する客貨兼業鉄道の存続には、以下のような課題があると思われる。

第1に、貨物輸送において営業利益を計上しているとしても、それによって鉄道事業全体で営業利益を計上しているのではないことである。旅客輸送において少しでも経営を改善することが必要ではあるが、旅客輸送量の増加はほとんど見込めない。一方で、各事業者は大幅な費用削減をすでに実施しており、さらなる費用削減は難しいことから[14]、旅客輸送の営業損益が改善する可能性は極めて低い。貨物輸送が存続しているとしても、鉄道事業を存続させるには何らかの公的支援が必要である。

旅客鉄道事業を公的支援によって存続させる最大の目的は、移動制約者を中心とする沿線居住者の交通手段を確保することである。したがって公的支援は旅客輸送の営業損失を全額補填する形式で実施すべきである。貨物輸送の営業利益を含めた鉄道事業全体の営業損失に対する補填では、貨物輸送による内部補助の性格を持つため、適切とは言えない。また公的支援を行う目的からも適切とは言い難い[15]。

第2に、客貨兼業鉄道の貨物輸送は特定の荷主に依存していることが多いため、その荷主の意向や経営状況によって、貨物輸送さらには鉄道事業の経営状況が左右されることである。客貨兼業鉄道がほぼ一定の貨物輸送量を確

---

13 ただし、地方鉄道において旅客用車両の空きスペースに貨物を積載する「客貨混載輸送」については、今後普及する可能性がある。これについては佐川急便［2017］を参照されたい。
14 同様の指摘は浅井［2006］p.18。
15 この場合の内部補助は、沿線居住者の交通手段を確保するという政策目的の遂行に必要な資金を公的部門が全額負担せずに、政策目的と無関係な貨物輸送の荷主にその資金の一部を負担させることになる。内部補助の非効率性については中条［1988］が詳細に論じている。

図 3-4 平成筑豊鉄道の貨物輸送トン数と貨物運輸収入

(千トン)　　　　　　　　　　　　　　　　　　　　　　　　　　　　(百万円)

データ:
- 貨物輸送トン数（千トン）: 1990: 697, 1991: 661, 1992: 530, 1993: 468, 1994: 558, 1995: 558, 1996: 527, 1997: 581, 1998: 563, 1999: 583, 2000: 474, 2001: 492, 2002: 372, 2003: 378
- 貨物運輸収入（百万円）: 1990: 219, 1991: 216, 1992: 167, 1993: 150, 1994: 151, 1995: 152, 1996: 143, 1997: 110, 1998: 107, 1999: 110, 2000: 93, 2001: 97, 2002: 69, 2003: 68

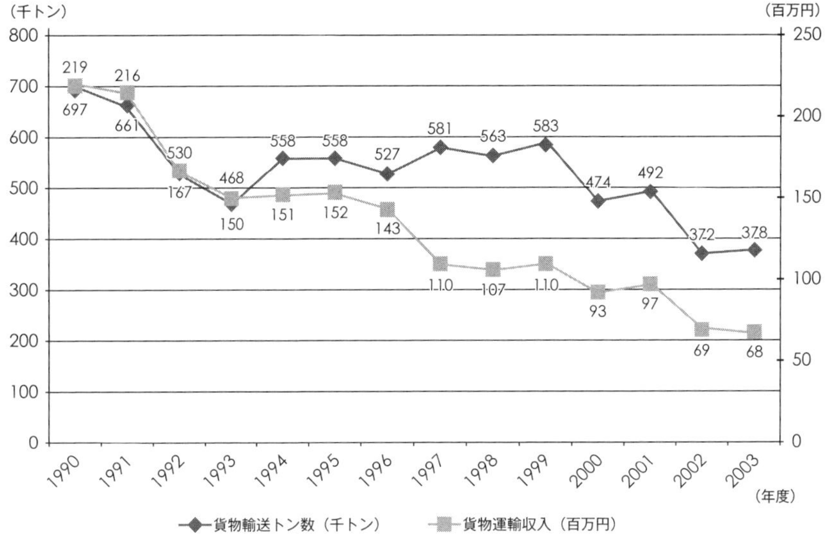

[出所] 平成筑豊鉄道営業部提供資料より引用。

保しているとしても、荷主の意向およびトラック事業との競争によって、貨物の運賃単価を引き下げざるを得ず、結果的に営業収益額が減少するケースも見られる。

　図 3-4 は平成筑豊鉄道の貨物輸送トン数と貨物運輸収入を、開業次年度の 1990 年度から貨物輸送廃止年度である 2003 年度まで示したものである。貨物輸送トン数は 1993 年度に 47 万トンであったが、1997 年度は 58 万トンに増加している。しかし貨物運輸収入は同時期に 1 億 5000 万円から 1 億 1000 万円に減少している。輸送品目には変化がなく、荷主からの要請で貨物の運賃単価を引き下げたことが貨物運輸収入の減少要因である。

　沿線に鉄道を利用することが必要なほど大量の貨物を有する荷主が他に存在することは考えにくく、貨物輸送における買手少数もしくは買手独占の状況を解消することは困難である。もし荷主の意向によって貨物輸送がトラックに転換されれば、鉄道の経営が不安定化し、その存続が困難となる可能性がある。

　ただし荷主が貨物輸送をトラックに転換する意向を示したとしても、公的

部門は物流政策的側面を考慮し、荷主に鉄道の利用を継続するよう働きかけるべきである。客貨兼業鉄道は石灰石、セメント等のばら荷、および化学薬品、石油製品等、輸送の安全性を強く求められる品目を主に輸送している。これらの品目をトラック輸送に転換すると、環境負荷の増大、および輸送の安全性低下という問題が生じると考えられるからである[16]。

　荷主が鉄道からトラックに輸送を転換する要因の1つは、荷主が所有する貨車、専用線等の老朽化である[17]。荷主が自己資金でこれらを更新することができないのであれば、公的部門が可能な限り荷主に有利な条件で、これらの更新に要する資金を融資することも検討すべきである。ただし、第2章でも述べたが、このような荷主企業に対する公的支援は、支援を受ける主体が特定の企業に限定されるため、公平性の観点から望ましくないとの主張がなされ得るものである。したがって、このような公的支援は、鉄道からトラックへの転換という逆モーダルシフトを防止するための次善策としてのみ、許容されるものと考えられる。

　上記のような公的支援は、客貨兼業鉄道の貨物輸送を存続させるための公的支援の一形態といえる。仮に貨物輸送部門、旅客輸送部門双方において損失が発生している場合であっても、両部門を維持するべく公的支援を実施するほうが、当該の客貨兼業鉄道の貨物輸送を廃止して旅客輸送のみを維持するために公的支援を実施するよりも、支援総額を低減し得る可能性がある。

　表3-7は架空の客貨兼業鉄道の営業損益と公的支援額について、貨物輸送を存続する場合と貨物輸送を廃止する場合とを示したものである。旅客輸送部門の営業収入は1億6000万円、貨物輸送部門の営業収入は8000万円であり、営業費用（固定費）＝共通費、営業費用（可変費）＝個別費とする。そして営業収入の比率と客貨の車両走行キロの比率を同一（2：1）として、営業費用（固定費）1億8000万円をその比率で配分する。営業費用（可変

16　神岡鉄道が国鉄の神岡線を継承した理由としては、貨物輸送の主な品目が濃硫酸であり、「量が多く、危険物であるため、道路輸送は困難である」ことが挙げられている。また樽見鉄道が国鉄の樽見線を継承した理由の1つに、貨物輸送の「自動車輸送への切換えは、交通公害の発生」を引き起こすことが挙げられている（岐阜県第三セクター鉄道連絡会議［2007］を参照）。ただし先述のとおり、両者とも貨物輸送は廃止されている。
17　筆者が2008年10月に実施した樽見鉄道の現地調査においても、事業者より同様の指摘があった。

表 3-7　架空の客貨兼業鉄道の営業損益と公的支援額

貨物輸送が存続する場合（単位：百万円）

輸送部門	旅客	貨物
営業収入	160	80
営業費用（固定費）	120	60
営業費用（可変費）	50	30
公的支援額	10	10

⇒

貨物輸送を廃止する場合（単位：百万円）

輸送部門	旅客
営業収入	160
営業費用（固定費）	180
営業費用（可変費）	50
公的支援額	70

費）は、一般的に貨物列車は旅客列車よりも車両重量が大きいことから貨物輸送部門の比率をやや大きくし、旅客輸送部門を 5000 万円、貨物輸送部門を 3000 万円とする。この場合、損失額は客貨ともに 1000 万円となり、両者を存続させるために必要な公的支援額は 2000 万円となる。

しかし貨物輸送を廃止した場合、貨物輸送部門の営業収入 8000 万円が得られなくなり、貨物輸送部門に配分されていた営業費用（固定費）6000 万円はすべて旅客輸送部門に配分されることになる。その結果、旅客輸送部門の営業費用（固定費）は 1 億 8000 万円に増加することとなり、損失額は 7000 万円に増加する。必要な公的支援額は貨物輸送を存続する場合に比べて 5000 万円増加させなければならない。客貨兼業鉄道の貨物輸送を存続させるための公的支援については、公的負担の軽減という側面からも検討の余地があるといえよう。

補論　並行在来線事業者と貨物輸送

並行在来線事業者は、客貨兼業鉄道と同様に、もしくはそれ以上に、貨物輸送から得られる収入、すなわち線路使用料収入が鉄道事業の存続、および経営の安定化に大きな役割を果たしていると考えられる。それは並行在来線事業者が収受する線路使用料が、JR 旅客各社に対して JR 貨物が支払う線路使用料とは異なる算定基準となっているからである。ここでは並行在来線事業者の経営に線路使用料収入がどのような影響を及ぼしているのか、JR 貨物が JR 旅客各社に支払う線路使用料に適用されるアボイダブルコストルール[18]も含めて考察したい。

並行在来線事業者と貨物輸送の関係について考察した先行研究としては日野ほか［2000］、小林［2003］、武井［2005a、2005b］、澤田ほか［2006］、藤井［2007］、村山［2010］、堀［2012、2017］がある。

　日野ほか［2000］は並行在来線の盛岡駅～青森駅間について考察し、当該区間を含む鉄道貨物輸送の受益者は、沿線の地方自治体である岩手県、青森県のみならず、当該区間が首都圏への主要な輸送経路となっている北海道も含まれること、さらには「新幹線上での貨物列車走行を断ることにより、旅客列車専用の線路を確保できるという便益が得られる」JR東日本も、その受益者となることを指摘する。そのうえで「今後はJR旅客会社・関係自治体・JR貨物会社がどのように鉄道貨物輸送存続に必要な費用を分担するかを検討する必要がある」と述べている。

　小林［2003］および村山［2010］はJR貨物の立場から、後述する貨物調整金の重要性を述べている。

　武井［2005a］は並行在来線事業者が局地的な旅客輸送を主体としている一方で、同一線路上で広域的な貨物輸送が行われていることを指摘する。したがって並行在来線事業者およびその出資者である地方自治体に鉄道事業の運営を一任するのではなく、国による積極的な関与が必要であると主張し、上下分離方式を介したインフラ部門への国の補助制度の導入を提言している。武井［2005b］も並行在来線事業者への国および地方自治体の適切な支援が必要であると論じている。

　澤田ほか［2006］も武井［2005a］と同様、並行在来線事業者が局地的な旅客輸送を主体としている一方で、同一線路上で広域的な貨物輸送が行われていることを指摘しており、並行在来線事業者が鉄道施設を取得する費用について、沿線の地方自治体と国が半分ずつ負担することを検討すべきと提言

18　レールの磨耗に伴う交換費用等、貨物列車が走行しなければ回避できる費用のみをJR貨物が線路使用料として負担する方式を指す。アボイダブルコストルールと呼称されている当該のルールであるが、堀［2012］は、これは正しくはインクリメンタルコスト（incremental cost：増分費用）ルールであり、JR旅客各社とJR貨物の間で適用されているインクリメンタルコストルールは優れて妥当な方法であると主張している。同様の指摘は小澤［2013a］p.80も参照されたい。JR貨物も現在インクリメンタルコストルールと呼称しているが、本書では公的部門等による一般的な呼称に基づきアボイダブルコストルールと記載する。アボイダブルコストルールについては中島［1997］pp.130-132において詳しく解説されている。またアボイダブルコストルールが採用された経緯については伊藤［2017］pp.172-178が詳しい。

している（澤田ほか［2006］p.12）。

　藤井［2007］は、並行在来線事業者はJR旅客各社と事業規模が大きく異なり、「旅客運行が低速・低密度の区間で、高速・重量貨物の運行を維持する」ことになるため、アボイダブルコストルールを並行在来線事業者に適用することには検討の余地があると分析する。そのうえで「環境上で鉄道貨物の活用を政策とするなら、さらに踏み込んだ国の政策が必要であろう」と述べている（藤井［2007］pp.62-63）。

　堀［2012］も武井［2005a］と同様に、並行在来線事業者の路線は全国に波及するネットワークであり、「国、自治体、第三セクター、JR貨物、それぞれの責任（＝費用負担）領域を明確にした上での鉄道線路施設に対する公的負担制度の創設が不可欠である」と主張する。そのうえで「全国にある並行在来線の鉄道線路施設を一括して保有し、これを維持・管理する公的セクターとして（独立行政法人）整備新幹線並行在来線鉄道線路保有機構」の設立もしくは「国ないし関係自治体が出資し、共同運営する鉄道線路会社（第三種鉄道事業者）」を設立するよう提言している（堀［2012］p.55）。堀［2017］においても堀［2012］と同様の主張がなされている。

　JR貨物がJR旅客各社や並行在来線事業者に対して支払う線路使用料についての先行研究については、管見の限り以下のようなものがある。

　野村［1986］は「レールや橋梁などの強度が貨物輸送の場合の方が遥かに必要である」ことから、「長期的概念としてのコストが問題になるような時期になったら」アボイダブルコストルールではなく「旅客鉄道会社と貨物鉄道会社の間で、完全なコマーシャル・ベース」の取引をすべきと主張する（野村［1986］p.67）。

　山口［1986］は「回避可能原価による貨物輸送原価の算定は、貨物輸送が国鉄の一事業部門であったさいに適用されるべきであった。それを運輸省は、貨物輸送が独立した会社となった時点で原価算定方式として採用するというのである。それは次の点で大いに問題がある。

　⑴　このような方式をとることは貨物会社を旅客会社に従属したものとみなすことになる。
　⑵　貨物会社の負うべき原価を旅客会社に負担させることになり、旅客会

社の費用を増加させ、利益を過小にする。結果的には、旅客運賃を上げ旅客の負担をもって荷主の負担を軽減させる。

(3) 独立した会社の真の輸送原価を発見することを不可能とする。そのことから、貨物会社の経営責任を不明確とする。

(4) 果してこのような恩恵的な措置をいつまでも旅客会社が是認すると思われない」と述べている（山口［1986］pp.22-23）。

上記2つの先行研究から、アボイダブルコストルールについては国鉄の分割・民営化直前の時期においても批判的な見解が存在したことがわかる。

佐藤信之［2007］は本州3社と総称されるJR東日本、JR東海、JR西日本のいわゆる完全民営化[19]や並行在来線事業者の発足など、国鉄の分割・民営化時に決定されたアボイダブルコストルールは実態と乖離しており、貨物調整金の拡充、国の一般財源からの補助等、新たなスキームの検討が必要であると主張する。

小澤は線路使用料とダイヤ編成に関して詳細な考察を行っている。小澤［2008］は佐藤信之［2007］と同様に、線路使用料は国鉄の分割・民営化後の変化に適切に対応しているとは言い難く、貨物輸送に関する上下分離が政策として決定されたという認識が希薄になっていると批判している（小澤［2008］p.414）。

小澤［2010a、2011a、2013a］は、線路使用に優先権を持つ事業者が存在する場合、混雑区間において線路の効率的な利用が実現せず、死荷重が発生する（社会的余剰が最大化しない）ことを明らかにしている。

小澤［2013b］は貨物輸送に関する上下分離について、JR貨物は線路を保有するJR旅客各社との関係を悪化させたくないという意識から、線路使用に関してのクレームを申し出ないインセンティブが働き、効率的な線路使用を阻害する問題が隠蔽されてしまうこと、線路使用に関する問題（ダイヤ編成等）を第三者が把握することがないので、効率的な線路使用が達成されているのか確認ができないこと、線路使用料に対して、環境負荷の低減、道路

---

19 JRの完全民営化とは、国鉄から国鉄清算事業団に承継された株式をすべて売却することを指す。本州3社の他にJR九州が完全民営化を果たしている。詳細はhttp://www.jrtt.go.jp/02business/Settlement/settle-kabu.htmlを参照されたい。

渋滞の緩和等の社会的費用が加味されていないことを問題点として指摘する（小澤［2013b］pp.38-39）。

水谷・福田［2018］は線路使用料が貨物列車の走行にかかる線路の維持費用を下回っていることを明らかにし、JR旅客会社からJR貨物への線路容量の過小供給が引き起こされている可能性を示唆している。

先述のとおり、JR貨物がJR旅客各社に支払う線路使用料はアボイダブルコストルールに基づいているが、並行在来線事業者が保有するインフラは、貨物列車が運転されており、また新幹線の開業前には優等列車が運転されていたため、短編成の普通列車を運転するにはインフラが過大である[20]。これは並行在来線事業者の経営環境を厳しくする要因の1つであり、並行在来線事業者からは、使用実態に応じた線路使用料、すなわちフルコストの線路使用料の支払いが要請された[21]。

しかしJR貨物にとってこれは負担増となるため、東北線の盛岡駅～八戸駅間がJR東日本から経営分離された2002年度より、JR貨物が並行在来線事業者にフルコストの線路使用料を支払い、フルコストとアボイダブルコストの差額相当分を貨物調整金として鉄道・運輸機構がJR貨物に交付することとなった[22]。貨物調整金は当初、鉄道・運輸機構がJR旅客各社から収受する新幹線貸付料収入の一部を財源として活用していたが、2011年度より鉄道・運輸機構の特例業務勘定の利益剰余金等を活用して貨物調整金の支払対象を拡充し、並行在来線事業者に対する支援が強化された。具体的には線路使用にかかる費用を列車走行キロにより客貨に配分していたものを車両走行キロによる配分に変更すること、JRからの譲渡資産にかかる資本費を対象経費に追加することである[23]。

表3-8は並行在来線事業者の概要である。基本的に並行在来線事業者が第

---

[20] 武井［2005a］は、並行在来線事業者が旅客輸送の実態に合わせてインフラを縮小する方針を選択した場合でも、JR貨物は基本的にそれを阻止できないと指摘している（武井［2005a］p.56）。
[21] 近藤［2010］は、並行在来線事業者は自ら線路使用料の取り決めを行うので、フルコストの線路使用料の支払いが要請されるのは当然の帰結であると指摘する（近藤［2010］p.88）。フルコストについては小澤［2013a］p.84 も参照のこと。
[22] 貨物調整金の経緯については李・安部［2004a］pp.120-121、Otsuka［2014］p.6 も参照されたい。
[23] http://www.mlit.go.jp/common/000224522.pdf、http://www.mlit.go.jp/kisha/kisha02/08/081024_.html、https://www.jrtt.go.jp/02Business/Settlement/pdf/singi11-4.pdf を参照した。

表 3-8　並行在来線事業者の概要（2017 年 7 月末現在）

事業者名	区間	キロ程(km)	開業年月日	経営分離前路線名	2015 年度輸送量 平均通過人員(人/日)	2015 年度輸送量 輸送人員(千人)
道南いさりび鉄道	五稜郭〜木古内	37.8	2016 年 3 月 26 日	江差線	819	14
青い森鉄道	目時〜八戸	25.9	2002 年 12 月 1 日	東北線	2,375	4,397
青い森鉄道	八戸〜青森	96.0	2010 年 12 月 4 日	東北線		
青森県	目時〜八戸	25.9	2002 年 12 月 1 日	東北線	第 3 種鉄道事業者	
青森県	八戸〜青森	96.0	2010 年 12 月 4 日	東北線		
IGR いわて銀河鉄道	盛岡〜目時	82.0	2002 年 12 月 1 日	東北線	2,969	5,170
しなの鉄道	軽井沢〜篠ノ井	65.1	1997 年 10 月 1 日	信越線	5,560	14,708
しなの鉄道	長野〜妙高高原	37.3	2015 年 3 月 14 日	信越線		
えちごトキめき鉄道	妙高高原〜直江津	37.7	2015 年 3 月 14 日	信越線	2,642	4,071
えちごトキめき鉄道	市振〜直江津	59.3	2015 年 3 月 14 日	北陸線	1,026	
あいの風とやま鉄道	倶利伽羅〜市振	100.1	2015 年 3 月 14 日	北陸線	7,522	14,772
IR いしかわ鉄道	金沢〜倶利伽羅	17.8	2015 年 3 月 14 日	北陸線	15,609	9,476
肥薩おれんじ鉄道	八代〜川内	116.9	2004 年 3 月 13 日	鹿児島線	806	1,243

［注］　道南いさりび鉄道の輸送量は営業日数 6 日間の数値である。
［出所］　『鉄道統計年報』平成 27 年度版および『鉄道要覧』平成 29 年度版より作成。

1 種鉄道事業者として JR 旅客各社が経営分離した線区を継承している。唯一、東北線の目時駅〜青森駅間については、JR 東日本からの経営分離に際して上下分離の形態を採用し、青い森鉄道が第 2 種鉄道事業者、青森県が第 3 種鉄道事業者である。並行在来線事業者が継承した区間は比較的長距離のものが多く、IR いしかわ鉄道と道南いさりび鉄道を除いてキロ程は 80km を超えている[24]。2015 年度の輸送量を見ると、平均通過人員が 1 万人／日を超えているのは IR いしかわ鉄道のみであり、しなの鉄道とあいの風とやま鉄道が 5000 人／日以上 1 万人／日未満、他の 5 事業者が 5000 人／日未満となっている。輸送人員は IGR いわて銀河鉄道、しなの鉄道、あいの風とやま鉄道、IR いしかわ鉄道の 4 事業者が 500 万人を超えている。

　表 3-9 は貨物調整金の交付実績と並行在来線事業者の鉄道線路収入の合計

---

[24] IR いしかわ鉄道と道南いさりび鉄道についても、今後の新幹線の延伸に伴って JR 旅客各社から継承する区間が追加される予定である。

表 3-9　貨物調整金交付実績および並行在来線事業者の鉄道線路収入

(単位：億円)

年度	2002	2003	2004	2005	2006	2007	2008
貨物調整金交付額	1	10	17	18	17	17	17
並行在来線事業者鉄道線路収入合計	2	11	21	22	21	21	21
貨物調整金比率	51.9%	91.1%	80.1%	82.4%	80.5%	82.2%	79.3%

2009	2010	2011	2012	2013	2014	2015
17	21	53	57	60	64	112
21	25	58	62	66	72	122
81.6%	82.9%	91.1%	92.1%	91.1%	89.5%	91.9%

［出所］『鉄道統計年報』各年度版および鉄道・運輸機構施設管理部提供資料より作成。

額である。

　貨物調整金の交付額は並行在来線事業者と並行在来線事業者が継承した線区の増加に伴って増加していることがわかる。2003年度の交付額は10億円であったが、肥薩おれんじ鉄道の開業に伴って2004年度からは17億円（2005年度は18億円）に増加し、青い森鉄道・青森県の八戸駅〜青森駅間が開業した2010年度には21億円となっている。貨物調整金の支払対象が拡充された2011年度には53億円と大幅に増加し、しなの鉄道の長野駅〜妙高高原駅間、えちごトキめき鉄道、あいの風とやま鉄道、IRいしかわ鉄道、道南いさりび鉄道が相次いで開業した2014年度から2015年度にかけても増加し、2015年度には112億円に達している。

　並行在来線事業者の鉄道線路収入の合計額に占める貨物調整金の割合は、2010年度以前はおおむね80％台であったが[25]、2011年度以降はおおむね90％台で推移している。アボイダブルコストルールに基づく線路使用料は、フルコストに基づく場合の1割程度と極めて小さいことが推察できる。

　貨物調整金の交付により、フルコストに基づく線路使用料収入をJR貨物から得ているとはいえ、並行在来線事業者は旅客輸送量が小さく、厳しい経営状況が想定される。JR貨物が第2種鉄道事業者として運転する貨物列車

25　貨物調整金の開始直後である2002年度と次年度の2003年度は、平均すると85.3％である。

と、線路使用料収入は並行在来線事業者の経営にどのような影響を及ぼしているのであろうか。並行在来線事業者のうち、第3種鉄道事業者である青森県の営業収益、営業費用の各科目を参考に、客貨別の損益を推計した。なお、ここでいう貨物輸送にかかる損益とは、収益を線路使用料、費用は貨物列車走行キロに基づいて配分された金額を基本として算出している。

ただし2015年度の営業日数が6日のみである道南いさりび鉄道と第2種鉄道事業者の青い森鉄道は除外している。推計には2015年度の数値を利用し、営業収益、営業費用の各科目を以下の方法で客貨に配分している。

① 第3種鉄道事業者である青森県の鉄道事業営業損益に計上されている運輸雑収、線路保存費、電路保存費、運輸費、保守管理費、一般管理費を配分する科目とし、旅客、貨物の各列車走行キロに基づいて客貨に配分する[26]。ただし並行在来線事業者の運転する旅客列車は2両編成程度の短編成が多く、その線路上を走行する貨物列車は20両編成程度のものが多いため、貨物の列車走行キロを10倍にしたうえで配分した。

② 青森県の鉄道事業営業損益に計上されていない各科目については、すべて旅客輸送に計上している。

③ 線路使用料収入は全額貨物輸送の営業収益とした。ただし青森県は客貨に配分している。

④ 肥薩おれんじ鉄道は旅客列車をすべて気動車で運転しているため、電路保存費は全額貨物輸送に計上している。

⑤ 比較のために掲載したJR旅客各社の合計では、貨物の列車走行キロはJR貨物の数値から並行在来線事業者の合計を差し引いた数値を使用している。なおJR旅客各社における貨物輸送にかかる損益の合計は大幅な損失となることが想定されるため、配分の際には貨物の列車走行キロを10倍にすることなく、当該の数値をそのまま使用した。

---

26 本来は車両走行キロに基づいて配分すべきであるが、並行在来線事業者の営業区間にかかる貨物の車両走行キロは管見の限り公表されていない。並行在来線事業者の営業区間にかかる貨物の列車走行キロについては『貨物時刻表』によって算出可能である。しなの鉄道については『鉄道統計年報』に貨物の列車走行キロが掲載されているので、この数値を用いた。梅原［2017］はJR貨物がIGRいわて銀河鉄道に支払う線路使用料について、車両走行キロに基づく試算を公表しているが、貨物列車を21両編成として車両走行キロを算出している。

並行在来線事業者の鉄道事業営業損益および客貨別の営業損益を推計した結果は表3-10のとおりである。青森県の推計結果において客貨の営業係数がともに104.9であり、上記の客貨への配分方法に基づく推計は妥当であると考えられる。鉄道事業営業損益で利益を計上しているのはIGRいわて銀河鉄道、しなの鉄道、IRいしかわ鉄道、あいの風とやま鉄道の4事業者である。やはり比較的輸送量の大きい事業者が利益を計上している。一方で輸送量の小さいえちごトキめき鉄道と肥薩おれんじ鉄道は損失額が大きく、前者は約18億円、後者は約6億円となっている。青森県も1億6798万円の損失である。並行在来線事業者の合計においても損失額は大きく、10億円を超えている。JR旅客各社の合計は1兆円近い利益である。

旅客輸送の営業損益の推計結果を見ると、鉄道事業営業損益で損失を計上している3事業者に加えて、しなの鉄道がわずかながら損失を計上している。しなの鉄道と青森県の損失額はともに2000万円台であるが、えちごトキめき鉄道と肥薩おれんじ鉄道は損失額が大きく、前者は約31億円、後者は約5億円となっている。並行在来線事業者の合計においても損失額は大きく、約27億円となっている。JR旅客各社の合計は約1兆705億円の利益である。

一方、貨物輸送にかかる損益の推計結果を見ると、旅客輸送においては利益を計上しているIGRいわて銀河鉄道とあいの風とやま鉄道が損失を計上している。貨物輸送での損失額は前者が4791万円、後者が6069万円である。青森県と肥薩おれんじ鉄道も1億円台の損失を計上しているが、しなの鉄道、えちごトキめき鉄道、IRいしかわ鉄道は利益を計上している。利益額は大きく、しなの鉄道とIRいしかわ鉄道は3億円台、えちごトキめき鉄道は約13億円である。したがって並行在来線事業者の合計においても利益額は大きく、約16億円となっている。JR旅客各社の合計は旅客輸送とは大きく異なり、900億円近い損失額である。

各事業者の客貨の営業係数を比較すると、しなの鉄道、えちごトキめき鉄道、IRいしかわ鉄道、肥薩おれんじ鉄道の4事業者は貨物輸送のほうが小さい。えちごトキめき鉄道は旅客輸送が468.5と極端に大きく、一方で貨物輸送は56.9と小さい。肥薩おれんじ鉄道は客貨とも100を超えて損失となっているが、旅客輸送が190.9である一方で、貨物輸送は115.4である[27]。

表 3-10 並行在来線事業者の鉄道事業営業損益客貨別推計（2015年度）

区分	事業者名等	営業収益 （千円）	営業費用 （千円）	営業損益 （千円）	営業係数
鉄道事業営業損益	IGRいわて銀河鉄道	4,289,602	4,197,049	92,553	97.8
	青森県	3,437,382	3,605,362	-167,980	104.9
	しなの鉄道	4,402,718	4,068,431	334,287	92.4
	えちごトキめき鉄道	3,946,580	5,755,070	-1,808,490	145.8
	IRいしかわ鉄道	2,489,069	1,681,906	807,163	67.6
	あいの風とやま鉄道	5,704,547	5,396,805	307,742	94.6
	肥薩おれんじ鉄道	1,380,935	1,981,864	-600,929	143.5
	並行在来線事業者計	25,650,833	26,686,487	-1,035,654	104.0
	JR旅客各社合計	4,514,032,714	3,532,758,894	981,273,820	78.3
旅客輸送（推計）	IGRいわて銀河鉄道	1,438,602	1,298,134	140,467	90.2
	青森県	429,827	450,832	-21,005	104.9
	しなの鉄道	3,854,101	3,881,989	-27,888	100.7
	えちごトキめき鉄道	852,320	3,992,945	-3,140,625	468.5
	IRいしかわ鉄道	1,688,257	1,209,128	479,129	71.6
	あいの風とやま鉄道	3,222,291	2,853,864	368,427	88.6
	肥薩おれんじ鉄道	514,167	981,499	-467,333	190.9
	並行在来線事業者計	11,999,565	14,668,393	-2,668,828	122.2
	JR旅客各社合計	4,472,608,100	3,402,110,241	1,070,497,859	76.1
貨物輸送（推計）	IGRいわて銀河鉄道	2,851,000	2,898,915	-47,914	101.7
	青森県	3,007,555	3,154,530	-146,975	104.9
	しなの鉄道	548,617	186,442	362,175	34.0
	えちごトキめき鉄道	3,094,260	1,762,125	1,332,135	56.9
	IRいしかわ鉄道	800,812	472,778	328,034	59.0
	あいの風とやま鉄道	2,482,256	2,542,941	-60,685	102.4
	肥薩おれんじ鉄道	866,768	1,000,365	-133,596	115.4
	並行在来線事業者計	13,651,268	12,018,094	1,633,174	88.0
	JR旅客各社合計	41,424,614	130,648,653	-89,224,039	315.4

［注］　道南いさりび鉄道と青い森鉄道は除外している。
［出所］　『鉄道統計年報』平成27年度版および『貨物時刻表』2015年版より作成。

IGR いわて銀河鉄道とあいの風とやま鉄道は旅客輸送のほうが小さいものの、貨物輸送も 100 をやや上回る程度である。並行在来線事業者の合計では旅客輸送は 122.2 で損失となっているが、貨物輸送は 88.0 で利益となっている。並行在来線事業者の線路使用料収入に基づく貨物輸送の経営はおおむね良好であり、とりわけ旅客輸送量の小さい事業者にとっては、線路使用料収入は旅客輸送を維持するうえで重要な経営資源であると考えられる。貨物調整金の交付を通じたフルコストの線路使用料は、並行在来線事業者の経営支援策としては妥当であるといえよう。

　JR 旅客各社の合計における営業係数は旅客輸送では 76.1 と小さいものの、貨物輸送にかかる損益の営業係数は 315.4 と極めて大きい。アボイダブルコストルールでは貨物輸送にかかる費用を賄えない区間が多数存在するものと思われる。第 1 章でも述べたように、JR 貨物は営業路線の大部分が第 2 種鉄道事業であり、第 1 種鉄道事業者である JR 旅客各社や並行在来線事業者から線路を借りて列車を運転している。したがって、ダイヤ編成では、第 1 種鉄道事業者の意向が優先される傾向にあるが[28]、アボイダブルコストルールに基づく線路使用料で貨物輸送にかかる費用を賄えないのであれば、JR 旅客各社は貨物列車の運転を極力回避しようとするであろう。また、JR 貨物の経営が改善すると、JR 旅客各社は JR 貨物に対して線路使用料の引き上げを要求することが想定されるため、JR 貨物は利潤の最大化行動がとれなくなる可能性もある（小澤［2013b］p.37、澤内［2018］p.68）。

　アボイダブルコストルールは国鉄を分割・民営化した際の枠組みであり、

27　肥薩おれんじ鉄道は客貨双方で営業費用を削減し得る方策が必要である。その 1 つとして、貨物列車に旅客の乗車スペースを設置することが挙げられる。これは先述の旅客用車両の空きスペースに貨物を積載する客貨混載輸送と類似した方式であるが、旅客のサービス水準の低下を抑制しつつ旅客列車の運転本数を削減することが可能である。具体的には、コンテナ貨車に積載が可能な旅客用のコンテナを開発すること、機関車の車内に客室を設置することが考えられる。ただし、これが可能であるのは貨物列車と旅客列車の運転時間帯が一致するケースのみである。モーダルシフト研究会［2009b］は「ローカル線での旅客＋貨物の列車を走らせる客貨併結（協調運転）」を提言している（モーダルシフト研究会［2009b］p.21）。
28　これについて、西村［2007］は「インフラを上下分離して旅客も貨物も同等の立場で利用するという制度設計にしなかったことは、国鉄改革の重大な過ちだ」と批判している（西村［2007］p.59）。小澤［2013a］は JR 貨物が JR 旅客各社や並行在来線事業者から線路を借りて列車を運転する現行の上下分離の形態は、国鉄の民営化に際して、旅客輸送部門の地域分割を円滑に進めるために従属的に導入されたものと分析している（小澤［2013a］pp.28-29）。

当面は当該のルールが維持されることが決定しているものの[29]、これは実質的に JR 旅客各社から JR 貨物への補助という性質を有している。JR 旅客各社の利用者が自らと無関係な JR 貨物の利用者を補助することになり、妥当であるとは言い難いが[30]、仮に妥当であったとしても、JR 旅客各社のうち鉄道事業において安定的に営業利益を計上しているのは本州 3 社のみである。JR 北海道、JR 四国、JR 九州のいわゆる 3 島会社は、JR 貨物を補助する原資に乏しく、今後フルコストの線路使用料が必要とされる可能性は高いと言わざるを得ない[31]。貨物輸送を維持するには、JR 旅客各社の線区についても、旅客輸送量を基準としてフルコストの線路使用料が必要とされるものを選定し、それらに対して貨物調整金を交付すべきである。

---

[29] 本州 3 社の旅客鉄道株式会社及び日本貨物鉄道株式会社に関する法律の適用除外に際して、「新会社がその事業を営むに際し当分の間配慮すべき事項に関する指針（平成十三年十一月七日国土交通省告示第千六百二十二号）」が定められた。新会社とは本州 3 社を指す。その「II 配慮すべき事項」の 1 の二において、「新会社は、その敷設する鉄道線路（鉄道線路に係る電気関係施設を含む。以下同じ。）を貨物会社に使用させる場合には、貨物会社との協議を経て、貨物会社が当該鉄道線路を使用することにより追加的に発生すると認められる経費に相当する額を基礎として、貨物会社が新会社に支払うべき当該鉄道線路の使用料を定めるものとする。これを変更する場合も、同様とする」と記載されている。http://www.mlit.go.jp/notice/noticedata/sgml/2001/62aa2847/62aa2847.html を参照した。
[30] 同様の指摘は風呂本［1996］p.47、武井［2005a］p.55 を参照されたい。
[31] 北海道運輸交通審議会［2017］は「現行の'アボイダブルコストルール'のもとでの線路使用料は、安全対策に必要なコストを十分反映したものとは言えず、JR 北海道の負担が大きくなっている実態にある」と指摘し、「JR 北海道の負担を軽減する措置を講じる必要がある」として、貨物調整金の交付を通じたフルコストの線路使用料を例示している。北海道運輸交通審議会［2017］p.9 を参照した。

第4章
民営鉄道

1　はじめに

　本章では民営鉄道による貨物輸送を取り上げる。先述のとおり、JR貨物は国鉄の貨物輸送部門を継承した、全国的な貨物輸送を担う唯一の事業者である。臨海鉄道は、臨海工業地帯を発着する貨物を輸送するために、国鉄、臨海工業地帯の属する地方自治体および臨海工業地帯に進出した各企業が共同出資して設立した第三セクター方式の鉄道である。そしてJR貨物、臨海鉄道以外で貨物輸送を実施している事業者について、本書では民営鉄道と定義する[1]。

　民営鉄道による貨物輸送は縮小し続けているが、近年においても輸送トン数の13～20%程度を占めている。また民営鉄道の輸送品目を考慮すると、そのトラック輸送への転換は負の外部性を拡大させると考えられる。民営鉄道による貨物輸送は存続させることが望ましい。本章では、民営鉄道による貨物輸送の経緯と現状を考察し、当該輸送の意義を明らかにする。

　民営鉄道による貨物輸送についての主な先行研究には、管見の限り以下のものがある。種村［1999］、鈴木［2006a、2006b、2006c］および四日市大学・三岐鉄道編［2008］は1つの事業者を取り上げて、その沿革と現状を述べている。青木［2003、2006、2008］は民営鉄道の歴史的経緯を論じている。日本貨物鉄道編［2007b］は民営鉄道の歴史的経緯と現状について詳細に述べている（日本貨物鉄道編［2007b］pp.615-704）。三木［2009］は沿線地域の狭い小規模な鉄道を局地鉄道と定義し、その歴史的経緯を述べており、貨物輸送についても触れている。鈴木［1999、2004］、寺田［2000］、香川

---

[1] 当然ながら、第3章で客貨兼業鉄道と定義した事業者（国鉄の特定地方交通線を継承した第三セクター鉄道事業者を含む）についても、臨海鉄道以外のものは民営鉄道に含めている。

［2002］、浅井［2004、2006］、松下［2008］、高橋［2011］は民営鉄道による貨物輸送について一部触れている。

2　民営鉄道の概況

　第3章と同様に、本節では国鉄の末期にあたる1980年代以降の民営鉄道の状況について、臨海鉄道や国鉄・JR貨物と比較しつつ概観する。

　図4-1は民営鉄道の貨物営業キロ合計と事業者数の推移である。わが国の鉄道貨物輸送がトラック輸送の拡大に伴って全般的に縮小傾向にあるなかで、民営鉄道は、臨海鉄道や国鉄・JR貨物に比べてその傾向が大きい。民営鉄道の貨物営業キロは、1980年度末に2375kmであったが、以後継続的に減少を続け、とりわけJR貨物の発足前後にあたる1986年度末から1987年度末にかけて急減している。1987年度末は694kmであり、1980年度末の29.2％、1986年度末の38.6％にまで減少している。これは国鉄・JR貨物が貨物取扱駅を大幅に削減したために、直通輸送ができなくなった民営鉄道が貨物輸送を廃止したこと、また大手民営鉄道が、国鉄の貨物輸送の削減に対応して、貨物輸送から大幅に撤退したことが主な原因である[2]。1990年代に入っても緩やかに減少を続け、1996年度末には400kmを下回り、2001年度末までは300km台後半で推移している。2002年度末以降は再び減少傾向となり、2015年度末には206.5kmとなっている。

　2015年度末の貨物営業キロを1980年度末と比較すると、民営鉄道はわずか8.7％である。臨海鉄道は、図2-1のとおり2015年度末の貨物営業キロが137.7kmであり、1980年度末（164.7km）の83.6％に相当する。JR貨物は、表1-3のとおり2015年度末の貨物営業キロが8166.8kmとなっており、1980年度末の国鉄（1万9433.1km）の42.0％である。民営鉄道の貨物営業キロが大幅に減少していることがわかる。とりわけ大手民営鉄道は、1980

---

[2]　大手民営鉄道の定義は『鉄道統計年報』各年度版による。なお、相模鉄道は1990年度以降大手民営鉄道に含まれているので、本書では大手民営鉄道に分類した。序章で述べたように、国鉄は1980年代前半に貨物輸送の大規模な縮小を実施し、貨物取扱駅を継続的に削減したため、民営鉄道に大きな影響を及ぼした。大手民営鉄道が貨物輸送から大幅に撤退したのは、鉄道事業営業収入に占める貨物運輸収入の比率が極めて小さかったことも要因の1つである。各大手民営鉄道事業者の貨物運輸収入の比率は1980年度時点においても5％未満であった。

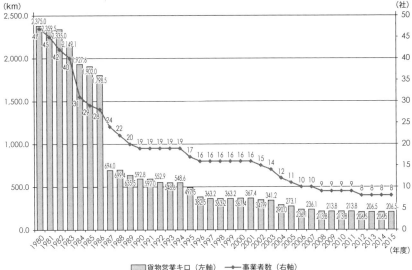

図 4-1　民営鉄道の貨物営業キロ合計と事業者数の推移

[出所]　『鉄道統計年報』各年度版より作成。

年度末には1603.8kmで民営鉄道全体の67.5％を占めていたが、2015年度末は0.4kmにまで激減しており、貨物輸送からほぼ撤退した状況にある[3]。

民営鉄道の減少傾向が大きいので、わが国の貨物営業キロ全体に占める民営鉄道の比率は、1980年度末の10.8％から2015年度末には2.4％に縮小している。一方で、臨海鉄道は1980年度末の0.7％から2015年度末には1.6％に、国鉄・JR貨物は1980年度末の88.4％から2015年度末には96.0％に、それぞれ拡大している。

事業者数も同様に、1980年度末に47事業者であったが、以後1980年代は継続的に減少を続け、とりわけ国鉄が操車場を全廃し、継送輸送方式から駅間直行輸送方式への全面転換を実施した1984年2月のダイヤ改正の直後にあたる1983年度末から1984年度末にかけて急減している。1990年度末は19事業者であり、1980年度末の40％程度にまで減少している。1990年代に貨物輸送を廃止したのは3事業者にとどまったが、2002年度末から再

3　国鉄の1980年度末の数値は日本貨物鉄道編［2007a］を、他の数値は『鉄道統計年報』各年度版を、それぞれ参照した。

図 4-2 民営鉄道の輸送トン数合計の推移

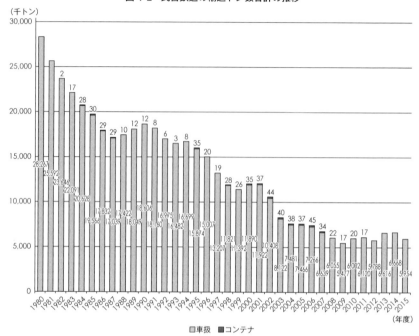

[出所] 『鉄道統計年報』各年度版より作成。

び減少傾向となり、2008年度末には9事業者となった。先述のとおり、2012年3月17日に岳南鉄道が貨物輸送を廃止したため、2015年度末は8事業者となっている。1980年度末の17％という大幅な減少である。

図4-2は民営鉄道の輸送トン数合計の推移である。1988年度から1990年度にかけて増加に転じているものの、おおむね減少傾向を示している。1980年度は2827万トンであったが、1985年度に2000万トンを下回り、1996年度には1503万トンとなっている。2003年度には1000万トンを下回り、2007年度以降は500〜600万トン台で推移している。2015年度の輸送トン数は595万トンであり、1980年度と比べて78.9％もの大幅な減少となっている。輸送トン数においても大手民営鉄道の減少傾向は極めて大きく、1980年度の533万トンから2015年度は1万トンになっている。

ただし臨海鉄道と国鉄・JR貨物も、輸送トン数は大きく減少している。

臨海鉄道は図2-2のとおり、2015年度の輸送トン数は669万トンであり、1980年度の1667万トンから59.8％減少している。同様に、JR貨物の2015年度の輸送トン数は3078万トンであり、1980年度の国鉄の輸送トン数（1億2162万トン）から74.7％の減少である[4]。したがって、わが国の貨物輸送トン数全体に占める民営鉄道の比率は、1980年度は17.0％、2015年度は13.7％であり、その貨物営業キロ全体に占める比率ほどには縮小していない。

輸送トン数の扱別比率については、民営鉄道はほぼ車扱のみとなっている。コンテナは1982年度から2011年度までの期間に輸送実績があるものの、その比率は各年度1％未満と非常に小さい。一方、臨海鉄道は1980年度にはコンテナが1.1％、車扱が98.9％であったが、2015年度にはコンテナが40.0％に拡大し、車扱が60.0％に縮小していることは先述のとおりである。国鉄・JR貨物も1980年度にはコンテナが8.2％、車扱が91.8％であったが、2015年度にはコンテナが71.9％に拡大し、車扱が28.1％に縮小している。

民営鉄道においてコンテナ化が進まないのは、主な輸送品目が車扱輸送に適している石灰石、石炭、セメントだからである。また民営鉄道には、JR貨物と直通輸送を実施しているものと、JR貨物と直通輸送を実施せず、「荷主の専用線」としての役割を担っているものが存在するので[5]、必ずしもJR貨物が推進するコンテナ輸送への転換の影響を受けないことも、その要因として挙げられる。一方、臨海鉄道は主要輸送品目が石油製品、化学薬品等の、窯業品を除く化学工業品であり、石油製品を除いてタンクコンテナ等の活用によるコンテナ化が可能である[6]。

表4-1は民営鉄道と臨海鉄道における車扱の輸送品目別構成比の推移である。先に述べたように、民営鉄道の貨物輸送はほぼ車扱のみとなっており、民営鉄道は継続的に石灰石、石炭、セメントが上位3品目となっている。そ

---

[4] 国鉄の1980年度の数値は日本貨物鉄道編［2007a］を参照した。
[5] 2000年度に貨物輸送実績のある主な事業者のうち、前者に該当するのは小坂製錬、鹿島鉄道、秩父鉄道、岳南鉄道、神岡鉄道、三岐鉄道、樽見鉄道、西濃鉄道、平成筑豊鉄道であり、後者に該当するのは太平洋石炭販売輸送、岩手開発鉄道、黒部峡谷鉄道である。
[6] ただし民営鉄道には、紙・パルプや石油製品、化学薬品を主に輸送している事業者も存在する。例えば岳南鉄道は、貨物輸送廃止前年度である2010年度において、車扱輸送品目の97.4％が紙・パルプである（『鉄道統計年報』平成22年度版を参照した）。臨海鉄道が化学薬品をコンテナ輸送している事例を挙げると、福島臨海鉄道は2017年度におけるコンテナ輸送実績のうち12.2％が化学薬品となっている（福島臨海鉄道総務部より提供された資料を参照した）。

表 4-1　車扱の輸送品目別構成比

(単位：%)

事業分類		民営鉄道						臨海鉄道					
年度		1980	1990	2000	2005	2010	2015	1980	1990	2000	2005	2010	2015
農林水産品		2.7	0.8	0.0	0.0	0.0	0.0	8.3	2.6	0.3	0.0	0.0	0.0
鉱産品	石炭	14.4	14.3	14.4	12.6	11.3	7.4	0.1	0.0	0.0	0.0	0.0	0.0
	石灰石	39.6	48.0	60.9	64.9	71.6	74.7	7.4	5.6	8.7	8.5	14.8	17.4
	その他	3.7	1.7	0.2	0.1	0.2	0.0	2.3	3.0	4.3	5.3	8.9	7.7
金属・機械工業品		3.8	2.2	1.2	0.9	0.4	0.4	12.4	7.6	7.3	5.9	5.2	5.0
窯業品	セメント	21.9	26.4	15.0	13.9	10.9	12.6	2.4	5.5	0.2	0.0	0.0	0.0
	その他	2.4	0.1	1.1	1.9	1.9	2.3	2.7	0.1	0.0	0.0	0.0	0.0
化学工業品（窯業品以外）	石油製品	4.6	3.0	2.9	0.0	0.0	0.0	41.5	51.4	61.9	62.1	64.6	63.6
	化学薬品	1.8	1.9	2.2	2.0	0.0	0.0	9.3	11.0	9.8	4.2	0.0	0.0
	その他	2.3	0.0	0.5	0.2	0.0	0.0	8.2	1.2	2.5	2.6	3.9	3.7
軽工業品	紙・パルプ	1.1	1.3	1.1	1.4	0.0	0.0	1.7	3.6	2.3	0.0	0.0	0.0
その他		1.7	0.1	0.0	0.3	0.1	0.1	3.6	3.5	2.3	2.5	2.5	2.3
分類不能		0.0	0.2	0.1	0.1	0.1	0.1	0.1	4.8	0.3	8.8	0.1	0.3
上位3品目の比率		75.9	88.8	90.3	91.4	93.8	94.6	63.1	70.0	80.4	79.4	88.2	88.7

［注］　網掛け部分は構成比が大きい上位3品目の数値である。
［出所］　『鉄道統計年報』各年度版より作成。

の合計は1980年度が75.9％であったが、構成比は拡大する傾向にあり、2015年度は94.6％に達している。臨海鉄道の上位3品目は1980年度が石油製品、金属・機械工業品、化学薬品であったが、2000年度には石油製品、化学薬品、石灰石に変化し、2010年度と2015年度は石油製品、石灰石、その他鉱産品（金属鉱等）となっている。上位3品目の構成比の合計は1980年度が63.1％であったが、こちらも構成比は拡大する傾向にあり、2015年度は88.7％である。とりわけ石油製品の構成比が拡大しており、1980年度が41.5％であるのに対して、2015年度は63.6％となっている。

　臨海鉄道はすべてJR貨物との直通輸送を実施している。JR貨物が推進するコンテナ輸送への転換が臨海鉄道の車扱の輸送品目別構成比にも影響を及ぼしており、車扱輸送は石油製品を中心とするばら荷に特化した状況が顕著となっている。金属・機械工業品は1980年度の12.4％から2015年度は5.0％に低下しており、化学薬品は1980年度が9.3％であったが、2010年度と

2015 年度は 0 ％であり、車扱での輸送実績がなくなっている。

3　民営鉄道の輸送と経営の状況

　先に述べたように、民営鉄道による貨物輸送は縮小傾向が継続している。2000 年度は 16 事業者が貨物輸送を実施していたが、2002 年度以降半数の 8 事業者が貨物輸送を廃止しており、2015 年度は 8 事業者にまで減少している。本節では、民営鉄道において貨物輸送の廃止が相次いだ 2000 年度以降の状況について考察する。ただし客貨兼業鉄道に分類した事業者については第 3 章において取り上げているので、本節については基本的にこれらを除外して考察する。

　表 4-2 は各事業者の輸送トン数を示したものである。貨物輸送が存続している 5 事業者について、2015 年度の輸送トン数を 2000 年度と比較すると、太平洋石炭販売輸送、岩手開発鉄道、大井川鐵道の 3 事業者が減少している。とりわけ輸送トン数の大きい太平洋石炭販売輸送と岩手開発鉄道は 100 万トン以上減少している。とはいえ、岩手開発鉄道は輸送トン数が 100 万トン以上で推移している。太平洋石炭販売輸送は 2000 年度と 2001 年度は 100 万トン以上であり、2002 年度から 2010 年度までの期間は、2009 年度を除いて 50 万トン以上であったが、2011 年度以降は 50 万トンを下回っており、2015 年度は 27 万 5760 トンにまで減少している。大井川鐵道は 1600 トン未満と極めて小さい数値で推移している。

　一方、西濃鉄道と名古屋鉄道は 2015 年度の輸送トン数が 2000 年度よりも増加している。西濃鉄道はおおむね 50 万トン以上で推移しており、2007 年度以降は 2008 年度を除いて 60 万トン台に増加している。名古屋鉄道は 2015 年度に増加しているものの、1 万トン以下の小さい数値で推移している。

　貨物輸送を廃止した 3 事業者については、小坂製錬は 10 万トン以上 50 万トン未満の範囲にあり、東武鉄道も 2003 年度を除いて 10 万トン以上 50 万トン未満の範囲にある。相模鉄道は 2400 トン以下と極めて小さい数値で推移している。

　表 4-3 は民営鉄道の鉄道事業営業損益と償却前営業係数の推移を示したものである。鉄道事業営業収入に占める貨物運輸収入の比率が極めて小さい大

表 4-2　民営鉄道の輸送トン数

(単位：トン)

事業者名	太平洋石炭販売輸送	岩手開発鉄道	小坂製錬		東武鉄道	相模鉄道	名古屋鉄道	大井川鐵道	西濃鉄道
貨物営業キロ	4.0km	11.5km	22.3km		41.4km	6.7km	0.4km	62.7km	2.0km
年度	車扱	車扱	車扱	コンテナ	車扱	車扱	車扱	車扱	車扱
2000	1,430,220	3,166,468	238,288	3,525	303,881	2,000	3,969	1,568	529,380
2001	1,249,080	2,813,976	232,110	6,025	234,941	2,400	800	599	547,774
2002	726,420	2,647,478	214,746	11,530	147,716	400	1,200	909	555,662
2003	670,200	1,996,956	187,325	4,106	40,027		800	1,159	490,246
2004	707,460	2,117,520	148,417	1,254			6,000	583	493,238
2005	716,760	2,088,144	168,712	5,057			4,000	359	495,856
2006	732,540	2,011,032	225,581	16,244			2,800	246	564,944
2007	561,060	1,882,512	174,101	6,872			3,600	560	608,294
2008	508,260	1,828,044					2,800	657	572,832
2009	426,480	1,716,048					4,400	1,546	606,288
2010	520,140	1,903,932					3,600	1,036	611,966
2011	482,340	1,903,932					1,600	955	621,316
2012	399,000	1,667,700					2,000	1,314	636,310
2013	443,700	2,172,600					7,600	1,408	681,564
2014	476,760	2,255,832					3,200	448	649,332
2015	275,760	2,058,156					10,000	800	626,042

［注］　貨物営業キロは 2015 年度末の数値である。ただし、すでに廃止されている事業者は廃止時点の数値を掲載している。
［出所］　『鉄道統計年報』各年度版より作成。

手民営鉄道と、貨物運輸収入、輸送トン数ともに極めて小さい数値で推移している大井川鐵道を除く4事業者について掲載している。

　鉄道事業営業損益を見ると、太平洋石炭販売輸送は営業利益を継続的に計上している。岩手開発鉄道と西濃鉄道は、一部の年度を除いて営業利益を計上している。小坂製錬は営業損失が続いており、2004 年度以降は 1 億円を超える損失額となっている。償却前営業係数を見ると、太平洋石炭販売輸送と西濃鉄道は継続的に 100 未満となっている。岩手開発鉄道は東日本大震災が影響している 2011 年度を除いて 100 未満となっている。一方、小坂製錬

表 4-3　民営鉄道の鉄道事業営業損益と償却前営業係数

年度	太平洋石炭販売輸送	岩手開発鉄道	小坂製錬	西濃鉄道	太平洋石炭販売輸送	岩手開発鉄道	小坂製錬	西濃鉄道
	鉄道事業営業損益（千円）				償却前営業係数（%）			
2000	502,910	-25,415	-55,867	-1,749	38.1	98.9	127.4	94.8
2001	400,589	15,315	-54,725	4,655	31.9	91.8	126.9	92.5
2002	55,605	-3,559	-51,023	7,801	62.5	95.8	125.7	91.7
2003	48,897	9,025	-69,316	4,590	64.3	92.1	138.4	92.8
2004	62,054	32,417	-106,838	-1,700	59.6	86.8	183.7	96.7
2005	28,195	42,864	-165,567	1,750	77.8	83.8	219.9	95.3
2006	33,607	38,981	-107,473	8,166	74.7	84.4	154.3	92.9
2007	40,647	40,776	-101,569	10,758	69.9	83.2	168.7	91.8
2008	54,920	7,524		-792	61.3	92.7		97.4
2009	58,692	7,568		-2,159	59.2	92.4		98.3
2010	63,430	24,319		-2,514	56.1	89.3		98.6
2011	60,932	-29,544		5,872	55.1	109.9		94.8
2012	50,140	55,948		1,947	63.7	79.8		95.3
2013	69,947	65,516		3,871	51.6	81.1		91.5
2014	71,923	71,427		18,995	50.1	80.0		84.0
2015	66,505	69,586		13,871	53.0	81.1		83.8

［出所］『鉄道統計年報』各年度版より作成。

は100を大幅に上回る係数が継続している。小坂製錬は2009年4月1日に貨物輸送を廃止している。

　第3章において考察した、客貨兼業鉄道に分類した事業者も含めて、民営鉄道による貨物輸送は旅客輸送の場合と異なり、不採算化しても公的支援等による存続を議論されることはなく、そのまま廃止されている。また、荷主の意向によりトラック輸送に転換される場合には、営業利益を計上していても廃止されてしまう。したがって、荷主がトラック輸送に転換せず（転換が難しく）、営業利益を計上し得る少数の事業者のみ貨物輸送を存続しているのが現状である。

　前節で述べたように、2000年度に貨物輸送実績のある主な事業者のうち、JR貨物と直通輸送を実施しているものが9事業者、JR貨物と直通輸送を実

施していないものが 3 事業者であった。前者のうち 2015 年度に貨物輸送実績があるのは 3 事業者にとどまる。一方、後者の 3 事業者はすべて 2015 年度において貨物輸送が存続している。ほぼ車扱輸送に特化している民営鉄道において、JR 貨物と直通輸送を実施せず、JR 貨物が推進するコンテナ輸送への転換の影響を受けない事業者がすべて存続していることは示唆的である。

4 おわりに―民営鉄道による貨物輸送の意義

　前節および第 3 章で見たように、近年の民営鉄道は貨物輸送量が減少傾向にあるものの、貨物輸送に限れば、その経営は比較的良好に推移している。しかしながら、貨物輸送を廃止する事業者が相次いでいる。2000 年度以降に貨物輸送を廃止したのは、大手民営鉄道を除くと 6 事業者になる。2009 年 4 月 1 日に貨物輸送を廃止した小坂製錬は、自社の貨物である硫酸の生産が中止されたための廃止である[7]。平成筑豊鉄道は荷主である企業の工場閉鎖による廃止である。これらのケースでは、輸送すべき貨物自体が存在しなくなったため、廃止はやむを得ない。

　しかしながら、鹿島鉄道、神岡鉄道、樽見鉄道の 3 事業者については、荷主の意向によるトラック輸送への転換が廃止の理由である。また岳南鉄道についても、実質的には JR 貨物から荷主への要請によってトラック輸送に転換したことが廃止の理由である。先に述べたように、民営鉄道の大部分は石灰石、石炭、セメント等のばら荷を主に輸送している[8]。また石油製品、化学薬品も主な輸送品目であった。樽見鉄道の主な輸送品目はセメントである。同様に、鹿島鉄道は石油製品であり、神岡鉄道は化学薬品の濃硫酸である。

　民営鉄道は臨海鉄道と同様に局地的な輸送を担っているので、その存続に公的部門が関与することの妥当性についても、臨海鉄道と類似の傾向を有している。臨海鉄道の存続に公的部門が関与することの妥当性については第 2 章で述べたが、民営鉄道の主な輸送品目は石灰石、石炭、セメントであり、臨海鉄道以上に大量のばら荷が占める割合は大きい。ばら荷の輸送は、エネルギー効率に優れた大量輸送という鉄道の特性が発揮できる分野であり、ト

7　http://wwwtb.mlit.go.jp/tohoku/puresu/td080918.pdf を参照した。
8　ただし先述のとおり、岳南鉄道の主な輸送品目は紙・パルプであった。

ラック輸送への転換は環境負荷を大幅に増大させる可能性が高い。また石油製品や化学薬品は輸送の安全性を強く求められる品目であり、トラック輸送への転換は輸送の安全性低下という問題を生じる。これらをトラック輸送に転換することは、負の外部性を拡大する可能性が高いので、極力回避すべきである。そのためには、民営鉄道の存続に公的部門が関与する余地はあるといえよう。

荷主が鉄道からトラックに輸送を転換する大きな動機となっているのは、荷主が所有する貨車、専用線、荷役設備等の老朽化である[9]。荷主が自己資金でこれらを更新することができないのであれば、負の外部性の拡大を抑制するために、公的部門が何らかの支援を行うことも検討の余地がある。国はJR貨物に対しては、モーダルシフトの推進を目的として、施設の更新投資に対する税制上の優遇措置、インフラの整備に対する助成措置等を実施している。JR貨物よりも短距離とはいえ、大量輸送という鉄道のメリットを発揮し得る民営鉄道およびその利用者である荷主に対しても、鉄道による輸送を維持するために、同様の措置を講じることは合理的と思われる。具体策としては、荷主が所有する貨車、専用線、荷役設備等の更新に要する資金を、可能な限り荷主に有利な条件で、公的部門が融資することが挙げられる[10]。

第2章および第3章でも述べたが、このような荷主企業に対する公的支援は、支援を受ける主体が特定の企業に限定されるため、公平性の観点から望ましくないとの主張がなされ得るものである。したがって、このような公的支援は、鉄道からトラックへの転換という逆モーダルシフトを防止するための次善策としてのみ、許容されるものと考えられる。

先ほど、民営鉄道は臨海鉄道と同様に局地的な輸送を担っていると述べた。貨物輸送を実施している主な民営鉄道は6事業者が現存するが、これらのう

---

9 第3章でも述べたが、筆者が2008年10月に実施した樽見鉄道における現地調査においても、事業者より同様の指摘があった。2009年10月19日にJR貨物が美祢線で運転していた車扱貨車による石灰石専用列車が廃止されたのは、荷主の所有する貨車の老朽化がその理由である(『朝日新聞』2009年10月19日付)。

10 三岐鉄道［2001］p.47においても同様の提言がなされている。高坂［1996b］は車扱輸送について「専用車両により同一区間の大量反復輸送を行えば運賃を低く設定することも可能」と指摘し、「そのためには輸送効率が重要」であることから、専用線を利用した「戸口間の直行輸送が可能であることが望まれる」と述べている（高坂［1996b］p.38)。

ち秩父鉄道、三岐鉄道、西濃鉄道の 3 事業者は、臨海鉄道と同様に JR 貨物と直通輸送を行っている。したがって、当該の 3 事業者については、JR 貨物との直通輸送ではなく、第 2 種鉄道事業者として JR 旅客各社の路線に直接乗り入れて貨物列車を運転することも検討に値する。これは第 2 章においても述べたが、JR 貨物の独占状態にある地域間の鉄道貨物輸送市場に民営鉄道が新規参入することを意味する。ただし、この意義と実現に向けての諸課題については第 5 章で詳しく考察したい。

第2部
モーダルシフト推進策の検討

第5章
地域間輸送市場への新規参入

1 はじめに

　第1部で述べたように、わが国の鉄道貨物輸送は近年わずかに輸送量が回復しているものの、その輸送分担率に大きな変化は見られない。モーダルシフトが進展しているとは言い難い状況にある。地域間の鉄道貨物輸送を担う全国唯一の事業者であるJR貨物は、鉄道事業の規模を縮小する傾向にあり、主要幹線に経営資源を集中させている。主要幹線は、長距離高速輸送という鉄道の特性を発揮し得るからである。一方で、JR貨物は主要幹線以外の線区については貨物輸送を廃止している。またJR貨物はコンテナ輸送を重視しており、車扱輸送を縮小している。JR貨物による鉄道路線網の縮小、および車扱輸送の縮小の影響を受けて、一部の臨海鉄道やJR貨物と直通輸送を実施していた民営鉄道の多くも、貨物輸送を廃止している。

　しかし貨物輸送を廃止した線区の増加や車扱輸送の廃止によって、鉄道輸送、とりわけJR貨物の提供する輸送サービスと、荷主企業の鉄道輸送に対するニーズとのミスマッチが発生している。これは鉄道の輸送分担率が伸び悩んでいる要因の1つであると考えられる[1]。本章では、まずJR貨物が鉄道事業の規模を縮小し、多くの線区において貨物輸送を廃止していることを再確認する。そのうえで、JR貨物が休廃止した輸送サービスであっても、荷主企業に鉄道輸送のニーズがある場合には、JR貨物以外の事業者による新規参入によって、鉄道輸送の存続を図ることを提言したい。

　鉄道貨物輸送に関する先行研究のうち、本章に示唆的なものについては管見の限り次のようなものが見られる。

1　小澤［2013a］はモーダルシフトを阻害する要因として、路線網が限定的であることを挙げる（小澤［2013a］p.11）。

飯沼ほか［1993］、中田［2012］は地域間の鉄道貨物輸送が事実上、JR貨物の独占となっていることを問題視し、他の輸送機関に対する競争力を高めるには、国の政策として、JR旅客各社を含むJR貨物以外の鉄道事業者による地域間の貨物輸送市場への参入を進め、鉄道輸送における競争を促すべきと提言している（飯沼ほか［1993］p.14、中田［2012］p.8）。

厲・大森・中村［2001］は「物流全体では競争が厳しいが、鉄道に関しては独占となっているJR貨物の経営形態に問題ありということなら、競争原理をどのように導入するのかなども検討課題として考えられる」と述べている（厲・大森・中村［2001］p.77）。

三岐鉄道［2001］は、コンテナ輸送を重視するJR貨物の経営判断に理解を示しつつも、車扱貨車を用いたばら荷の輸送については、荷主企業のニーズを把握することで開拓の余地があると主張している。鶴［2005］、松永［2009］は車扱輸送のコンテナ輸送への転換について考察している。

小澤［2006］、山本［2012］は欧州諸国において活発化している長距離貨物鉄道事業への新規参入について論じている。

Nash［2007a］は、わが国の鉄道貨物輸送市場においてオープンアクセスが実現すれば、新規参入事業者が既存の事業者よりも大きな市場シェアを獲得する可能性があると分析している（Nash［2007a］p.76）。Nash［2007b］は、わが国の鉄道貨物輸送市場に法的な参入障壁は存在しないものの、線路容量の不足が競争を妨げているものと考察している（Nash［2007b］p.36）。

小澤［2010b］、山本［2014］はわが国の鉄道貨物輸送における新規参入について分析しており、松永［2010］はJR貨物の輸送サービス品質に対する荷主企業の見解を考察している。

2　JR貨物の線区廃止状況

第1章で述べたように、JR貨物は輸送量が大きく増加した発足直後の数年間を除いて、鉄道事業の規模を縮小することでその存続を図っている。具体的には、輸送量が大きい主要な幹線である東海道・山陽・東北の各線、鹿児島線の門司から福岡に至る区間、盛岡から札幌に至る各線区および日本海縦貫線を重視する経営方針を採っており、これらを100km/h前後の高速で

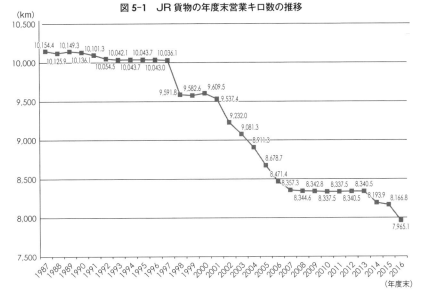

図 5-1　JR 貨物の年度末営業キロ数の推移

[出所]　『JR 貨物要覧』各年版より作成。

運転するコンテナ列車による輸送を事業の中心に据えている。これらの線区の大部分は、線路等のインフラが列車を高速で運転することが可能な水準に維持されており、長距離での高速輸送という鉄道貨物輸送が優位となる条件が整っている。一方で、JR 貨物はこれら以外の線区においては貨物輸送を廃止する傾向にある。また JR 貨物はコンテナ輸送を重視し、車扱輸送を縮小している。

図 5-1 は JR 貨物の各年度末における営業キロ数の推移であり、表 1-3 に掲載した数値を図示したものである。営業キロ数はほぼ一貫して減少している。JR 貨物が発足した 1987 年 4 月 1 日時点の営業キロは 1 万 10.6km であり、1987 年度末の営業キロは 1 万 154.4km であったが、2016 年度末では 7965.1km となっている。とりわけ 1998 年度から 2007 年度にかけての 10 年間において 1678.8km もの大幅な減少となっている[2]。また 2014 年度以降も

2　ただし 2000 年度は武蔵野線の南流山駅〜西船橋駅間（16.4km）および京葉線の西船橋駅〜新港信号場間（16.1km）において貨物輸送が開始されたため、2000 年度末の営業キロ数は増加している。当該線区の貨物輸送については第 6 章で述べる。また 2008 年 3 月 15 日に伊勢鉄道線の

表 5-1　JR貨物の廃止線区一覧

実施年月日	路線	区間	営業キロ (km)	実施年月日	路線	区間	営業キロ (km)
1987年7月13日	幌内線	岩見沢～幌内	13.6	2002年4月1日	石北線	美幌～網走	27.9
1988年4月25日	歌志内線	砂川～歌志内	14.5		根室線	釧路～東釧路	2.9
1989年3月29日	足尾線	桐生～足尾本山	44.3		函館線	函館～五稜郭	3.4
1989年8月1日	根室線	釧路～浜釧路	3.8		奥羽線	山形～羽前千歳	4.8
1989年10月1日	伊田線	直方～金田	9.9	2003年4月1日	関西線	木津～平野	40.6
	田川線	行橋～勾金	23.6		関西線	竜華信号場～杉本町	10.5
1990年4月1日	石勝線	新夕張～清水沢	8.2		紀勢線	和歌山～南海電鉄分界点	2.3
1991年9月2日	奥羽線	福島～蔵王	81.8		奈良線	木津～京都	34.7
1992年4月1日	函館線	砂川～上砂川	7.3		日光線	宇都宮～鶴田	4.8
1992年10月1日	土讃線	高知～多ノ郷	39.5		阪和線	杉本町～和歌山	54.4
1993年12月1日	日豊線	日向市～細島	3.5	2003年12月1日	東海道線	東灘信号場～神戸港	3.4
	豊肥線	竜田口～熊本	8.9	2004年4月1日	両毛線	小山～新前橋	84.4
1997年4月1日	塩釜線	陸前山王～塩釜埠頭	4.9		山陰線	湖山～伯耆大山	83.7
1997年7月1日	相模線	橋本～南橋本	2.0		八高線	八王子～倉賀野	92.0
1998年4月1日	鹿児島線	福岡タ～博多港	4.1	2005年4月1日	筑豊線	折尾～直方	14.0
1999年3月9日	中央線	代々木～飯田町	5.7		土讃線	多度津～高知	126.6
1999年3月25日	青梅線	拝島～奥多摩	30.3		大阪環状線	境川信号場～浪速	2.3
1999年3月31日	赤羽線	池袋～板橋	1.8		大阪環状線	新今宮～境川信号場	3.8
	外房線	大網～新茂原	8.5		関西線	平野～新今宮	4.9
	日田彦山線	城野～石原町	9.0		函館線	手稲～苗穂	12.8
	奥羽線	羽前千歳～漆山	3.0	2006年4月1日	東海道線	梅小路～丹波口	3.3
	留萌線	深川～留萌	50.1		予讃線	伊予横田～内子	29.0
	只見線	西若松～会津若松	3.1		予讃線	新谷～宇和島	54.0
	会津鉄道線	西若松～湯野上温泉	22.7		内子線	新谷～内子	5.3
	大船渡線	一ノ関～陸中松川	21.3		山陰線	丹波口～二条	1.7
	釜石線	花巻～釜石	90.2		山陰線	東松江～出雲市	39.3
	大糸線	松本～信濃大町	35.1		山陰線	江津～岡見	43.3
	総武線	佐倉～成東	21.6	2006年5月1日	横須賀線	逗子～田浦	5.4
	東金線	大網～成東	13.8		宇部線	居能～宇部港	2.2
	小浜線	敦賀～東舞鶴	84.3	2007年4月1日	高山線	岐阜～高山	136.4
	舞鶴線	東舞鶴～梅迫	18.2	2008年4月1日	紀勢線	鵜殿～紀伊佐野	10.0
	草津線	貴生川～草津	21.4	2008年9月5日	鹿児島線	門司港～外浜	0.9
1999年7月1日	奥羽線	蔵王～山形	5.3	2010年3月25日	信越線	上沼垂信号場～沼垂	1.8
1999年11月1日	仙石線	石巻港～石巻埠頭	2.9	2010年4月1日	愛知環状鉄道線	岡崎～北岡崎	5.3
2001年3月31日	東海道線	名古屋タ～西名古屋港	5.6		山陰線	岡見～益田	16.9
2001年4月1日	身延線	甲府～東花輪	12.1	2014年4月1日	山口線	新山口～益田	93.9
	磐越東線	郡山～大越	31.3		美祢線	厚狭～重安	22.3
2002年1月1日	男鹿線	追分～男鹿	26.6		宇部線	宇部岬～宇部	9.5
	男鹿線	男鹿～船川港	1.8	2014年7月1日	東北線	田端信号場～北王子	4.0
2002年4月1日	仙山線	仙台～羽前千歳	58.0	2015年4月1日	山陰線	伯耆大山～東松江	27.1
	釧網線	東釧路～網走	166.2	2016年4月1日	紀勢線	亀山～鵜殿	176.6
	陸羽東線	小牛田～古川	9.4		伊勢鉄道線	河原田～津	22.3
	宇野線	茶屋町～宇野	17.9	2016年10月1日	日豊線	小波瀬西工大前～苅田港	2.8
	しなの鉄道線	田中～西上田	13.1	営業キロ合計			2,387.7

［出所］『JR貨物要覧』各年版および『鉄道要覧』各年度版より作成。

減少傾向が顕著であり、2013年度末から2016年度末までの期間に375.4km減少している。

表5-1は、JR貨物が貨物輸送を廃止した線区を時系列で掲載してある。第1章でも述べたが、JR貨物は一部の線区を除いて、鉄道事業法に基づく第2種鉄道事業者として、第1種鉄道事業者であるJR旅客各社や並行在来線事業者が保有する線区を借りて貨物輸送を実施している。そのため線区を廃止する際に発生する埋没費用の割合は小さく、営業キロ数の削減は比較的容易であると考えられる。

JR貨物発足後、2016年度末までに87線区2387.7kmが廃止されている[3]。一方で、同期間には海峡線、本四備讃線等の貨物輸送が開始された線区が353.9kmあり、また線路改良工事、駅の移転等による営業キロの変更により11.7km減少している。先述のとおり、2016年度末の営業キロ数は7965.1kmであり、JR貨物発足時の1万10.6kmから2045.5kmの減少となっている。

営業キロが大きく減少した1998年度から2007年度までの10年間に廃止されたのは60線区1728.5kmであり、2014年度から2016年度までの3年間は9線区375.4kmが廃止されている。当該の両期間に廃止線区の79.3%、廃止営業キロの88.1%が集中している。第1章で述べたように、JR貨物は、少なくとも1994年度から2015年度までの22年間において、鉄道事業営業損失を計上し続けている。鉄道事業において営業利益を計上すべく、路線網を縮小していることがうかがえる。

3　JR貨物の経営判断と荷主企業のニーズ

第1部で考察したように、JR貨物が鉄道事業の規模を縮小することでその存続を図っていることは、JR貨物という事業者が自らの事業を存続させるという観点からは問題とされない。JR貨物は1998年度以降、多くの線区において貨物輸送を廃止している。それにもかかわらず、分担率が縮小していないのは、JR貨物が鉄道の特性を発揮できる市場に経営資源を集中させ、

河原田駅〜津駅間（22.3km）において貨物輸送が開始されている。
3　JR貨物の線区廃止の状況については図1-6および図1-7も参照されたい。2017年4月1日には城端線の高岡駅〜二塚駅間（3.3km）が廃止となっている。

市場の縮小を必死で回避した成果であるともいえる。

　しかしながら、JR 貨物が鉄道輸送網を縮小したことで、JR 貨物の提供する輸送サービスと、荷主企業の鉄道輸送に対するニーズとのミスマッチが発生している事例も見受けられる。JR 貨物が貨物輸送を廃止した線区の沿線に所在する荷主企業にも、鉄道輸送に対する需要は存在する。また、JR 貨物の意向を受けて、車扱輸送からコンテナ輸送に転換したものの、本来ならば車扱輸送が望ましいと考える荷主企業も存在する。このような状況は、モーダルシフトの推進という国の政策目標とは矛盾するものである。以下に紙輸送の事例を 2 つ挙げたい。

　紀勢線沿線の荷主企業である北越紀州製紙（現北越コーポレーション）は、三重県の鵜殿駅に接続する自社の専用線内にコンテナ貨車を引き込んで荷役を行い、紙輸送を実施していた。2013 年 3 月に JR 貨物が実施したダイヤ改正において、紀勢線のコンテナ貨物列車が廃止となったことから[4]、北越紀州製紙は紙輸送をコンテナ（自社から関西線四日市駅までの区間はトラック輸送）、船舶、トラックに転換した。しかし、和歌山県の新宮港に倉庫を新設したこと、コンテナをトラックで輸送する距離が廃止前の紀勢線におけるコンテナ貨物列車の運転区間に匹敵する長さであることから、コンテナによる輸送量はコンテナ貨物列車廃止前の約 4 分の 1 まで減少している。北越紀州製紙としては、環境負荷の低減に積極的に取り組んでいることから、紀勢線のコンテナ貨物列車が廃止とならなければ、従来どおり鉄道輸送を継続する意向であったとしている[5]。

　静岡県の岳南鉄道（現岳南電車）沿線の荷主企業である日本製紙は、岳南鉄道に接続する自社の専用線内で JR 貨物所有の有蓋貨車を使用して荷役を行い、岳南鉄道から東海道線に有蓋貨車を直通輸送する形態で紙輸送を実施していた。しかし JR 貨物は、有蓋貨車が高速運転できないこと、また有蓋

---

[4]　ただし、この時点では紀勢線の亀山駅〜鵜殿駅間におけるコンテナ貨物列車が廃止されたのみであり、当該区間の貨物輸送が廃止となったのは表 5-1 のとおり 2016 年 4 月 1 日である。
[5]　北越紀州製紙洋紙事業本部紀州工場へのヒアリング（2013 年 8 月 21 日）による。石田 [2001] は紀勢線のコンテナ貨物列車について、1 日あたりの輸送量が 170 トン程度であるものの、輸送距離が長いことから「省力化でも省エネでも安全でも環境でも好ましい」と主張する（石田 [2001] p.7）。

貨車自体が老朽化していることから、紙輸送のコンテナ化を目的として東海道線富士駅の改良を実施し、日本製紙に対して、2012年3月から富士駅を発駅とするコンテナ輸送に転換することを要請した。日本製紙は、自社の専用線の形状がコンテナ貨車に対応していないため、JR貨物の要請を受け入れてコンテナ輸送に転換し[6]、自社から富士駅までの区間はトラックによる端末輸送を実施している。だが、コンテナは有蓋貨車よりも容積が小さく、荷役作業に不便である[7]。また、岳南鉄道を含む地域への貢献を考慮すると、日本製紙としては従来の有蓋貨車と専用線を使った輸送の方が望ましかったとしている[8]。

　上記のように、JR貨物の提供する輸送サービスと、荷主企業の鉄道輸送に対するニーズとのミスマッチが発生しており、結果的に荷主企業が鉄道以外の輸送機関を選択せざるを得ないケースや、荷主企業にとって鉄道が使いにくい輸送機関となっているケースが見受けられる。このようなミスマッチが解消されれば、貨物輸送における鉄道の分担率は拡大し、モーダルシフトの推進に資する可能性がある。しかし、主要幹線における高速のコンテナ列車による輸送に経営資源を集中させているJR貨物に対して、これらのニーズに対応することを求めるのは容易ではない。先に挙げた紀勢線のコンテナ貨物列車については、荷主企業に鉄道輸送のニーズがあったとしても、1日あたり1往復の貨物列車の運転を維持するために要員を配置することは、JR貨物にとっては費用対効果の観点から難しかったと思われる。

4　新規参入の必要性

　JR貨物が貨物輸送を廃止している線区においても、鉄道輸送に対する需要は存在する。鉄道が当該線区の沿線に所在する荷主企業のニーズに対応しないようでは、国が推進するモーダルシフトと矛盾する印象は拭えない。
　主要幹線以外の各線区において、その沿線に所在する各荷主企業の鉄道に

6　この結果、岳南鉄道では2012年3月をもって貨物輸送が廃止となった。岳南鉄道の貨物輸送廃止後の状況については後述する。
7　松永［2010］は有蓋貨車の利用を希望する荷主企業の存在を紹介している（松永［2010］p.189）。
8　日本製紙吉永工場（現富士工場）へのヒアリング（2013年8月28日）による。

対する需要量の合計が、トラック等への転換が容易なほど小さい場合には、鉄道貨物輸送の廃止はやむを得ないといえる。とはいえ、モーダルシフトを推進するには、鉄道の利用に前向きな荷主企業と協調し、鉄道貨物輸送の利便性を確保することが重要ではないだろうか。そのためには、路線網は可能な限り維持すべきである[9]。

　JR貨物が提供を望まない輸送サービス、すなわち主要幹線以外の線区における輸送や、有蓋貨車・化学薬品用タンク貨車等の車扱貨車による輸送については、JR貨物以外の意欲のある事業者がこれを実施できれば、鉄道による輸送を希望する荷主企業のニーズに対応することができる。これはJR貨物以外の事業者が、JR旅客各社の保有する線区を借りて貨物輸送を実施する、第2種鉄道事業として地域間輸送に新規参入することを意味する。このような輸送に新規参入し得る事業者としては、臨海鉄道および貨物輸送を実施している（あるいは近年まで輸送実績のある）民営鉄道が挙げられる。さらにはJR旅客各社が、自ら保有する線路を使用して、あるいは他のJR旅客各社の保有する線路を借りて貨物輸送に参入することも考えられる[10]。

　わが国には2015年度時点で、JR貨物以外に臨海鉄道10事業者、民営鉄道8事業者が貨物輸送を実施している。これまで地域間輸送はJR貨物のみが供給しており、当該の各事業者は短距離の地域内輸送に特化していた。それゆえに、当該の各事業者はJR貨物よりも事業規模が小さいものの、沿線の荷主企業との相互依存関係は大きく、JR貨物よりも荷主企業のニーズを的確に捉えることに適しているともいえよう[11]。

---

[9] 林・矢野・齊藤［2007］は、鉄道貨物輸送を利用していない企業から、輸送ネットワーク拡大を重視する意見が多く出されていることを明らかにしている（林・矢野・齊藤［2007］p.157）。

[10] これについて、伊藤［2002］は「規制緩和して参入が自由になるとしても、新しい会社が参入するのは事実上は難しいと思います。旅客会社が参入するということが考えられなくもありませんが、民営化の経緯からそれはあり得ない」と否定的な見解を述べている（伊藤［2002］p.3）。一方、山本［2014］は、車扱輸送に見られる荷主企業の専用列車や（第2章において述べた）自動車部品の専用コンテナ列車を事例として挙げ、「大口荷主は、条件如何によっては、鉄道輸送の効率性・柔軟性向上のため、現行のようにJR貨物に輸送を依頼するのではなく、自ら第2種鉄道事業者となり、線路保有主体（JR旅客会社）から線路を借用し貨物列車を運行する可能性が考えられる」と、鉄道事業者以外の新規参入の可能性について論じている（山本［2014］pp.54-56）。

[11] 水谷［2001］はJR貨物について「大きすぎる組織のため地域のニーズがうまく汲み取れるのであろうか」と述べている（水谷［2001］p.9）。三岐鉄道［2001］は、自らが荷主企業のニーズを把握して鉄道輸送を実現させた中部国際空港埋立土砂輸送等の事例を挙げ、沿線地域への密着

臨海鉄道や民営鉄道が地域間輸送に新規参入するインセンティブは、以下の理由から大きいと考えられる。

　第1は、臨海鉄道や民営鉄道が保有するディーゼル機関車の多くは、国鉄が製造したものと同形もしくは同規格であり、おおむねJR旅客各社の線路上を走行できる性能を有していることである。

　第2は、臨海鉄道や民営鉄道が使用している機関車の稼働率が向上することである。これらは営業路線が短距離であり、機関車の稼働率が低い。機関車の検査は定期的に必ず実施しなければならないので、車両走行キロあたりの検査修繕費用が大きくなる傾向にある[12]。臨海鉄道や民営鉄道がJR旅客各社の線区に直接乗り入れれば、機関車の稼働率が向上し、車両走行キロあたりの検査修繕費用を低減させることができる。

　第3は、すべての臨海鉄道と一部の民営鉄道が、JR貨物との間で貨車の直通運転を実施していることである。当該の各事業者はJR旅客各社の線区を走行できる規格の貨車を取り扱っているため、新規参入する潜在能力を有している。

　第4は、臨海鉄道や民営鉄道の貨物運輸収入を増加させ得ることである。先に述べたように、これらは営業路線が短距離である。また、トラック輸送への転換が困難な程度の大量の貨物が存在する一方で、その輸送品目の単位輸送量あたり価格が低く、運賃負担力が弱い。第2章でも考察したが、貨物運輸収入の少なさは経営基盤が強固ではない要因の1つである。JR旅客各社の線区に直接乗り入れることで営業キロを増加させることができれば、経営基盤の強化に資する可能性がある[13]。

　　度が大きく、沿線企業のニーズを把握しやすいことが臨海鉄道や民営鉄道の利点であると論じている。

12　施設及び車両の定期検査に関する告示第5条に基づき、車両は定期検査を行うこととされている。内燃機関車では、重要部検査（車両の動力発生装置、走行装置、ブレーキ装置その他の重要な装置の主要部分についての検査）は4年もしくは車両の走行距離が50万km（予燃焼室式の内燃機関またはクラッチが乾式である変速機を有するものは25万km）を超えない期間のいずれか短い期間ごとに実施しなければならない（国土交通省鉄道局より提供された資料を参照）。たとえば西濃鉄道のディーゼル機関車は、1年間の走行距離がわずか2000km程度であり、走行距離が1万km未満でも重要部検査を実施しなければならない（西濃鉄道総務部より提供された資料を参照）。車両の定期検査に関する規制を緩和することも検討の余地はあるが、車両の安全性にかかわる規制であるゆえに、慎重にならざるを得ない。

13　当然ながら、営業キロの増加によって貨物列車の運転にかかる費用は増加するので、それを貨

第5は、第3章で考察したように、客貨兼業鉄道には貨物運輸収入の比率が大きく、貨物輸送が鉄道事業の存立基盤となっているものが見られることである。岳南鉄道は、運輸収入の20.5%（2010年度）を占めていた貨物輸送が2012年3月を以て廃止となったことから経営状況が悪化し、鉄道事業の継続が困難となった。結果として、岳南鉄道は2013年4月に鉄道事業を分割のうえ岳南電車にそれを継承させることで一般管理費、支払利息等を削減し、沿線の地方自治体から支援を受けて運行が継続されている[14]。他にも近年では鹿島鉄道、平成筑豊鉄道、神岡鉄道、樽見鉄道の4事業者が貨物輸送を廃止しているが、その多くは貨物運輸収入を失い経営が悪化しており、神岡鉄道と鹿島鉄道についてはすでに鉄道事業自体が廃止となっている。

　第6は、臨海鉄道と民営鉄道はJR貨物よりも人件費水準が低い傾向にあるので、JR貨物が採算性の低さから退出を希望する輸送サービスであっても、それを継続できる余地が残されていることである。表5-2は2015年度における各事業者の1人1か月平均給与である。臨海鉄道10事業者、民営鉄道8事業者のうち、大手民営鉄道事業者である名古屋鉄道を除く17事業者は、JR貨物よりも低い給与水準にある。基準賃金は、名古屋鉄道とJR貨物が30万円前後であるのに対して、11事業者は20万円台であり、6事業者は20万円未満となっている。合計では名古屋鉄道とJR貨物が40万円台後半であり、他は40万円台前半が2事業者、30万円台が8事業者、20万円台が7事業者である。

　一方、JR旅客各社が貨物輸送に参入するインセンティブは、上記の第1と第2の理由に類似している。JR旅客各社が保有する機関車は、当然ながらJR旅客各社の線路上を走行できる性能を有している。また、これらは定期列車の運転に用いられることはほとんどないので、稼働率が低い傾向にある。貨物輸送に参入することで、機関車の稼働率が向上し、車両走行キロあたりの検査修繕費用を低減させることができる。

　臨海鉄道や民営鉄道が第2種鉄道事業者としてJR旅客各社の線区に直接乗り入れることは、地域間輸送についてJR貨物と一定の競合関係になるこ

物運輸収入の増加が上回らなければならない。
14　http://www.fujikyu.co.jp/gakunan/kaisyagaiyou.html を参照した。

表 5-2　2015 年度の 1 人 1 か月平均給与　（単位：円）

事業者名	基準賃金	基準外賃金	臨時給与	合計
太平洋石炭販売輸送	193,319	25,486	35,167	253,972
八戸臨海鉄道	209,326	29,841	33,102	272,269
岩手開発鉄道	281,919	14,124	82,241	378,284
仙台臨海鉄道	183,451	55,794	18,556	257,801
福島臨海鉄道	248,985	31,781	65,344	346,110
秋田臨海鉄道	190,776	74,606	46,315	311,697
黒部峡谷鉄道	265,275	37,507	79,606	382,388
鹿島臨海鉄道	155,431	29,623	37,794	222,848
秩父鉄道	249,210	76,689	71,600	397,499
京葉臨海鉄道	268,142	56,518	77,779	402,439
神奈川臨海鉄道	277,973	50,112	88,745	416,830
名古屋鉄道	307,488	64,962	118,449	490,899
大井川鐵道	181,939	56,090	44,163	282,192
三岐鉄道	230,105	66,710	58,162	354,977
西濃鉄道	167,700	47,434	64,561	279,695
名古屋臨海鉄道	239,362	69,347	29,202	337,911
衣浦臨海鉄道	229,868	53,551	16,441	299,860
水島臨海鉄道	220,807	59,206	76,545	356,558
JR 貨物	297,166	86,077	69,399	452,642

［出所］『鉄道統計年報』平成 27 年度版より作成。

とを意味する。JR 貨物が地域間輸送への新規参入に抵抗することは想定されるが[15]、鉄道貨物輸送を活性化し、モーダルシフトを推進するうえでは望ましい方策であるといえよう。

諸外国においては、上下分離に基づく同一路線上での事業者間競争はすでに実現しており、既存の事業者が独占的に実施していた長距離鉄道貨物輸送において、わが国の臨海鉄道に相当する事業者が新規参入する事例も見られる[16]。わが国の鉄道貨物輸送においても、少なくとも JR 貨物が提供を望ま

15　これについては次節で考察する。
16　山本［2012］は、ドイツのケルン港を拠点とする臨海鉄道事業者（Häfen und Güterverkehr Köln AG：HGK）が、ケルン港とドイツ内陸部の諸都市およびオランダ、ベルギー等との長距

ない輸送サービスについては、新規参入を促進すべきである。これはJR貨物にとっても一定のメリットがある。JR貨物はフィーダーとなる鉄道路線網を維持しつつ、コンテナによる長距離輸送に経営資源をより一層集中させることが可能である。

5 おわりに―新規参入に向けての課題

ただしJR貨物以外の事業者が地域間輸送に新規参入するには、大きな課題が存在する。第1に、既存の地域間輸送事業者であるJR貨物としては、新規参入事業者が将来的に競争相手となり得ることを警戒すると思われる。このため、たとえ自らが提供を望まない輸送サービスへの新規参入であったとしても、他の事業者がJR旅客各社の線路上での貨物輸送に新規参入することを望まないかもしれない。

第2に、JR旅客各社も、JR貨物に適用している線路使用料のアボイダブルコストルールを、JR貨物以外の（他のJR旅客各社を含む）事業者に適用するとは限らない。むしろ国鉄の分割・民営化に至る経緯と無関係な事業者に対しては、フルコストの線路使用料を要求する可能性が高い。

JR旅客各社が、自ら保有する線路を使用して貨物輸送に参入する場合、自社の路線内で輸送が完結するものについては、参入障壁は小さいものと考えられる[17]。自社の保有する線路において他の事業者が貨物輸送を実施する際の取引費用が発生せず、また自社の保有する機関車の稼働率が向上し、その車両走行キロあたりの検査修繕費用を低減させ得るからである。とはいえ、少なくともアボイダブルコストが賄えない限りこれは実現されないであろう。JR貨物にとっても、地域間輸送に供するインフラを保有する事業者が参入することは脅威であり、強く抵抗するものと思われる[18]。

　　離鉄道貨物輸送に進出している事例を挙げている。
17　複数のJR旅客各社を直通運転する貨物列車について、JR旅客各社が自社の線区内のみ貨物輸送を担当する場合は、その運転についてJR旅客各社相互間に取引費用が発生することが想定される。これは国鉄の分割・民営化の際に、貨物輸送が地域分割されずにJR貨物が発足することになった理由の1つといえる。
18　JR貨物は線路の大部分をJR旅客各社から借りて列車を運転している一方で、貨物駅の大部分を自ら保有している。したがって、仮にJR旅客各社が貨物輸送に参入した場合、線路とは逆に、貨物駅については基本的にJR貨物から借りることになる。

したがって現実的な対応としては、JR貨物から運行を委託される形態で、JR貨物以外の事業者がJR旅客各社の線路上での貨物輸送に参入する、あるいは線路を保有するJR旅客各社が、JR貨物から運行を委託される形態を採用することであると思われる[19]。後者については現在でも臨時貨物列車の運転において実施されている形態である。JR貨物から他の事業者への運行委託が実現するには、運行を受託する事業者が貨物列車を安全かつ安定的に運転し得ると認められること、JR貨物が委託しようとする線区の委託料が、JR貨物が当該線区において貨物列車を運転する際に要する費用を下回ることが必要不可欠な条件である。

JR貨物からの運行委託は、厳密にはJR貨物以外の事業者による新規参入とは言い難い。ただし貨物列車の運行主体はJR貨物であるので、現行のアボイダブルコストルールを適用することは可能である。JR貨物にとっても、費用の削減を図りつつフィーダーとなる鉄道路線網を維持することができるメリットがあるので、参入を容認するものと考えられる。

ただし、JR貨物から運行を委託される形態を採用することで、JR貨物以外の事業者による地域間輸送への参入が容易になったとしても、実務面において課題が残る。

第1に、臨海鉄道や民営鉄道が保有する機関車には、JR旅客各社の線区において求められる、比較的高速かつ長距離の運転が可能な性能を有していないものも存在することである。この場合、JR旅客各社の線区において運転が可能な機関車を購入する必要がある。そのような高性能の機関車を新造することは、臨海鉄道や民営鉄道にとって費用負担が大きい。JR貨物やJR旅客各社が保有する機関車を譲受する方法もあるが、それらが保有する機関車の大部分は国鉄が製造したものであり、老朽化している。

第2に、臨海鉄道や民営鉄道が保有する機関車が、性能上はJR旅客各社の線区において運転が可能であるとしても、当該の線区での運転に対応し得る保安設備を機関車に搭載しなければならないことである。保安設備はJR旅客各社の全線区で必ずしも統一されているわけではないので、臨海鉄道や

---

19 地域間輸送への新規参入については、西濃鉄道へのヒアリング（2014年8月8日）においても同様の見解を得た。

民営鉄道が参入を希望する線区に対応した保安設備を機関車に搭載しなければならない。

　第3に、JR貨物は有蓋貨車、化学薬品用タンク貨車の営業運転における使用をすでにとりやめていることから、JR貨物以外の事業者がこれらの車扱貨車を用いた輸送を実施する場合には、事業者自身が車扱貨車を保有するか、荷主企業が私有貨車としてそれを保有することが必要である。コンテナ輸送の場合でも、参入にかかる輸送サービスに対して、JR貨物がコンテナ貨車を新規参入した事業者に提供するかは不透明である。JR貨物から提供されない場合には、車扱輸送と同様に、参入した事業者もしくは荷主企業がコンテナ貨車を保有しなければならない。

　第4に、JR貨物以外の事業者が地域間輸送に参入することが技術的に可能であるとしても、参入する輸送サービスが比較的長期間にわたって供給される条件が整わなければ実現が難しいことである。わが国には機関車や貨車等の車両のリース市場が存在しないため、JR貨物以外の事業者が参入する際には、上記のとおり様々な初期費用が必要となる。また参入の際に購入した機関車や貨車については、用途が限定的であるため、当該の輸送サービスから退出するときに売却、転用することは必ずしも容易ではないと考えられる[20]。当該の機関車や貨車がJR旅客各社から必要とされることはほとんどない。またJR貨物が重視する主要幹線における高速輸送に適さなければ、これらをJR貨物が譲受することは困難である。

　地域間輸送への参入を早期に実現するには、第1にJR貨物から運行を委託される形態を採用すること、第2に輸送サービスを利用する荷主企業との運送契約が一定程度長期間にわたって締結されること、第3に機関車や貨車の購入等、初期費用の負担を公的支援によって軽減することが必要である。このような公的支援は、社会的費用の抑制等の政策課題を解決し、モーダルシフトの推進という国の政策目標にも合致する方策であり、妥当と考えられる。

　第1章で述べたとおり、国はJR貨物の設備投資に要する費用に充てるた

---

[20] 小澤［2010b］p.72、小澤［2011b］p.83、小澤［2013a］p.43を参照されたい。

め、JR 貨物に対して無利子貸付を行っている。これらを JR 貨物以外の事業者が地域間輸送に参入する際にも、積極的に適用することは検討の余地があると思われる。

第6章
地域間輸送におけるインフラ整備

1 はじめに

　地域間における長距離高速輸送は、わが国の鉄道貨物輸送の特性[1]が最も発揮し得る分野である。とりわけ輸送需要の大きい主要幹線における輸送力の増強は、モーダルシフトを推進するうえで極めて重要な施策である。

　しかしながら、わが国の主要幹線においては旅客輸送の需要も大きく、既存の設備を活用するのみでは、貨物輸送力の増強は困難である[2]。このため、主要幹線において、地域間の貨物輸送力の増強と貨物輸送の円滑化を目的としたインフラの整備（以下、地域間インフラ整備という）が近年実施されている[3]。本章では、これまで実施された地域間インフラ整備を概観し、整備後の効果を確認する[4]。そのうえで、現行の地域間インフラ整備を評価し、今後の地域間インフラ整備に向けた課題を明らかにしたい。

　地域間インフラ整備についての主な先行研究は、管見の限り以下のとおりである。

　佐藤［2005、2012a、2012b］は地域間インフラ整備の概要を詳細に記述している。他に佐藤［1998］、Aoki［2009］、松永［2009］、国土交通省鉄道局［2013］も地域間インフラ整備について述べている。

1　序章および第1章で述べたように、わが国の鉄道貨物輸送は駅間直行輸送方式に特化しており、その大部分は端末輸送をトラックに依存している。また出発駅と到着駅の双方において鉄道とトラックとの間で荷役作業が発生するため、短距離の輸送においては総輸送時間の観点からトラックの方が有利となる。
2　小澤［2013a］はモーダルシフトを阻害する要因として線路容量が不足していることを挙げる（小澤［2013a］p.11）。
3　鎌田［2001］は鉄道貨物輸送の特性と、その輸送力増強を制約する要因の観点から、地域間インフラ整備の必要性を論じている。
4　鉄道貨物輸送にかかるインフラ整備としては、本章で取り上げるものの他に、鉄道・運輸機構が事業主体となる、基盤整備事業に基づく貨物駅の移転集約も実施されている。これについては第7章で考察する。

早川［2005］はJR旅客各社の線路をJR貨物が借りる現行の体制を脱却し、JR貨物が自ら貨物列車に供する線路を保有することを提言する（早川［2005］p.21）。魚住［2016］は「JR貨物の全輸送量の約半分が東海道線を通ることを考えると、やはり東海道だけでも貨物専用線が必要ではないだろうか」と主張している（魚住［2016］p.52）。

鶴［2005］、近藤［2008］、小澤［2010b］、苦瀬［2009］、高橋［2011］は、モーダルシフトについての国の施策が不十分であると批判している。矢野・林［2009］は、鉄道貨物輸送網の整備は、国の政策として中長期的に検討されるべきものであり、短期的には制度面、資金面から対応が難しいと指摘している。

鉄道事業者により考察された先行研究としては斉藤［1997b］、鎌田［2000a、2000c、2003］、鎌田・山本・舟橋［2001］、宮澤［2003］、舟橋［2004、2008］、村山［2007］、Funahashi［2009］、日本貨物鉄道総合企画本部［2013］がある。

2 地域間インフラ整備の意義と公的補助制度

2-1 地域間インフラ整備の意義

図序-2のとおり、近年、鉄道は5％程度という非常に小さい輸送トンキロ分担率で推移しており、貨物輸送の大部分はトラックと内航海運によって分担されている。このような鉄道の分担率の小ささから、地域間インフラ整備を実施し、鉄道貨物輸送を活用することに対しては批判的な見解が存在する。

福井［2012］は、わが国の産業活動が臨海部に集中しており、鉄道に適する石油などの大量定型貨物の大部分が内航海運により輸送されていることを指摘している。そのうえで、鉄道貨物輸送は物流においてすでに社会的役割を失っており、モーダルシフトを推進するのであれば鉄道ではなく内航海運を活用すべきであり、鉄道は存続策を講じるのではなく「尊厳死」させるべきであると主張している。

鉄道の役割を大量定型輸送に求めるのであれば、福井［2012］の主張には一定の合理性が存在する。鉄道が大量定型輸送において優位性を発揮できる

のは、内航海運による輸送が不可能な内陸部への輸送のみであると考えられる[5]。しかし現在、わが国の鉄道貨物輸送は、コンテナ列車による長距離の地域間輸送が主体となっている[6]。鉄道コンテナはトラックと同様に、比較的少量で多種多様な品目を主に輸送しているが、コンテナ列車はトラックよりも輸送力が大きい。またコンテナ列車は内航海運とは異なり、トラックと同程度の運転速度による輸送が可能である。需要の大きい主要都市間の長距離輸送において鉄道を活用することは、トラックからのモーダルシフトを推進するうえで有効であると考えられる。

図1-7のとおり、鉄道の主要幹線における貨物輸送量は、多くの区間で1日あたり2万トンを超えている。これらの区間において鉄道を廃止し、トラックや内航海運に移行することは、輸送力および運転速度の観点から現実的には困難である。以上のことから、地域間インフラ整備を実施し、鉄道貨物輸送を活用することは妥当性を有すると考えられる。

JR貨物の輸送は主要幹線、とりわけ首都圏～福岡間（東海道線、山陽線、鹿児島線の門司から福岡に至る区間）と首都圏～北海道間（東北線、盛岡から札幌に至る各線区）に集中している。これらのうち首都圏～福岡間については、旅客輸送についても需要が大きく、線路容量に余裕が少ない。首都圏や京阪神圏の一部区間においては、線路容量を拡大すべく複々線化、貨物別線の建設等が実施されてきたものの、中京圏ではこれらが少なく、線路容量が限界に近づきつつある。したがって、貨物列車の増発による輸送力増強は困難であり、各貨物列車の長編成化によって輸送力を増強せざるを得ない[7]。

地域間インフラ整備を実施する第1の意義は、モーダルシフトを推進することにある。公的部門がモーダルシフトを推進するのは、それによって環境負荷の低減、道路混雑の解消、輸送の安全性向上等、社会的費用を抑制することが期待されるからである。

第2は、鉄道の労働生産性の高さである。わが国の少子高齢化社会の進展

---

5 これについては第1章2-1を参照されたい。
6 図1-7を参照されたい。
7 同様の分析はAoki［2009］p.240および小澤［2010a］pp.181-184を参照されたい。一般的に機関車は製造価格がコンテナ貨車に比べて高価なため、貨物列車を増発するよりも、長編成化によって輸送力を増強するほうが、費用対効果は大きいともいえる。

とともに、トラックドライバー不足の懸念が顕在化しつつある。地域間インフラ整備は、トラックドライバー不足に対処し、貨物輸送を安定的に供給する方策として有用である[8]。

　第3に、複数の輸送機関・輸送経路を確保することである。貨物輸送を安定的に供給するには、輸送障害に備えて、輸送機関や輸送経路に冗長性（redundancy）を持たせる必要がある。地域間インフラ整備を実施することで、荷主がトラック等とともに複数の輸送機関を選択することが容易になる。また鉄道貨物輸送においても、とりわけ需要の大きい線区については、迂回経路を整備することで、複数の運転経路を確保することが必要である[9]。

　先に述べたように、JR貨物は鉄道路線網を極力少数の線区に集約する傾向にある。輸送の効率性を重視した結果ともいえるが、これでは貨物列車の既存の運転経路において輸送障害等が発生した場合に、迂回経路を確保して貨物列車の運転を継続することは困難である[10]。直近の事例として、2018年7月に発生した大雨および同年9月に発生した台風による災害によって、山陽線の貨物列車は広島県内の区間を中心に長期間（7月5日から10月12日までの100日間）運転が不可能となったことが挙げられる。京阪神圏と九州地方を結ぶ貨物列車の運転経路は山陽線のみで、山陰線を貨物列車の迂回経路として設定していなかったために、岡山県以東の各地と九州地方を結ぶ貨物列車は運転できない状態が継続したことは記憶に新しい。伯備線、山陰線の伯耆大山駅〜益田駅間、山口線を迂回経路とする貨物列車の運転は、線路等の設備確認とダイヤ調整等を経て同年8月末より開始されたものの、1日あたり1往復、貨車6〜7両（12ftコンテナ積載可能個数30〜35個）編成の列車という、わずかな輸送力にとどまっている。山陽線における貨物列車の延べ運休本数は4421本（コンテナ列車4359本、車扱列車62本）で、それによる減送量は、暫定値ではあるが163万トンであるという[11]。

8　同様の指摘は矢野・林［2009］p.113、国土交通省鉄道局［2013］p.5を参照されたい。
9　高坂［1996a］は「輸送路の複線化政策の重要性は、阪神・淡路大震災時の混乱を思い起こすまでもなく明らかなもの」と主張する（高坂［1996a］p.47）。他に鶴岡［1998］pp.210-212、長谷川ほか［2007］pp.219-220、全国通運連盟［2010］p.9、村山ほか［2012］p.13、国土交通省鉄道局［2013］、竹内［2013a］において同様の指摘がなされている。鉄道貨物輸送において輸送障害が発生した際の代替輸送経路については日野ほか［2002］が詳細に分析している。
10　同様の指摘は鶴［2005］p.37を参照されたい。

鉄道へのモーダルシフトを推進するには、その安定的な供給が不可欠である。鉄道において輸送経路を多重化し、貨物列車の運転を継続する可能性を高めること、すなわち鉄道貨物輸送について冗長性を確保することは、利便性の高い輸送体制を構築するうえで極めて重要である[12]。

第4に、貨物鉄道事業における新規参入を促進することである。第5章で考察したように、わが国の貨物鉄道事業にかかる諸制度および主要幹線における線路容量の制約から、現状において新規参入を実現することは極めて困難である[13]。しかしながら、今後の少子高齢化社会の進展にともなって旅客輸送量が減少した場合、JR旅客各社が旅客列車を削減し、線路容量に幾分かの余裕が発生する可能性はある[14]。次項で述べるように、地域間インフラ整備に対する公的補助制度は、貨物列車を運行する事業者をJR貨物に限定したものとはなっていない。長期的には、地域間インフラ整備によって意欲のある鉄道事業者の新規参入を促進し、鉄道貨物輸送市場の活性化による輸送の効率化を図ることが望ましいといえる。

2-2 公的補助制度の概要[15]

国の地域間インフラ整備に対する補助制度としては、幹線鉄道等活性化事業費補助が実施されている。これは幹線鉄道の高速化や大都市圏における貨

---

11 https://www.jrfreight.co.jp/storage/upload/66c2a0b89432238f368fa0293a3caf38.pdf および https://www.jrfreight.co.jp/storage/upload/44868062273ca3f0d9001186d8f970b9.pdf を参照した。また澤内［2018］p.67 も参照のこと。
12 モーダルシフト研究会［2009b］pp.18-19、村山ら［2012］pp.12-13、尾川［2015］p.17、渡辺［2015］、廣［2016］p.32 を参照されたい。先行研究の多くは、2011年の東日本大震災発生直後に、鉄道による石油輸送が迂回経路を用いて実施された事例が契機になっていると考えられる。国土交通省物流審議官部門［2015］は、鉄道輸送へのモーダルシフトを進めるうえで荷主企業が懸念する事項の1つが輸送障害であり、また「近年、トラックドライバー不足が顕在化する中で、代替輸送時にのみ、臨時に大量の トラックを確保することは従前に増してより難しくなりつつあり、鉄道を活用した代替輸送力の確保の重要性は相対的に増加しつつある」と指摘している。そして鉄道を活用した代替輸送力を確保する方策として、迂回輸送列車の増発、輸送経路の多重化等を提言している。
13 同様の指摘は藤井［2013］p.76 を参照されたい。
14 近年、旅客輸送量の減少にともなって旅客列車の運転本数を削減する鉄道事業者がみられる。JR旅客各社においてもその傾向があり、JR西日本は需要の大きい京阪神圏の各路線や山陽線においても旅客列車の運転本数を削減している。
15 公的補助制度の概要については http://www.jrtt.go.jp/02Business/Aid/aid-kansenKamotu.html, http://www.jrtt.go.jp/02Business/Aid/pdf/bookGuide03.pdf およびJR貨物から提供された資料を参照した。

物線の旅客線化等を補助対象としたものであるが、地域間インフラ整備についても、1998年度より補助対象となっている。幹線鉄道等活性化事業費補助では、列車到達時間の短縮などによる物流効率化および鉄道貨物輸送へのモーダルシフトを促進するための旅客専用線の貨物列車走行対応化、既存路線の輸送力増強、あるいは貨物輸送の拠点となる貨物駅の荷役線・待避線の新設および延伸、荷役ホームの整備等（以下、貨物拠点整備事業という）に必要な費用の一部を補助するとされている。

　補助に際して、国が地方自治体に同程度の補助を要請する、いわゆる協調補助については、とくに条件とはされていない。先に述べたように、わが国の鉄道貨物輸送はコンテナ列車による長距離の地域間輸送が主体となっている。地域間インフラ整備の受益が広範囲に及ぶため、協調補助が条件とされていないことは妥当であると思われる。補助対象となるのは、各事業に要する費用（土木費、線路設備費、開業設備費、用地費）である。補助率は、旅客専用線の貨物列車走行対応化、既存路線の輸送力増強については補助対象費用の10分の3以内、貨物拠点整備事業については補助対象費用の10分の2以内とされている。上記の補助対象事業については、臨海鉄道等の第三セクター事業者が地域間インフラ整備にかかる施設の整備・保有主体となっており、国が第三セクター事業者に補助を実施し、第三セクター事業者が貨物鉄道事業者に貸し付ける方式となっている。

　地域間インフラ整備にかかる施設の整備・保有主体がJR貨物ではなく第三セクター事業者とされている要因としては、完全民営化を目指しているJR貨物に対して、大規模な公的補助を実施することは望ましくないという側面が挙げられる[16]。しかしながら、より大きな要因としては、鉄道貨物輸送への参入規制が存在しないことが挙げられよう。すなわち、地域間インフラ整備については、交通分野における規制緩和を進める国の政策との整合性から、新規参入を妨げない制度設計が必要であると考えられるからである。したがって、施設の整備・保有主体である第三セクター事業者は、JR貨物以外の鉄道事業者に当該の施設を貸し付けることも制度上可能である[17]。

16　佐藤［2005］p.44を参照されたい。
17　国土交通省鉄道局へのヒアリング（2013年12月24日）による。

3 地域間インフラ整備の概要

本節では地域間インフラ整備の概要について述べるが、とりわけ需要が大きく、線路容量に余裕が少ない首都圏〜福岡間におけるインフラ整備に焦点を当てることとする[18]。図6-1は地域間インフラ整備事業の一覧を図示したものである。

3-1 東海道線コンテナ貨物輸送力増強事業

労働力不足問題や環境問題の観点から、モーダルシフトを推進する必要性が高まった1990年代初頭に、運輸省(現国土交通省)は鉄道整備基金(現鉄道・運輸機構)を活用して地域間インフラ整備を支援することを考案した。JR貨物はこれを活用し、需要が最も大きい東海道線において地域間インフ

図6-1 地域間インフラ整備事業一覧

[出所] JR貨物提供資料。

---

18 各事業の概要に関する記述はJR貨物から提供された資料に依拠している。

図6-2 東海道線コンテナ貨物輸送力増強事業略図

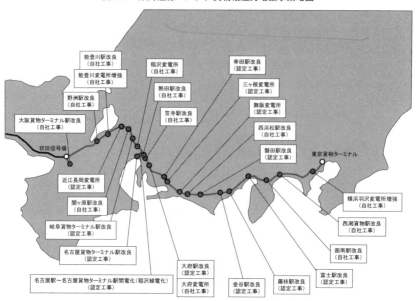

[注] 駅名等の標記は事業実施期間当時のものである。
[出所] JR貨物提供資料。

ラ整備を実施した。26両編成1300トンの列車については、すでに1990年3月より運転が開始されていたものの、輸送力の増強を図ることで鉄道貨物輸送の安定供給が期待できるからである。具体的には、変電所5箇所の整備、変電所2箇所の増強、17駅の改良（待避線、駅構内の整備等）、名古屋駅～名古屋夕駅間の電化が実施されている（図6-2参照）。

当該事業は3段階に分けて実施する予定であったが、実際は第1段階のみの実施にとどまり、列車の高速化と並行ダイヤ化により夜間時間帯の増発を行う第2段階、および列車のさらなる長編成化（32両編成1600トンの列車）を行う第3段階はいずれも実施されていない。

国の認定工事として実施された施設の整備費については、鉄道整備基金からの無利子貸付等公的資金により49億円が調達され、残余の75億円がJR貨物による負担となっている。事業費総額は124億円である。認定工事に該当する施設については、工事完成後日本鉄道建設公団からJR貨物とJR旅

客各社に譲渡され、JR貨物は25年にわたり償還することとなっている。

　事業は1993年6月に着手され、認定工事に該当する施設については1998年3月までに完成した。その後、JR貨物が工事を実施した施設の完成を待ち、1998年10月3日のダイヤ改正で、26両編成列車が1日あたり14本から31本に拡大されている。この事業の結果、東海道線を中心に26両編成列車は1日あたり約50本の運転が可能となっている。

3-2　武蔵野線・京葉線貨物列車走行対応化事業[19]

　京葉臨海工業地帯を発着する貨物列車については、従来総武線・常磐線経由で運転されていたが、当該の運転経路では新小岩駅において機関車の付け替え作業が必要であり、時間的損失とダイヤ上の制約が生じていた。総武線と並行している京葉線を活用し、京葉臨海工業地帯発着貨物の運転経路を京葉線（蘇我駅〜西船橋駅間）・武蔵野線（西船橋駅〜南流山駅間）経由に変更すれば、大幅な列車運転時間の短縮と輸送力の増強が可能となる（図6-3参照）。

　JR貨物は当初、京葉地域全体の輸送改善策の1つとして自己資金のみで事業を実施することを検討していたが、事業費が約50億円と試算され、事業採算性の観点から不可能と判断された。このため、1998年度より地域間インフラ整備が幹線鉄道等活性化事業の補助対象となったことから、これを活用して事業が実施されることになった。事業は京葉臨海鉄道が事業主体となって施設を整備・保有し、JR貨物がこれらを借りて利用することとなっている。最終的な事業費は約41億円であり、補助金額は約12億円である。

　事業は1999年3月に着手され、駅構内の改良（待避線の新設・延伸等）、信号保安設備の改良工事等を実施し、2000年12月2日より供用された。これによって、コンテナ列車は1日あたり4本の増発が可能となり、所要時間では千葉県内発着列車全平均で約3時間の短縮が図られている。

19　武蔵野線・京葉線貨物列車走行対応化事業は地域内輸送におけるインフラ整備の性格が強い。本来ならば第7章において取り上げるべきであるが、他の地域間インフラ整備と同様に幹線鉄道等活性化事業費補助の対象となっていることから、本章で述べる。幹線鉄道等活性化事業費補助を活用した鉄道貨物輸送に関するインフラ整備については鎌田[2000c]、佐藤[2005]、Funahashi[2009]を参照のこと。

162　第2部　モーダルシフト推進策の検討

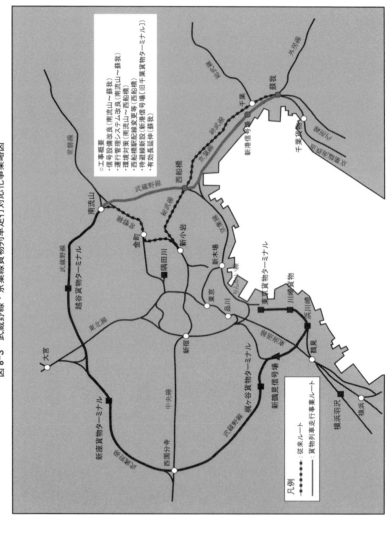

図6-3　武蔵野線・京葉線貨物列車走行対応化事業略図

[出所] JR貨物提供資料。

3-3 門司貨物拠点整備事業

　従来、北九州地域発着となるコンテナは浜小倉駅を中心に取り扱いを行っていたが、同駅の設備は、着発線とは別に荷役作業を行うための荷役線を設置する旧式の構造であり、貨車の入換作業が必要であった。また、本州〜九州間の輸送においては、多くの列車が福岡夕駅を中心に運転されていた。周知のとおり、九州内の物流拠点は福岡市であり、九州内の各駅を発着する列車の多くも福岡夕駅を経由して運転されていた。この結果、日豊線内各駅を発着する列車では、旧門司操車場〜福岡夕駅間の約70kmに及ぶ重複輸送が生じていた。

　このような状況から、旧門司操車場に着発線荷役方式の北九州夕駅を整備し、浜小倉駅の取り扱いを移転させることとなった[20]。旧門司操車場は鹿児島線と日豊線が接続する西小倉駅より本州寄りに位置していることから、旧門司操車場〜福岡夕駅間および旧門司操車場〜浜小倉駅間の重複輸送を解消することが可能になる（図6-4参照）。また着発線荷役方式の駅として整備することで、輸送時間の短縮も可能となることから、九州内の輸送効率化や北九州地域発着貨物の増送も期待できるからである。

　当該事業も、先に述べた武蔵野線・京葉線貨物列車走行対応化事業と同様に、幹線鉄道等活性化事業として実施されることとなった。施設を整備・保有する事業主体としては、北九州市の出資により第三セクターの北九州貨物鉄道施設保有が新たに設立された。これは周辺地域に臨海鉄道が存在しなかったこともあるが、北九州市が物流基盤の整備によって地域の活性化を図る「北九州市物流拠点都市構想」を推進していることが大きな要因である[21]。

　事業費は約65億円である。当該事業は貨物拠点整備事業であるが、事業実施期間当時は補助率が補助対象費用の10分の3以内とされていたため、補助金額は約20億円となっている。これとは別に、北九州市から事業費の20%に相当する約13億円の補助（北九州貨物鉄道施設保有設立の出資金約2億円を含む）が交付されている。

20　門司貨物拠点整備事業については白鳥［2006］pp.67-69も参照されたい。
21　http://www.city.kitakyushu.lg.jp/kou-ku/file_0028.htmlを参照されたい。地方自治体の鉄道貨物輸送に対する考え方、取り組み状況の分析については矢野・林［2010］が詳しい。

164　第2部　モーダルシフト推進策の検討

図6-4　門司貨物拠点整備事業略図

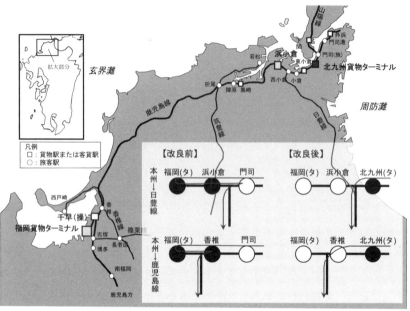

［注］　駅名等の標記は事業実施期間当時のものである。
［出所］　JR貨物提供資料。

　事業は2000年1月に着手され、着発線・コンテナホームの新設、軌道・信号設備の改良工事を実施し、2002年3月23日より北九州タ駅が営業を開始している。北九州タ駅の営業開始前と比較して、コンテナ列車は1日あたり4本増発となった。またコンテナ列車の地域間での所要時間については、埼玉～大分間で約14時間、東京～宮崎間で約10時間の短縮が図られている。

3-4　山陽線鉄道貨物輸送力増強事業

　先に述べた東海道線コンテナ貨物輸送力増強事業により、東海道線内における26両編成列車の運転可能本数は拡大した。東海道線を走るコンテナ列車の多くは山陽線を経て九州まで直通で運転されているが、山陽線においては、西岡山駅（現岡山タ駅）以東の区間では、26両編成列車の運転が可能となっていた。しかし西岡山駅以西の区間では、とくに電力供給能力の観点

図 6-5 山陽線鉄道貨物輸送力増強事業略図

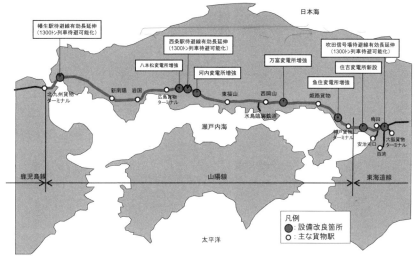

［注］　駅名等の標記は事業実施期間当時のものである。
［出所］　JR 貨物提供資料。

から、列車の編成長は最大 24 両となっており、西岡山駅以東の区間においても、26 両編成列車のさらなる増発は困難な状況となっていた。

　一般的に、輸送距離が 600km 以上の区間では、運賃の面でトラックよりも鉄道が有利である。第 1 章で見たように、鉄道が一定程度の分担率を有しているのは、おおむね 600km 以上の距離帯である[22]。このため、路線の大部分が東京タ駅から 600km 以上の距離帯にある山陽線の輸送力を増強し、とりわけ需要の大きい東海道線と合わせて活用することは、モーダルシフトを推進するうえで極めて有益であるといえよう。本事業は幹線鉄道等活性化事業として、水島臨海鉄道が事業主体となって施設を整備・保有し、JR 貨物がこれらを借りて利用することとなっている。事業費は約 34 億円であり、

22　矢田貝 [1993] p.32、鎌田 [2003] p.13、舟橋 [2004] p.52、鶴 [2005] p.33 を参照のこと。ただし、鉄道貨物輸送は「幹線輸送で 600km 以上の長距離、重量物輸送といった限られた条件内でしか使用できない」との厳しい指摘もある（早川 [2005] p.17）。一方で、輸送距離が 500km 台の区間においても鉄道が有利であるとの主張もみられる（鎌田 [2000b] p.45）。三浦 [2007] も、リードタイム（トータルでの輸送時間）では輸送距離が 500km 以上になると鉄道が有利であると述べている（三浦 [2007] p.85）。

補助金額は約10億円である。

事業は2002年度に着手され、吹田信号場（現吹田夕駅）、西条駅、幡生駅の待避線有効長の延伸、変電所1箇所の新設、変電所4箇所の増強を実施した（図6-5参照）。供用開始は2007年3月18日である。供用開始に合わせたダイヤ改正から、東海道線・山陽線の26両編成列車は1日あたり26本から43本に増発されている。

3-5　鹿児島線（北九州・福岡間）鉄道貨物輸送力増強事業

山陽線鉄道貨物輸送力増強事業の完成により、東京夕駅～北九州夕駅間で26両編成列車の運転が可能になった。しかし鹿児島線内では、列車の編成長は従来どおり最大24両となっていた。先に述べたように、九州内の物流拠点は福岡市であり、東海道線・山陽線から九州まで直通で運転される列車の多くは福岡夕駅まで運転されている。このため、鹿児島線の北九州夕駅

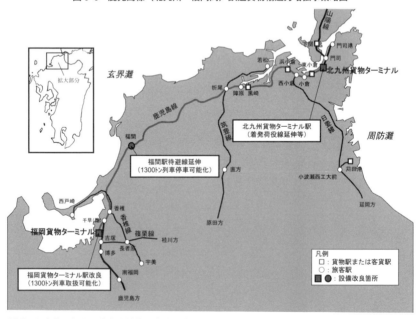

図6-6　鹿児島線（北九州・福岡間）鉄道貨物輸送力増強事業略図

［注］　駅名等の標記は事業実施期間当時のものである。
［出所］　JR貨物提供資料。

～福岡タ駅間においてインフラ整備を実施し、東京タ駅～福岡タ駅間の約1200kmにおいて、26両編成列車の運転を実現させることは、モーダルシフトを推進するうえで極めて有益であると考えられる。

当該の事業は、幹線鉄道等活性化事業として、門司貨物拠点整備事業の際に設立された北九州貨物鉄道施設保有が事業主体となって施設を整備・保有し、JR貨物がこれらを借りて利用することとなっている。事業費は約27億円であり、補助金額は約8億円である。

事業は2007年度に着手され、北九州タ駅の着発荷役線の延伸、福間駅への待避線の新設、福岡タ駅のコンテナ荷役線の延伸等が実施された（図6-6参照）。供用開始は2011年3月12日である。供用開始に合わせたダイヤ改正から、東海道線・山陽線の26両編成列車はダイヤ改正前の1日あたり44本から1本増発して45本となり、これらのうち18本の列車が、北九州タ駅～福岡タ駅間を26両編成のまま運転されている。

3-6　地域間インフラ整備の効果

首都圏～福岡間のインフラ整備によって、輸送力はどの程度増強されたのであろうか。表6-1は26両編成列車の1日あたり地域間別設定本数の推移を示したものである。地域間インフラ整備の事業完成区間の延伸に伴って、すでに事業が完成している区間も含めて輸送力が増強されている。たとえば

表6-1　26両編成列車の1日あたり地域間別設定本数の推移

インフラ整備事業完成路線		東海道線	山陽線	鹿児島線	
ダイヤ改正年月	1993年3月	1998年10月	2007年3月	2011年3月	2013年3月
東京～静岡	12	26	33	32	31
静岡～名古屋	12	28	33	32	31
名古屋～大阪	14	25	33	36	37
大阪～岡山	4	7	26	31	30
岡山～広島	0	0	15	26	25
広島～福岡	0	0	10	24	23
列車本数合計	14	31	43	45	47

［出所］　JR貨物提供資料より作成。

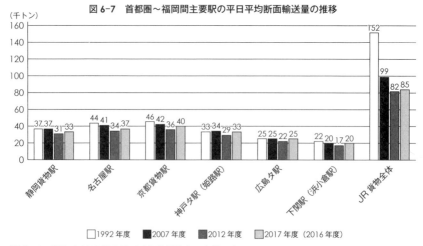

図6-7　首都圏〜福岡間主要駅の平日平均断面輸送量の推移

[注] 1. 駅名は2018年3月ダイヤ改正時点の名称である。
2. 神戸夕駅の1992年度は姫路駅の数値であり、下関駅の1992年度は浜小倉駅の数値である。
3. JR貨物全体の数値は1日あたり平均輸送量である。
4. JR貨物全体の2017年度は2016年度の数値である。

[出所] JR貨物提供資料および『鉄道統計年報』各年度版より作成。

　名古屋〜大阪間では、地域間インフラ整備実施前の1993年3月における26両編成列車の設定本数は14本であったが、東海道線コンテナ貨物輸送力増強事業が完成した1998年10月には25本に増加している。その後、山陽線鉄道貨物輸送力増強事業が完成した2007年3月には33本に、鹿児島線（北九州・福岡間）鉄道貨物輸送力増強事業が完成した2011年3月には36本に、それぞれ増加している。

　第1章で述べたように、コンテナ列車の平均輸送距離は約900kmであり、地域間インフラ整備の効果が長距離に及んでいるのである。したがって、需要が最も大きく、線路容量に余裕の少ない首都圏〜福岡間において、26両編成列車の運転を実現させるべく地域間インフラ整備を推進したことは妥当であるといえよう。

　一方で、輸送量はどのように変化したのであろうか。図6-7は首都圏〜福岡間の主要駅における平日1日あたりの平均断面輸送量を、インフラ整備を実施する前の1992年度、山陽線のインフラが整備された直後の2007年度、鹿児島線のインフラが整備された直後の2012年度、および2017年度につい

て示したものである。比較のために JR 貨物の 1 日あたり平均輸送量についても記載している。1992 年度を除いて、東海道線内の静岡貨物、名古屋、京都貨物の各駅には、JR 貨物の輸送トン数全体の約 4 割、山陽線内の神戸タ、広島タの両駅にはその約 3 割が走行している。

各駅の輸送量は、インフラの整備によって輸送力が増強されているにもかかわらず 2012 年度まで減少傾向にある。ただし JR 貨物全体における減少傾向よりも緩やかであることから、インフラ整備によって輸送量の減少幅を縮めた結果にはなっている。2017 年度は 2012 年度を上回っているが、インフラの整備を実施する前の 1992 年度の水準をやや下回っている。

4　おわりに―今後の課題

首都圏～福岡間のインフラ整備によって 26 両編成列車の設定本数が増加し、輸送力の増強については一定の効果が見られた。しかしながら、輸送量はインフラの整備が進展する間にも減少し、近年わずかに増加に転じているものの、インフラの整備を実施する前の水準にも達していないのである。地域間インフラ整備の目的であるモーダルシフトには遠く及ばないといえよう。

現行の首都圏～福岡間のインフラ整備には、以下のような問題点が挙げられる。

第 1 はインフラ整備の実施期間の長さである。東海道線においてインフラ整備事業に着手し、山陽線において当該事業が完成するまでにおよそ 14 年が経過しており、鹿児島線での当該事業完成までには 18 年近くを要している。上述のとおり、地域間インフラ整備の効果は長距離に及ぶ性質を有している。より早急な整備が必要であったと言わざるを得ない[23]。

第 2 は、先行研究においても指摘されるとおり、地域間インフラ整備による輸送力の増強量が小さいことである。首都圏～福岡間における地域間インフラ整備の完成によって、26 両編成列車の 1 日あたり設定本数は大幅に増加している。しかし一方で、インフラの整備に約 250 億円を投じたものの、

23　山野邊 [1994] は「モーダルシフトの受け皿となる鉄道や海運の輸送力増強に必要なインフラ整備に当たっては、膨大な費用と長い期間を要することなどリスクが大きいため、行財政上の支援措置が必要になる」と主張する（山野邊 [1994] p.51）。

その効果は最大 24 両編成であった列車に、コンテナ貨車を 2 両増結したに過ぎないともいえる[24]。東海道線コンテナ貨物輸送力増強事業の第 3 段階では、32 両編成 1600 トンの列車を設定し得る程度の規模で整備が計画されていた。このような規模でのインフラの整備を推進し、1 列車あたりの輸送力を大幅に増強するか、あるいは何らかの方法で列車の増発が可能になるようなインフラの整備を新たに検討すべきである。

地域間インフラ整備にかかる国の補助制度としては、幹線鉄道等活性化事業費補助が実施されていることは先に述べた。補助率は、旅客専用線の貨物列車走行対応化、既存路線の輸送力増強については補助対象費用の 10 分の 3 以内、貨物拠点整備事業については補助対象費用の 10 分の 2 以内とされている。地域間インフラ整備によって、列車を運行する貨物鉄道事業者も経営上の利益を享受するので、補助率の数値については議論の余地があるものの[25]、事業費の一定割合を貨物鉄道事業者の負担とすることは妥当性を有するといえる。しかしながら、当該の補助制度は国の政策目標である、モーダルシフトの推進を実現するためのものである。地域間インフラ整備は速やかに実施したほうが、その効果は大きい。

したがって、仮に財源の制約から補助率の拡大が困難であるとしても、東海道線コンテナ貨物輸送力増強事業の際に採用された、無利子貸付等を補助とともに実施することで、補助対象費用の全額に何らかの公的支援を行うことが望ましいといえよう。これによって、地域間インフラ整備に必要な当面の資金は確保されるので、整備に要する期間を短縮することが可能になる。

地域間インフラ整備は、需要が大きい首都圏〜福岡間については終了し、首都圏〜北海道間に移行している。しかしながら、先に考察したように、首

---

24 小澤［2010b］および小澤［2013a］は「1 編成当たりの貨車 2 両だけの増大では、必ずしも十分な増強とは言い切れない」と指摘し、「鉄道貨物輸送をモーダルシフトの受け皿として期待するのであれば、抜本的な輸送量の増大、すなわち、列車本数の増大が必要となるであろう」と主張している（小澤［2010b］p.77；小澤［2013a］p.9）。石田［2011］は「低炭素社会を構築するというビジョンを掲げるのであれば、交通インフラ分野での公的投資配分も大胆に見直し、貨物も含めた鉄道利用をより強力に推進すること」を提言する。
25 田口［2003］は現行の国の支援を「他の輸送モードに比べて単発的で、助成金額も極めて少額にとどまっている」と批判する（田口［2003］p.21）。香川は現行の国の支援は不十分であり、補助額の増額、補助率の拡大が必要と主張している（香川［2006］p.34 および香川［2007］pp.18-19）。また地方自治体が道路整備のあり方を見直せば、鉄道貨物輸送の利用促進策を展開する財源を十分に捻出できると述べている（香川［2006］p.46）。

都圏～福岡間については輸送力の増強量が小さく、モーダルシフトを推進するには、より一層の整備による輸送力の増強が必要である。とりわけ需要の大きい東海道線において、何らかの整備方策を早急に検討すべきである[26]。

周知のとおり、東海道線は旅客輸送についても需要が大きく、とりわけ首都圏・中京圏・京阪神圏の三大都市圏の区間ではその需要が極めて大きい。首都圏（小田原駅以東）と京阪神圏（草津駅以西）では複々線となっており、また貨物別線も設置されている。しかし中京圏（名古屋駅周辺区間）の大部分は複線であり、貨物別線もほとんど設置されていないので、線路容量が逼迫している[27]。中京圏の線路容量を拡大することは、モーダルシフトを推進するうえで必要不可欠である。

線路容量を拡大するには、複々線化や貨物別線の新設によってインフラを増強する必要がある。しかし、それらは相当な期間と費用を要すると考えられるため、早急な実施は困難である。一方で、既存の路線を活用した迂回経路を確保することは、現行の幹線鉄道等活性化事業として実施可能な方策であり、検討の余地がある。これによって東海道線の混雑を緩和するのみならず、輸送障害に備えて輸送経路に冗長性を持たせることが可能になる。名古屋駅周辺区間を経由しない迂回経路を早急に整備すべきである[28]。

---

26 首都圏～北海道間の鉄道貨物輸送についても、現在の首都圏～福岡間と同程度の輸送力増強が必要との主張がある。首都圏～北海道間は一部の区間を除き、首都圏～福岡間よりもダイヤに余裕があるため、20両編成1000トンの列車が主体になっている。しかし青函共用走行区間は、軌間が標準軌（1435mm）の新幹線用レールと軌間が狭軌（1067mm）の在来線用レールを併設した3線軌条となっている。仮に新幹線列車の走行が優先され、貨物列車の運転本数が削減された場合、20両編成1000トンの列車のままでは貨物の輸送力が大きく低下することが懸念されるからである。久保武美氏は『JR貨物ニュース』第346号（2015年3月15日付）において「東京以西では26両編成列車を運転しているのに、隅田川駅以北のインフラは20両編成列車対応に据え置かれています。インフラ整備には時間もお金もかかるでしょうが、新幹線に何兆円も投資するのなら、物流の輸送力を維持するために、ここにも投資をしてほしいと思うのです」と述べている。青函共用走行区間に関する議論は千葉［2007］、相浦・阿部・佐藤［2014］、相浦・阿部・平出［2016］、森田［2016］を参照されたい。

27 同様の指摘は高坂［1997b］pp.44-46、鎌田［2000c］pp.36-37、伊藤ほか［2005］p.13、吉岡［2011a］p.64を参照されたい。

28 同様の指摘は佐藤［2010］p.111を参照されたい。名古屋駅周辺区間における迂回経路については、過去にも計画されている。代表的なものとして、南方貨物線と通称される東海道線の貨物別線（大府駅～名古屋夕駅間）の計画、および現在の愛知環状鉄道（岡崎駅～高蔵寺駅間）と東海交通事業（勝川駅～枇杷島駅間）を活用した計画がある。両者については佐藤［1998］および日本貨物鉄道編［2007b］pp.824-825が詳しい。吉岡［2011a］は両者を貨物列車の運転経路として活用することを提言している（吉岡［2011a］pp.64-65）。澤内［2018］は後者について、貨物列車の運転経路として活用することを提言している（澤内［2018］p.67）。

一例としては、首都圏から中央線を経由し、多治見駅から太多線・高山線（美濃太田駅〜岐阜駅間）を経由して東海道線に接続する経路が考えられる。現在、太多線と高山線は中央線とは異なり、非電化路線で貨物列車も運転されていない。少なくとも多治見駅〜岐阜駅間については地域間インフラ整備が必要であるが[29]、検討の余地はあると思われる。

補論　新幹線による貨物輸送

地域間インフラ整備に関連する構想として、新幹線による貨物輸送がある。既設の新幹線および今後整備予定の新幹線において高速の貨物輸送を実施すれば、リードタイムを大幅に短縮するので、トラック輸送に対する競争力は格段に向上すると考えられる（角［2005］p.23；村田ほか［2006］p.455；石井［2017］p.64）。さらには、夜間に発送し翌朝に到着するという現行の物流における慣行をも変更するポテンシャルを秘めているともいえる。

わが国初の新幹線である東海道新幹線の建設に際しても貨物輸送が計画されていたが、実現しなかった経緯がある[30]。現在、線路容量が逼迫している東海道新幹線において貨物輸送を実施することは困難であるが[31]、北海道から九州まで新幹線網が拡大していること、および北陸新幹線が全線開通すれば、東京〜大阪間が北陸新幹線によって迂回できることから、新幹線を全国的な貨物路線網として利用し得る余地は大きくなる（石原［2005］p.101；村田ほか［2006］p.455；石井［2017］pp.68-69）。旅客輸送のみである新幹線において、施設の有効活用の観点から貨物輸送をすべきとの議論は必然的に起こり得るといえよう。とりわけ青函共用走行区間において「高速で走行する新幹線と貨物列車のすれ違いについては、大規模な地震発生時等における安全性の観点から慎重な検討を要する[32]」として、新幹線列車の最高速度

29　高山線については近年まで貨物列車が運転されていたが、2007年4月1日に廃止されている。
30　東海道新幹線による貨物輸送計画については鉄道貨物近代史研究会編［1993］pp.151-152、日本貨物鉄道編［2007b］pp.812-817を参照した。当該の計画が立ち消えになった理由については、東海道新幹線の建設に際して「世界銀行の借款を得るための便法であったとする説がきわめて有力である」（日本貨物鉄道編［2007b］p.816）。
31　ただしJR東海が整備している中央新幹線が開通すれば、東海道新幹線の線路容量に余裕が生じるものと考えられるため、将来的には東海道新幹線においても貨物輸送を検討する余地はあるといえる。中央新幹線については http://linear-chuo-shinkansen.jr-central.co.jp/ を参照されたい。
32　http://www.mlit.go.jp/common/000993200.pdf を参照した。青函トンネルは54kmという長距

が 140km/h に抑制されているため、これを解消する方策として新幹線による貨物輸送が検討されている[33]。

飯沼ほか［1999］においては、わが国の物流政策において新幹線による貨物輸送が検討されていないことを問題視し、発想を転換すべきとの主張がなされている。

石原［2005］は、青函共用走行区間に着目し、鉄道貨物輸送のサービス水準低下を防止し、トラック等他の輸送機関に対する競争力を確保する方策として、首都圏～北海道間における新幹線による貨物輸送を提言している。具体的には、首都圏内の貨物駅を、線路容量が逼迫している東京駅～大宮駅間を回避して、大宮駅北側の東北自動車道との交点付近に設置し、1両あたりの空車重量（車両自体の重量）が 30 ～ 35 トンの 16 両編成で 240km/h 運転の貨物列車を想定している。この場合、編成あたり 12ft コンテナを 94 個（先頭車 5 個、中間車 6 個）積載しても、最大軸重（車軸あたり重量）を現行のインフラにおける許容範囲である 17 トン以下に収める事ができると述べている。また輸送品目として宅配便等の重量あたり単価の高い荷物を選択すれば、かなりの利益が見込めると指摘している。

村田ほか［2006］も、近年増加している軽量で速達性を必要とする貨物を輸送対象とすれば、インフラの補強・改良を必要としないので、新幹線による貨物輸送実現の可能性は低くないと主張し、現在の新幹線車両の運転整備重量（空車重量に旅客、手荷物、旅客用椅子、洗面施設等の重量を加えた重量）の範囲内としても、1 列車あたり 250 トン程度の輸送量が確保できると分析している。貨物駅の建設費と車両の製造費については、旅客駅の建設費および旅客車両の製造費を参考にして、前者は 1 駅あたり 200 億円、後者は

離の複線トンネルであり、トンネル内での高速列車と貨物列車のすれ違いは前例がない（相浦・阿部・佐藤［2014］p.30）。新幹線の整備に際しても、青函共用走行区間と同様に 3 線軌条として、現行の貨物列車を新幹線上で運転する方式が検討された経緯がある（飯沼ほか［1993］p.29；鶴岡［1998］p.211；岩沙・今城［2000］p.19；堀［2017］p.182；伊藤［2017］pp.245-247 を参照した）。高坂［1996a］は「新線建設部分より通路部門を JR 旅客各社の所有から分離し、公的な別組織として設立する路線保有機関に所有させることが合理的な解決策と考えられる。少なくとも、JR 貨物が最小限の投資で整備新幹線上を走ることができるようにすべき」と提言している（高坂［1996a］p.47）。日野ほか［2000］は「新幹線上に貨物列車を通す案も検討されたが、多額となる設備費用や安全性の問題から否定された」と述べている（日野ほか［2000］p.827）。

33 『北海道新聞』2016 年 1 月 1 日付、http://dd.hokkaido-np.co.jp/news/economy/economy/1-0218692.html を参照した。

1列車あたり40億円と試算している。

　長野［2011］は首都圏〜北海道間において、現行の新幹線列車の一部車両を利用して水産物を輸送するよう提言している。

　石井［2017］は、道床がバラスト（砕石）である東海道新幹線は線路の保守に手間がかかるものの、他の新幹線は道床がコンクリートの区間が大部分のため、夜間に行われる線路の保守作業に要する時間を短縮できると指摘する。また夜間は200km/h程度の最高速度で運転すれば、現行の貨物列車が最高速度の130km/hで運転するときよりも静粛であると考えられるため[34]、新幹線による貨物輸送を夜間に実施することは可能であると主張している。そのうえで、新幹線の安全性を損ねない貨物輸送方式として、現在の新幹線車両と類似した構造の車両の内部にコンテナを積載する方式と、現在の新幹線車両と全く同じ構造の車両にロールボックスパレットを積載する方式を提言している。

　青函共用走行区間において、新幹線上を走行できる貨車に現行の貨車を直接積載して高速運転をするトレイン・オン・トレイン方式も構想されている[35]。これについて佐藤馨一［2007］は、「新幹線の速度を落とすと飛行機のシェアが伸び、北海道新幹線の競争力が低下する。また、貨物列車の運行本数を減らすと、北海道の農水産業に深刻な影響をもたらす」ので、その解決策がトレイン・オン・トレインであると評価する。ただし「積み替え基地の建設費は誰が負担するのか」が課題であると指摘している（佐藤馨一［2007］pp.66-67）。村山［2010］は、貨物列車を200km/h程度の高速で運転することが可能になるものの、実用化まで長期間を要し、また多額の開発費用が必要であると述べている。上浦［2011］は試験車両の試作段階まで進展しているものの、技術的な検討課題を克服するまでに至っていないと分析している。

---

[34] 仮に新幹線の貨物列車の運転速度を、現行の貨物列車の最高速度である130km/h程度に制限した場合であっても、曲線等による速度制限の多い在来線とは異なり、新幹線では大部分の区間で減速することなく運転することができるので、所要時間および輸送中の荷痛みの防止の観点から有利である。

[35] トレイン・オン・トレイン方式については http://www.mlit.go.jp/common/001116785.pdf を参照した。

近藤［2009］と平出・阿部・相浦［2017］は北海道新幹線（新青森駅〜新函館北斗駅間）による貨物輸送について考察している。近藤［2009］はJR旅客各社と連携して小荷物輸送用の新幹線車両の開発に着手すべきと主張する（近藤［2009］p.48）。平出・阿部・相浦［2017］は北海道新幹線による貨物輸送が青函共用走行区間における諸問題を抜本的に解決すると主張し、それがもたらす全国的な経済効果を推計している。速達性向上によるプラスの経済効果から運賃上昇に伴うマイナスの経済効果を差し引いた純経済効果は1124億円に達することを明らかにしている。

一方で、新幹線による貨物輸送の実現を疑問視する議論も見られる。飯沼ほか［1993］では、新幹線では運賃負担力のある軽量貨物しか輸送できないので、結果的に速達性に勝る航空との競争に直面するとの指摘がある（飯沼ほか［1993］pp.22-23）。

新幹線による貨物輸送は、先行研究において議論される段階にとどまっている。管見の限り具体化に向けた大きな動きは見られないが[36]、これを実現するうえでの課題としては、先行研究における議論から以下のものが考えられる。

① 一般的に旅客より重量の大きい貨物の輸送に、線路、高架橋等のインフラが耐えられるか。
② 貨物列車の運転に伴う安全性低下の懸念（高速走行による積荷の落下、積荷の偏積による脱線）を払拭できるか。
③ 貨物輸送は主として夜間に実施されるが、線路の保守作業に要する時間の確保、および列車走行時の騒音の問題から、新幹線において夜間に貨物輸送ができるのか。
④ 旅客の輸送需要が極めて大きく、線路容量に余裕のない東海道新幹線および東北新幹線の東京駅〜大宮駅間において、貨物列車を運転し得る

---

36 『西日本新聞』2019年1月1日付において、JR九州が九州新幹線による貨物輸送の検討を始めたと報じられている。それによると「貨物輸送では6、8両編成で運行している既存ダイヤと車両をそのまま使用。早朝や深夜など乗車率が低い時間帯に、車両のうち1両を貨物専用にして荷物を運ぶ。配送区間は博多ー鹿児島中央間を想定しており、需要があれば、熊本でも取り扱う可能性がある。今後、効率的な貨物の積み降ろし方法や、積載時の座席シートの保護方法などについて検討や準備を進める」という。

線路容量を確保できるのか。
⑤　貨物列車の運転に対してJR旅客各社が積極的に関与するか。
⑥　貨物駅等、貨物輸送に必要な設備の整備に要する費用が多額とならないか。また、在来線の貨物列車との中継輸送は可能か。
⑦　貨物輸送の新幹線への転換によって並行在来線事業者の経営が悪化しないか。

　これらの課題の多くを克服し得る貨物輸送は、東海道新幹線を迂回する新幹線網を利用し、石井［2017］の提言する、現在の新幹線車両と全く同じ構造の車両にロールボックスパレットを積載する方式が有力であろう。ただし、コンテナを用いないため荷役に要する時間が長くなること、またこれによって端末輸送のトラックの稼働率も低下することが懸念される。したがって当該の方式では、JR貨物の営業線区を含む在来線の鉄道貨物輸送を全面的に新幹線に転換することは困難であるが、現行の鉄道貨物輸送よりもモーダルシフトの受け皿としては有効であると思われる。
　ただし、⑤⑥⑦については依然として未解決である。⑤については、現実的には線路を保有するJR旅客各社が何らかの形態で貨物事業に参画しなければ、新幹線による貨物輸送を実現することは困難であると思われる。周知のとおり新幹線は高度な運転保安システムが採用されており、貨物列車の運転によって新幹線の列車運行管理が複雑化することを極力回避しなければならないこと、また200km/h以上の高速運転を行うため、在来線以上に安全に対する配慮が強く求められることから、在来線と同じく貨物輸送に上下分離を採用することは難しいと考えられる。
　仮に上記の懸念材料が克服され、上下分離の採用が可能と判断された場合でも、線路使用料の算定に在来線と同様のアボイダブルコストルールを適用するとJR旅客各社の費用負担は増加する可能性が高い。第3章で述べたように、アボイダブルコストルールは国鉄を分割・民営化した際の枠組みであり、実質的にはJR旅客各社からJR貨物への補助という性質を有している。国鉄の分割・民営化時には想定されていなかった新幹線による貨物輸送に対して、当然ながらJR旅客各社はフルコストの線路使用料を要求するものと思われる。

⑥については、村田ほか［2006］が試算しているように、貨物駅の建設費を1駅あたり200億円としても、JR旅客各社等の貨物輸送を担う鉄道事業者がそのような費用を負担し得るとは想定し難い。新幹線による貨物輸送に要する諸費用の大部分は、モーダルシフト推進策の一環との位置づけで、国が補助せざるを得ないであろう。

⑦については、少なくとも並行在来線事業者の経営環境を大きく変化させることになる。仮に貨物輸送が並行在来線事業者から新幹線に全面的に転換した場合、並行在来線事業者は旅客輸送専業となり、貨物輸送のために維持してきた過大なインフラ（電化設備、複線の線路等）を縮小することが可能である。しかし一方で、現在フルコストで収受している線路使用料収入が消滅し、営業収益が減少する。インフラの縮小によって削減される諸費用が、線路使用料収入の消滅による営業収益の減少分を上回らなければ、並行在来線事業者の経営は厳しくなる。第3章で考察したように、旅客輸送量の小さい事業者にとって、線路使用料収入は旅客輸送を維持するうえで重要な経営資源となっており、並行在来線事業者を存続させる観点からは、新幹線による貨物輸送は慎重に考慮せざるを得ないといえる。

なお、新幹線による貨物輸送とはやや異なるが、貨物専用鉄道である「東海道物流新幹線構想」も提言されている。東海道物流新幹線構想委員会［2008］によると、新東名高速道路および新名神高速道路の中央分離帯、使用未確定車線等を活用して貨物専用の鉄道を整備するとしている[37]。路線距離は約600kmで軌間はJRの在来線と同一の狭軌を採用し、複線電化とする計画である。ただし電化方式は大部分の路線で採用されている架線方式ではなく、列車が走行するレールに沿って設置されたレールから集電する第三軌条方式を採用するという。貨物列車は平均速度90〜100km/hで無人の自動運転とし、東京〜大阪間の所要時間は6時間30分としている。

既存の新幹線は標準軌であるが、東海道物流新幹線では狭軌を採用している。周知のとおり貨物列車はJRの在来線上で運転されているので、既存の貨物列車による直通運転を可能にするためであると考えられる。一方で、架

---

[37] 東海道物流新幹線構想については和泉［2008］、中村・和泉［2008］、東海道物流新幹線構想委員会［2010］においても、その概要が述べられている。

線方式ではなく第三軌条方式による電化を採用するのは、揚程制限装置が装備されたコンテナ荷役機械を必要とする架線下荷役の制約を解消するためと考えられる。

　東海道物流新幹線は、実質的に鉄道貨物輸送において最も需要の大きい東海道線の貨物別線であり、東海道線の輸送力を大幅に増強するものである。モーダルシフトを推進する施策として有益であるといえるが、その構想が発表されて以降、管見の限り具体化に向けた動きは見られない。東海道物流新幹線は建設費が約2兆円と多額になることが見込まれ[38]、費用対効果が大きいとは言えないからである。最大の問題点は、JRの在来線と変わらない100km/h程度という低い平均速度にある。これでは新幹線とは言い難い[39]。200km/h以上の高速運転が技術的に難しい狭軌、第三軌条方式による電化を採用しているためであろうが、東京〜大阪間の所要時間が6時間30分では速達性の向上は期待できない。費用対効果を考慮すると、東海道物流新幹線の建設よりも、先述の中央線等を用いた迂回経路の整備を優先すべきである[40]。

38　東海道物流新幹線構想委員会［2010］p.14を参照した。
39　全国新幹線鉄道整備法第2条において、新幹線は「その主たる区間を列車が200キロメートル毎時以上の高速度で走行できる幹線鉄道」と定義されている。
40　杉山［2013］は東海道物流新幹線について「将来を前向きに論ずる上でも、さらには広くわが国の物流体系の将来像を抜本的に模索するためにも、再度検討する余地はないのであろうか」と論じている（杉山［2013］p.7）。

第**7**章

地域内輸送におけるインフラ整備
─大阪府の事例から─

1 はじめに

　第6章において、地域間インフラ整備は地域間の貨物輸送力の増強と貨物輸送の円滑化を図り、モーダルシフトを推進することを目的としていると述べた。輸送力の増強と輸送の円滑化は、地域間のみならず、地域内輸送、とりわけ首都圏や京阪神圏等の、輸送需要の大きい地域間輸送の発着地点となる地域内の輸送においても重要である。仮に地域間輸送において輸送力が増強され、輸送が円滑に行われたとしても、その発着地点にあたる地域内の輸送において輸送力の増強がままならず、輸送が円滑を欠いては、利便性の高い輸送体制を構築したことにならないからである[1]。鉄道貨物輸送のインフラを整備することは、地域内輸送においても必要である。

　しかしながら、わが国では鉄道は旅客輸送が主体であるとの認識が一般的であり、近年注目されつつあるとはいえ、貨物輸送は等閑視される傾向が強い[2]。このため貨物駅等の貨物輸送に関連する施設は、周辺地域の生活環境を悪化させるという負の側面が強調され、その重要性が認知されない事例が見られる[3]。その結果、地域内輸送において輸送力増強が困難となり、輸送

---

[1] 伊藤［1993］、鎌田［2000c］は都市部における迂回経路の必要性を主張している（伊藤［1993］pp.47-48、鎌田［2000c］p.38）。
[2] 鉄道の輸送分担率を見ると、旅客は軽自動車と自家用乗用車が統計に含まれる最新年度の2009年度において輸送人員で25.6％、輸送人キロで28.6％を占める。一方、貨物は2015年度において輸送トン数で0.9％、輸送トンキロで5.3％に過ぎないので、貨物輸送が等閑視されることはやむを得ないともいえる。『数字でみる鉄道』各年版を参照した。
[3] 貨物駅の設置に関する議論については伊藤・岡野・岡田［2003］pp.12-13、矢野・林［2010］も参照されたい。

が円滑を欠くことになると、モーダルシフトを阻害する大きな要因となる可能性がある。

　輸送需要の大きい地域間輸送の発着地点となる、地域内における貨物輸送力の増強と貨物輸送の円滑化を目的としたインフラ整備（以下、地域内インフラ整備という）のあり方を考察するため、本章では大阪府内の貨物駅に焦点を当てる。大阪府内には4つの貨物駅が近接して立地しているが、これらのうち梅田駅[4]については、その貨物設備の機能を吹田操車場[5]跡地に新設された吹田駅と百済駅（現百済夕駅）に移転する基盤整備事業（以下、梅田駅基盤整備という）により2013年3月に廃止されている。梅田駅基盤整備の経緯と大阪府内4駅の現状は、地域内インフラ整備のあり方を考察するうえで有益な事例であると考えられる[6]。

　本章では、第2節において梅田駅基盤整備の経緯と吹田夕駅および百済夕駅[7]の概要について述べる。第3節において梅田駅基盤整備完成前後の期間における大阪府内各駅の輸送力と輸送量の変化を考察し、第4節では梅田駅基盤整備の評価と今後の課題を挙げ、課題を克服するための施策を提言する。最後に第5節では地域内インフラ整備に向けた展望を述べたい。

4　梅田駅は国鉄の分割・民営化が実施された1987年4月に基盤整備事業の対象となった。結果的に梅田駅は最後の基盤整備事業となったが、大阪駅の北隣という立地の良さから、国鉄清算事業団は当初、速やかな売却処分を意図し、梅田駅の貨物設備の機能を吹田操車場跡地に全面的に移転することを計画した。1992年10月に吹田操車場跡地周辺の地方自治体と協議を開始したが、その後の経緯については後述する。なお梅田駅の東側の土地は駅の廃止に先行して売却処分され、2013年4月に商業施設（グランフロント大阪）が開業している。西側の土地もすでに更地化され、再開発が進行中である。

5　序章で述べたように、かつての鉄道貨物輸送は、貨車に直接貨物を積載する車扱貨車による輸送が一般的であったため、貨車を行先別に仕分けるために貨車の入換作業を行う操車場を設置する必要があった。しかしわが国では1960年代以降、コンテナを用いた鉄道とトラックによる一貫輸送および操車場を介さない駅間直行輸送方式への転換が進んだため、操車場は1984年2月に全廃されている。操車場では機関車が場内を頻繁に走行し、また貨車の連結・解放が頻繁に行われるため、騒音・振動が発生する。このことが貨物輸送に関連する施設は周辺地域の生活環境を悪化させるという負の側面が強調される一因となっていた。

6　基盤整備事業では、国鉄清算事業団所有地の売却処分を行う際の代替施設の整備は機能補償が前提であり、基本的に業務機能の増加増強という概念は排除されている。したがって厳密には地域内インフラ整備とはいえないものの、貨物駅の整備に際しては可能な限り処分用地を最大化させるため、着発線荷役方式が採用されている。着発線荷役方式の採用による駅の近代化は、結果的には貨物輸送力の増強と貨物輸送の円滑化に資するインフラ整備となっている。なお国鉄清算事業団は1998年10月に日本鉄道建設公団と統合し、さらに2003年10月に鉄道・運輸機構に統合され現在に至っている。http://www.jrtt.go.jp/01Organization/Summary/Summary-enkaku.html を参照されたい。

7　後述のとおり、百済駅は梅田駅基盤整備による設備改良に伴い百済夕駅に改称されている。

梅田駅基盤整備に関する先行研究は、管見の限り以下のものがある。梅田駅基盤整備全般については北村・佐田・古柴［2013］が解説している。吹田夕駅の整備と百済駅の改良の両者に焦点を当てているのは古柴・津田・米林［2013］、角田［2013］、日本貨物鉄道総合企画本部［2013］である。吹田夕駅の整備については廣南・宮﨑［2009］、増田［2006］、古柴［2010、2013］、大茂・西尾・川谷［2013］、近藤［2014］が述べている。また中俣［2012、2014］は吹田夕駅が地域社会と共生するための取り組みについて論じている。百済駅の改良については佐藤・荒井［2009］、河野・井上・森本［2011］、河野・石川［2013］、西川［2013］が述べている。

上記の先行研究は、いずれも事業の概要等について述べたものであるが、これらとは異なり、梅田駅基盤整備完成後の輸送方式について提言するのが細井［2010］である。細井［2010］は、わが国の鉄道貨物輸送が採用している駅間直行輸送方式は、少量単位で輸送量が変動するコンテナ輸送に合致しないと批判する。着発線荷役が可能な吹田夕駅が完成するのに合わせて、列車種別と停車駅を決めて一定の時間間隔で運転するパターンダイヤ方式を東海道線と山陽線に採用するよう提言している。

2　梅田駅基盤整備の概要[8]

2-1　梅田駅基盤整備の経緯

当初、梅田駅の貨物設備の機能は、吹田操車場跡地に新たな貨物駅を整備し全面的に移転する計画となっていた。国鉄清算事業団は1992年10月から、吹田操車場跡地の所在する吹田市、摂津市と、梅田駅の貨物設備の機能移転について協議を開始した。しかし吹田市、摂津市や吹田操車場跡地周辺の居住者等は、貨物駅の設置による生活環境の悪化等を理由として反対の姿勢を示した。このため国鉄清算事業団は、梅田駅の貨物取扱量の約半分を吹田操車場跡地に移転する修正案を大阪府、吹田市、摂津市、JR貨物に提案し、

---

[8] 本節の記載内容については、http://www.city.suita.osaka.jp/home/soshiki/div-kenkoiryo/kento/seibijigyou/atoti.html および http://www.city.suita.osaka.jp/library/kobo/koho/page/008305/upload/2006_0301_p12.pdf を参照した。また、JR貨物および鉄道・運輸機構国鉄清算事業西日本支社より提供された資料にも依拠している。

受け入れに前向きな意向が得られた。最終的には梅田駅における平均年間発着貨物取扱量である約200万トンを、吹田操車場跡地と大阪市内に100万トンずつ分散して移転することを主旨とする「梅田貨物駅の吹田操車場跡地への移転に関する覚書」が、日本鉄道建設公団、大阪府、吹田市、摂津市、JR貨物の間で1998年10月に締結されている。なお大阪市内の移転先については、鉄道・運輸機構が2004年1月に百済駅の設備を改良して移転する計画を表明し、2006年4月に正式決定している。

吹田夕駅の新設に関する協定は「吹田貨物ターミナル駅（仮称）建設事業の着手合意協定書」であり、2006年2月に締結されている。その主な内容

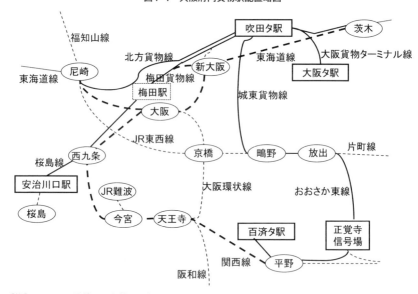

図7-1　大阪府内貨物駅配置略図

［注］　1. JRの路線のみ記載してある。
　　　　2. 実線は貨物列車運転区間、破線は旅客列車のみ運転される区間であり、太い破線は筆者の提言する貨物列車の迂回経路である。
　　　　3. 四角囲みの駅は貨物駅および信号場、楕円囲みの駅は旅客駅である。すでに廃止されている梅田駅は破線の四角囲みで記載している。
　　　　4. 北方貨物線、梅田貨物線、大阪貨物ターミナル線はすべて通称であり、いずれも正式には東海道線の一部区間である。
　　　　5. 城東貨物線は吹田夕駅〜鴫野駅間および正覚寺信号場〜平野駅間の通称であり、正式には片町線の一部区間である。
［出所］　筆者作成。

は以下のとおりである。
① 吹田夕駅の年間貨物取扱量は中継貨物45万トンを除き100万トン以内とする。
② 梅田駅の貨物設備の機能は吹田夕駅と百済駅に同時に移転する。
③ 吹田夕駅の始発終着列車の本数は1日あたり12本以内とする。
④ 吹田夕駅のトラックの通行台数は1日あたり往復1000台以内とする。

　百済駅の設備改良工事は2006年10月に、吹田夕駅の建設工事は2007年1月に、それぞれ着工している。そして2013年3月のダイヤ改正に合わせて吹田夕駅が開業し、設備改良が完了した百済駅は駅名を百済夕駅に改称している。大阪府内の貨物駅の立地状況は図7-1のとおりである。

2-2　吹田夕駅の概要

　吹田夕駅は吹田市および摂津市に所在する駅であり、既存の吹田信号場の機能も統合する形態で2013年3月に開業している。大阪府内の貨物駅で唯一東海道線上に立地しており、貨物輸送の大動脈である東海道線と山陽線を直通する列車が途中停車[9]して着発線荷役を行うことが可能である。

　図7-1のとおり、吹田夕駅には東海道線のほかに、北方貨物線、梅田貨物線、城東貨物線、大阪貨物ターミナル線の4線が接続している。また東海道線の茨木駅付近から吹田夕駅までは、旅客線とは別に貨物線が設置されている。東海道線上を走行する全貨物列車が当該の貨物線と北方貨物線を経由するので、吹田夕駅も経由することになる。吹田夕駅以外の大阪府内3駅を発着する貨物列車についても、すべて吹田夕駅を経由する運転形態となっている。

　吹田夕駅は総面積が27.2haで、最大延長が約7kmに及ぶ広大な駅である。ただし吹田操車場跡地の総面積は約55haであり、吹田夕駅に利用されているのはその南側約半分の面積となっている。残りの北側約半分は、駅周辺地域の環境に配慮した緑地帯の整備等に利用されている[10]。

---

[9] 以下、停車とは特記の必要がない限り運転停車（貨物の取り扱いを行わず、乗務員の交代等運転業務のための停車）を除く。なお吹田夕駅を経由する列車は、吹田夕駅にすべて運転停車もしくは停車する。

184　第2部　モーダルシフト推進策の検討

図 7-2　吹田夕駅構内配線略図

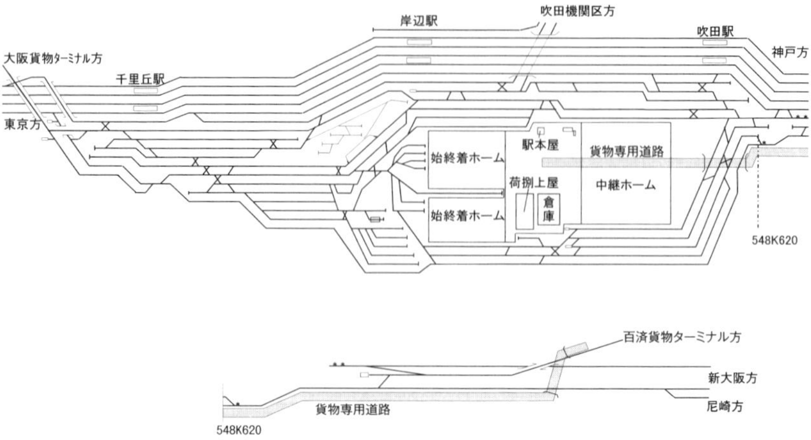

［出所］　JR貨物提供資料より引用。

　図7-2は吹田夕駅の略図である。コンテナホームは、現在JR貨物が運転する列車で最長の26両編成列車に対応する、着発線荷役方式のものが設置されている。そして吹田夕駅において特筆すべきは、駅周辺地域の環境に配慮して整備された貨物専用道路である。これはコンテナホームから駅西側の一般道路との接続地点までの延長約3km、全幅7mで2車線の道路であり、線路と交差する2箇所については地下道となっている。また住宅地と近接する区間も存在するため、延長約1kmの遮音壁が付設されている。さらにトラックの通行台数に制限があることから、一般道路との接続地点には通行台数をカウントするゲートが設置されている。

2-3　百済夕駅の概要

　百済夕駅は大阪市の東住吉区と平野区に所在する既存の百済駅を、26両

10　吹田操車場跡地の北側約半分では、吹田市と摂津市が北大阪健康医療都市（健都）と称する再開発を進めている。2009年度から土地区画整理事業により都市計画道路や公園、緑地等の整備が実施され、2013年6月には国立循環器病研究センターと吹田市立吹田市民病院の移設が決定している。また健康関連の商業施設の建設も予定されており、大学の研究機関等の進出用地も確保されている。https://kento.osaka.jp/about/ を参照されたい。

図 7-3 百済タ駅（百済駅）略図

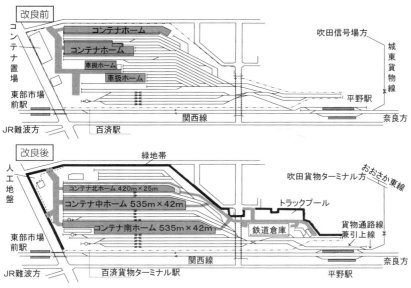

［出所］　JR 貨物提供資料に筆者加筆。

編成列車に対応する着発線荷役方式のコンテナホームを有する駅に改良したものである。設備改良後の 2013 年 3 月に駅名を百済タ駅に改称している。図 7-3 は改良前の百済駅と改良後の百済タ駅の略図である。

百済駅本体の改良に合わせて、関西線平野駅付近に貨物通路線兼引上線が新設されたことは、輸送力の増強および輸送の円滑化のみならず、貨物輸送の安全性を確保する観点からも注目される。従来、百済駅を発着する貨物列車は、関西線平野駅付近では関西線上り本線を使用していたため、百済駅に到着する下り列車については逆行運転を行っていた。また平野駅構内の貨物列車の待避線は有効長がコンテナ貨車 18 両分しかなかったため、百済駅を発着する列車は 18 両編成に制限されていた。

これらを解消するため、関西線の線路を南側に移設し、平野駅付近の配線を変更することで、貨物通路線兼引上線を関西線の北側に新設している。関西線の線路を使用せずに貨物列車が百済タ駅を発着できるようになったため、26 両編成列車の運転が可能となっている。

3 梅田駅基盤整備完成前後の比較

図7-1のとおり、大阪府内には4つの貨物駅があり、すべて大阪市内およびその近隣地域に立地している。そして吹田夕駅以外の3駅を発着する貨物列車は、すべて吹田夕駅を経由する運転形態となっている。このため梅田駅基盤整備に直接関係のない大阪夕駅と安治川口駅にも、その影響が及ぶものと推察される。本節では、梅田駅基盤整備完成前後の期間における大阪府内4駅の輸送力および輸送量を比較し、その影響を考察したい。

3-1 輸送力

図7-4は大阪府内4駅を発着する地域間定期列車[11]の1日あたり本数を、2011年3月から2016年3月までダイヤ改正年月ごとに示したものである。東海道線上に位置する吹田夕駅の本数については、当然ながら始発終着列車以外も含まれている。吹田夕駅に途中停車する列車については、京阪神圏内の駅が始発もしくは終着となっているものは1列車につき1本、それ以外は1列車につき2本（到着と出発でそれぞれ1本ずつ）と計上している。

梅田駅基盤整備が完成した2013年3月のダイヤ以降、大阪府内4駅の合計は大幅に増加している。ただし大阪夕駅と安治川口駅については、発着列車に一部変更はあったものの本数に大きな変化はない。

吹田夕駅は2013年3月のダイヤにおいて34本が発着している。これは前年の梅田駅の2倍近くとなっている。吹田夕駅発着列車のうち、その約半数の16本（8列車）は東海道線と山陽線を直通する列車である。他は吹田夕駅以外の大阪府内3駅が始発終着で吹田夕駅に途中停車する列車が7本、吹田夕駅始発終着の列車が11本である。百済夕駅の2013年3月のダイヤにおける本数も、前年の2倍近くに増加している。

図7-5はコンテナ貨車24両以上の長編成で運転される区間の始発または終着が大阪府内4駅となっている地域間定期列車（以下、長編成列車とい

---

11 ここでいう地域間定期列車とは、京阪神圏内のみで運転される、いわゆるフィーダー列車以外の定期列車を指している。京阪神圏の貨物駅は大阪府内4駅のほか、京都貨物、神戸夕、姫路貨物の3駅が所在する（臨時取扱駅を除く）。

第 7 章　地域内輸送におけるインフラ整備　187

図7-4　大阪府内4駅発着地域間定期列車1日あたり本数

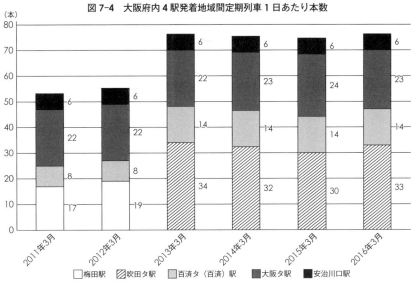

[出所]　『貨物時刻表』各年版より算出した。

図7-5　長編成列車1日あたり本数

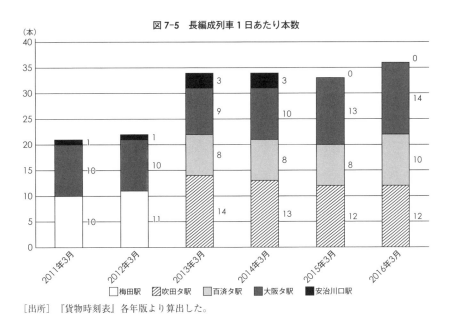

[出所]　『貨物時刻表』各年版より算出した。

う）の1日あたり本数を、2011年3月から2016年3月までダイヤ改正年月ごとに示したものである。長編成で運転される区間の始発または終着が大阪府内4駅である列車を計上しているので、当然ながら各列車の実際の始発終着駅が大阪府内4駅とは異なる列車も含まれている。

大阪府内4駅の合計では、梅田駅基盤整備完成直前の2012年3月には22本であったが、2013年3月には34本へと大幅に増加している。2014年3月以後も35本前後の本数で推移している。

吹田夕駅は近年やや減少しているものの、梅田駅をやや上回る本数が設定されている。百済夕駅は、先述のとおり設備改良によって長編成列車の運転が可能となった2013年3月以降8本が発着しており、2016年3月には10本に増加している。

大阪夕駅は2014年3月まで本数にほとんど変化はなかったが、2015年3月に13本に増加し、2016年3月には14本となっている。一方で、安治川口駅は2015年3月以降、長編成列車が発着しなくなっている。

3-2　輸送量

１）発着トン数

表7-1は2010年度から2015年度までの大阪府内4駅の発着トン数を示したものである。比較のためにJR貨物全体の輸送トン数も記載してある。大阪府内4駅は発着トン数の大部分をコンテナが占めており、車扱が一定程度の比率を占めるJR貨物全体の輸送トン数とは異なる傾向にある。このため、コンテナ輸送に焦点を当てて考察したい[12]。

JR貨物全体のコンテナ輸送トン数は、東日本大震災の影響で減少した2011年度を除いて増加傾向にある。一方、大阪府内4駅のコンテナ発着トン数の合計は、梅田駅基盤整備完成前は減少傾向にあり、2011年度には300万トンを割り込んでいた。しかし吹田夕駅と設備改良後の百済夕駅が本格的に稼働した2013年度に増加して332万トンとなり、以後330万トン前後で推移している。

12　大阪府内4駅のコンテナ発着トン数の合計はJR貨物全体のコンテナ輸送トン数の約15％と少なくない割合を占めている。

第 7 章　地域内輸送におけるインフラ整備　189

表 7-1　発着（輸送）トン数の推移

(単位：万トン)

年度		2010	2011	2012	2013	2014	2015
梅田駅	コンテナ	133	127	123			
	車扱	5	5	1			
吹田夕駅	コンテナ			2	57	58	60
	車扱			0	0	0	0
百済夕（百済）駅	コンテナ	35	34	36	111	110	110
	車扱	0	0	0	1	1	1
大阪夕駅	コンテナ	103	97	95	111	108	110
	車扱	0	0	0	0	0	0
安治川口駅	コンテナ	40	37	37	53	52	52
	車扱	5	4	2	2	2	2
大阪府内 4 駅計	コンテナ	311	295	293	332	328	332
	車扱	10	9	3	3	3	3
JR 貨物全体の輸送トン数	コンテナ	2,047	1,961	2,051	2,151	2,154	2,212
	車扱	1,051	1,022	947	949	876	866

［注］　梅田駅の貨物設備の機能は 2012 年度途中の 2013 年 3 月に移転したため、2012 年度は梅田駅、吹田夕駅ともに数値が計上されている。
［出所］　JR 貨物関西支社提供資料および http://www.jrfreight.co.jp/about/outline/main_data.html より作成した。

　先述の協定では、梅田駅の発着貨物は吹田夕駅と百済夕駅に半分ずつ移転することが前提となっている。2012 年度以前の梅田駅の発着トン数をみると、その半数として 60 万トンを超えていたが、2013 年度以降の吹田夕駅の発着トン数は、増加傾向にあるものの 60 万トン程度にとどまっている。

　百済夕駅（百済駅）は、梅田駅の発着トン数の半分を上乗せすると、2012 年度以前は 100 万トン前後となるが、2013 年度以降は 110 万トン台に増加している[13]。大阪夕駅は 2012 年度以前が 100 万トン前後であったが、2013 年度以降は 110 万トン前後に増加している。安治川口駅も同様に、2012 年度以前は最大 40 万トンであったが、2013 年度以降は 50 万トン台で推移し

13　ただし、JR 貨物によれば「梅田駅からの移転分は、協定に基づいて吹田夕駅とほぼ同程度に百済夕駅にも配分している。百済夕駅の発着トン数自体も増加している」とのことである。JR 貨物関西支社へのヒアリング（2016 年 9 月 29 日）による。

図7-6 コンテナ発着（輸送）トン数の増減（2010年度＝100）

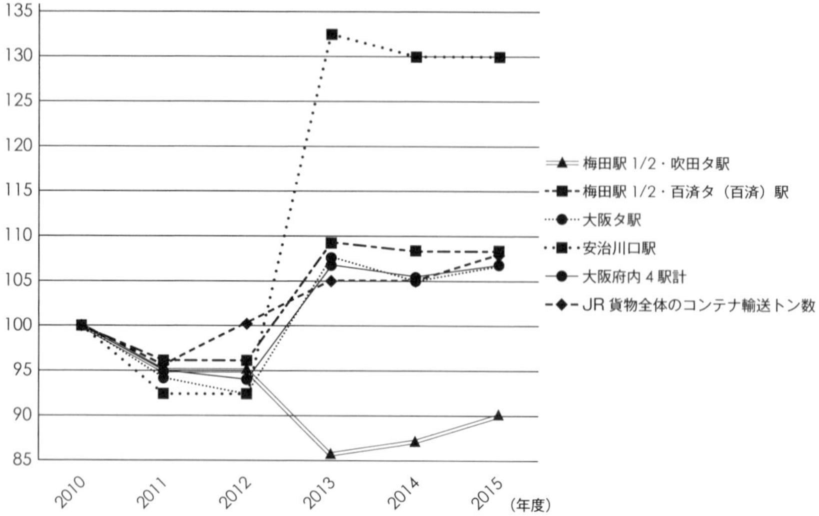

［出所］　JR貨物関西支社提供資料および http://www.jrfreight.co.jp/about/outline/main_data.html より作成した。

ている。

　図7-6は大阪府内4駅のコンテナ発着トン数およびJR貨物全体のコンテナ輸送トン数の増減を、2010年度を100として指数化したものである。梅田駅の発着トン数については、その半数を吹田タ駅の発着トン数とみなし、半数を百済駅に上乗せして指数化している。

　大阪府内4駅の合計とJR貨物全体の輸送トン数を比較すると、2012年度は大阪府内4駅の合計がやや下回っているものの、おおむね同様の傾向を示している。百済タ駅と大阪タ駅も、大阪府内4駅の合計と類似の傾向にある。しかし吹田タ駅は、梅田駅の発着トン数の半分を大きく下回る傾向を示している。

　吹田タ駅はトラックの通行台数と通行経路について、厳しい制約条件が課されている。また吹田タ駅は高速道路からのアクセスが大阪府内の他の3駅よりも悪く、利用運送事業者や物流事業者にとって作業効率が悪い側面がある。これらが、吹田タ駅の発着トン数が伸び悩んでいる要因と考えられる[14]。

　安治川口駅は2013年度に大きく増加している。安治川口駅を発着する地

域間定期列車は1日あたり6本で変化はない。しかし2012年3月のダイヤ以前は4本が東日本方面発着であり、2本が西日本方面発着であったが、2013年3月のダイヤ以降は6本すべてが需要の大きい東日本方面発着に変更されている[15]。このことが、安治川口駅の増加傾向に影響を及ぼしていると考えられる。

2）中継トン数

図7-7は2010年度から2015年度までの大阪府内4駅の中継トン数を示したものである[16]。大阪府内4駅の合計では、梅田駅基盤整備完成直後の2013

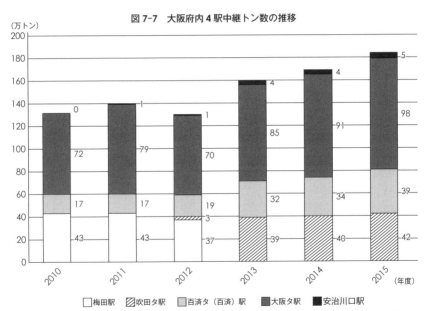

図7-7　大阪府内4駅中継トン数の推移

[注]　梅田駅の貨物設備の機能は2012年度途中の2013年3月に移転したため、2012年度は梅田駅、吹田タ駅ともに数値が計上されている。
[出所]　JR貨物関西支社提供資料より作成した。

14　日本通運大阪コンテナ支店へのヒアリング（2016年2月16日）による。
15　ここでいう東日本とは中部地方以東の地域を指し、西日本とは中国地方以西の地域を指す。2014年度における大阪府内発着の鉄道貨物輸送トン数のうち、東日本方面発着はおよそ8割を占めている。http://www.mlit.go.jp/k-toukei/17/prompt03/17x0excel.html より算出した。
16　JR貨物全体の中継トン数については、JR貨物総務部より「集計、把握していない」との回答があった。JR貨物総務部へのヒアリング（2016年5月24日）による。

年度に大きく増加し、その後も増加傾向が継続している。吹田夕駅は梅田駅の数値とほぼ同等である。先述の協定では、梅田駅の中継貨物は吹田夕駅に移転することが前提となっており、その取扱量は年間45万トンが上限とされている。吹田夕駅の中継トン数は増加傾向にあるため上限に近付いている。他の3駅は2013年度に大きく増加し、その後も増加傾向にある。

中継輸送にとって最も利便性が高いのは東海道線上に位置する吹田夕駅である。しかしながら他の3駅のほうが増加傾向は大きい。これは、吹田夕駅の取扱量に協定上の制約があるため、他の3駅に中継輸送を振り分けているためと考えられる。

4　今後の課題

吹田夕駅の新設と百済駅の改良によって、大阪府内4駅すべてにおいて長編成列車の発着が可能となり、大阪夕駅を除く3駅において着発線荷役が可能となった。また吹田夕駅は東海道線上に新設されたため、東海道線と山陽線を直通する列車が当駅に停車できるようになり、大阪府内を発着する列車が大幅に増加した。梅田駅基盤整備完成後、大阪府内4駅の輸送力は増強されている。

一方、大阪府内4駅の輸送量を見ると、コンテナ発着トン数はJR貨物全体のコンテナ輸送トン数とおおむね同様の増加傾向を示している。中継トン数は梅田駅基盤整備完成後に大きく増加している。吹田夕駅と百済夕駅に対する騒音等の苦情もわずかであり[17]、梅田駅基盤整備はコンテナ輸送の近代化および駅周辺地域の環境への配慮という観点から、おおむね評価できるものといえよう。

4-1　協定の一部見直し

ただし、吹田夕駅は協定上の制約もあり、発着トン数、中継トン数ともに顕著な増加傾向は見られない。吹田夕駅は東海道線上という立地条件および

17　吹田夕駅への苦情件数は2013年度が21件、2014年度が11件、2015年度が5件と減少し続けている。百済夕駅への苦情件数は4半期に1回程度であるという。百済夕駅へのヒアリング（2015年7月15日）および吹田夕駅へのヒアリング（2016年4月18日）による。

着発線荷役が可能な駅構造から、大阪府内4駅のうち中継輸送に最も適しているといえるが、その取扱量に協定上の制約があるため、中継トン数を大幅に増やすことができない。大阪府内発着の鉄道貨物輸送において、吹田夕駅の年間中継トン数が協定上の上限に近付いていることは第1の課題として挙げられよう。

一方、他の3駅は吹田夕駅に比べて高速道路からのアクセスが良好であり、発着貨物の取り扱いに適しているといえる。しかし中継トン数の増加傾向は、吹田夕駅よりも他の3駅のほうが大きい。吹田夕駅の中継トンを年間45万トン以内に抑制するために、中継貨物を他の3駅に振り分けているものと考えられる。中継貨物の取り扱いが今後も増加した場合、現状ではその大部分が吹田夕駅以外の3駅に振り分けられることになるため、これらの駅に発着する貨物の取り扱いに支障をきたす恐れがある。

協定を遵守することは駅周辺の居住者との信頼関係を維持するためにも重要であることは言うまでもない。しかし、駅周辺地域の環境にほとんど影響のない事項については柔軟に見直すべきである。

協定では、吹田夕駅は年間の発着貨物取扱量が100万トン以内、中継貨物取扱量が45万トン以内と定められている。また駅に出入りするトラックの通行台数についても、1日あたり往復1000台以内に制限されている。発着貨物の増減は、駅に出入りするトラックの通行台数の増減に影響を及ぼすと考えられる。駅周辺地域の環境を考慮すると、発着貨物取扱量については、現行の協定どおり年間100万トン以内の制限を維持すべきであろう。

しかしながら中継貨物については、それが増加しても駅に出入りするトラックの通行台数は増加しない。また駅での荷役作業については発着貨物と中継貨物に明確な差は見られない。したがって現行の年間貨物総取扱量の範囲内（発着貨物と中継貨物の合計で145万トン以内）であれば、中継貨物取扱量の増加を許容しても駅周辺地域の環境にほとんど影響はないといえる。

吹田夕駅の年間発着トン数は60万トン程度で推移しており、取扱量の上限まで余裕がある。一方、吹田夕駅の2015年度の中継トン数は約42万トンであり、取扱量の上限に近付いている。中継貨物取扱量の増加を可能にするよう協定を見直すべきである。具体的には、吹田夕駅の年間貨物総取扱量を

145万トン以内とし、うち発着貨物取扱量については100万トン以内の制限を維持すればよい。これにより、JR貨物は自らの判断で吹田タ駅における中継貨物の取扱量を調整する余地が大きくなり、輸送力のさらなる増強が可能である[18]。

4-2 迂回経路の確保

大阪府内発着の鉄道貨物輸送における第2の課題は、図7-1からも明らかなように、東海道線と山陽線を直通する列車、および大阪府内発着の列車が、すべて吹田タ駅を経由する経路でしか運転できないことである[19]。これは梅田駅基盤整備実施以前から解消されていない課題でもある。仮に吹田タ駅において輸送障害等が発生し、吹田タ駅が使用できなくなった場合、現状の運転経路のみでは、貨物輸送の大動脈である東海道線と山陽線が遮断され[20]、また大阪府内4駅すべてにおいて列車の発着が不可能となる。これでは鉄道貨物輸送の冗長性は全く確保できない。

吹田タ駅が使用できなくなった場合を想定し、既存の線区を活用して迂回経路を予め設定しておく必要がある。迂回経路は多数想定されるが、現行経路と運転距離に大差がなく、現行の運行体制が極力維持可能な、図7-1に示した迂回経路を以下に提言したい。

東海道線と山陽線を直通する列車は、大阪駅周辺では北方貨物線を走行するため、通常は大阪駅を経由しない。しかし吹田タ駅が使用できなくなった場合には、北方貨物線ではなく大阪駅を経由すれば、運転が継続できる。大阪駅経由での貨物列車の運転は、すでに吹田タ駅の建設工事に関連する迂回措置として、2008年7月から2012年2月にかけて深夜時間帯に実施されている[21]。乗車人員の多い大阪駅を経由する貨物列車の運転には慎重な対応が

---

18 筆者の提言に対し、JR貨物は「中継貨物の制限は荷役機械の稼働による環境影響という観点から環境影響評価調査に含めた経緯があるので、その制限を撤廃するのは難しい」との見解である。しかし先述のとおり、荷役作業については、発着貨物と中継貨物に明確な差は見られない。なぜ中継貨物のみで協定に制約を設ける必要があったのか質したものの、明確な回答は得られなかった。JR貨物関西支社へのヒアリング（2016年9月29日）による。
19 以下では吹田タ駅に運転停車する列車も含む。
20 2016年3月改正のダイヤにおいて、東海道線と山陽線を直通する地域間定期列車は1日あたり55本であり、大阪府内4駅始発終着の地域間定期列車の本数（1日あたり51本）よりも多い。
21 吹田タ駅より提供された資料を参照した。

必要ではあるが、迂回経路として検討すべきである[22]。

　吹田夕駅以外の3駅のうち、大阪夕駅に接続する路線は大阪貨物ターミナル線のみであり、既存の路線を活用して吹田夕駅を経由しない迂回経路を確保することは不可能である。しかし安治川口駅と百済夕駅は検討の余地がある。2016年3月のダイヤにおいて、安治川口駅を発着する地域間定期列車は6本すべてが東日本方面発着である。百済夕駅を発着する地域間定期列車も14本のうち12本が東日本方面発着である。したがって両駅については、東日本方面発着列車について迂回経路を提言したい。

　安治川口駅発着列車のうち、上り列車については、新大阪駅構内で梅田貨物線から東海道線上り本線に転線できる線路構造になっていることから、現状でも迂回経路は確保されている。下り列車については、大阪駅構内で東海道線下り本線から大阪環状線内回り線に転線が可能な線路施設を追設すれば、迂回経路が確保される。ただし大阪駅構内で大阪環状線外回り線と平面交差することになるので、慎重な対応が必要である。

　百済夕駅発着列車については、東海道線から大阪環状線西九条駅までの迂回経路は安治川口駅発着列車と同様である。西九条駅から先は大阪環状線、関西線と城東貨物線の平野駅～正覚寺信号場間を利用し、百済夕駅には正覚寺信号場手前の城東貨物線上で折り返して発着すればよい。百済夕駅への発着は、機関車が列車の最後尾から貨車を推進して運転することで対応できるが、上り（百済夕駅出発）列車の運転には、関西線の平野駅構内上り副本線から上り本線を平面交差し、下り本線に転線する線路施設の追設が必要である。

　貨物列車が運転されていない区間を迂回経路として設定するには、線路施設の追設のみならず、貨物列車が走行できるように迂回経路全区間にわたってインフラを整備しなければならない。一般的に貨物列車は旅客列車よりも重量が重く長編成であるため、軌道を強化する必要があり、とりわけ高架橋等の橋梁については強固な補強が必要である。また迂回経路に単線区間が存在する場合には、交換設備の延長が必要となるケースも考えられる[23]。

22　2016年度1日平均の大阪駅の乗車人員は43万1543人であり、JR東日本の東京駅の乗車人員（43万9554人）に匹敵する多さである。西日本旅客鉄道［2017］p.86を参照した。

貨物列車の迂回経路を設定するためのインフラ整備は、基本的には受益者であるJR貨物によって実施されるべきであるが、鉄道貨物輸送の冗長性については、先述のとおり国もその重要性を認識している。また以下に挙げる2つの事例のように、貨物列車の迂回経路の整備には、既存の公的支援制度を活用し得る余地がある。公的支援を実施すべき素地は整っているといえる。

第1は、第6章において述べた武蔵野線・京葉線貨物列車走行対応化事業である。これは京葉臨海工業地帯を発着する貨物列車の運転時間を短縮して輸送力を増強するために、蘇我駅〜南流山駅間において総武線・常磐線経由で運転されていた貨物列車を京葉線・武蔵野線経由に変更するものである。主な事業内容は駅構内の改良と信号保安設備の改良であり、国の幹線鉄道等活性化事業費補助を活用して事業が実施されている。国の補助金額は総事業費約41億円の30%にあたる約12億円である。

第2は、並行在来線事業者が運営する路線で、定期貨物列車が運転されていない区間に貨物調整金が交付されている事例である[24]。しなの鉄道北しなの線の北長野駅〜妙高高原駅間と、えちごトキめき鉄道妙高はねうまラインは、JR貨物が営業路線の免許を保有しているものの、定期貨物列車は運転されていない。しかし両線区は輸送障害が発生したときに貨物輸送の迂回経路として活用する可能性があるとして、貨物列車が走行可能な状態でインフラを維持するために貨物調整金の交付対象とされている[25]。交付対象額は旅客列車のみ走行時に必要と試算されるインフラ維持費用との差額である[26]。

---

23 RJ取材班［2013］pp.44-45の議論およびJR貨物関西支社へのヒアリング（2016年4月18日）による。貨物列車の迂回経路として活用が可能な路線について、立体交差化が実施される際には、貨物列車が走行可能なように高架橋の強度、高架橋から地上への取り付け区間の勾配等を設計すべきであろう。吉岡［2012］は、旅客駅の高架化や改修の際に駅構内の線路数が削減される、あるいは駅構内線路の有効長が縮小される事例を挙げ、貨物列車の待避が可能な駅が減少していることを問題視している（吉岡［2012］p.89）。遅延発生時には、線路を保有するJR旅客各社は基本的に旅客列車の運転を優先することもあり、貨物列車の運転再開が大幅に遅れることが懸念されるからである。

24 貨物調整金の概要については第3章を参照されたい。

25 この経緯については田村［2012］が詳しい。また那須野［2014］p.38、堀［2017］p.180も参照されたい。草町［2018］は定期貨物列車が運転されていない線区でも、貨物列車の迂回経路として活用する可能性があるものについては、貨物列車が走行可能な状態でインフラを維持するための費用を補助することを検討すべきと提言している。

26 国土交通省鉄道局へのヒアリング（2016年5月24日）による。なお両線区への貨物調整金の交付実績については、鉄道・運輸機構施設管理部に問い合わせたが「公表を差し控えたい」との回答（2016年9月29日）であったため不明である。

5 おわりに

　本章では梅田駅基盤整備完成前後の期間における大阪府内貨物駅の状況を考察し、地域内インフラ整備に関する2つの課題を明らかにした。

　吹田夕駅の年間中継トン数に関する協定の見直しについては、JR貨物は消極的な姿勢を示している。駅周辺の居住者等の反発を懸念しているのであろうが、これでは貨物輸送に関連する施設の重要性は認知されず、輸送力のさらなる増強は望めない。駅周辺の地方自治体、居住者等に丁寧な説明が必要ではあるが、吹田夕駅の中継貨物の取り扱いに関する制限は緩和すべきである。

　貨物駅は周辺地域に利益をもたらさないものと判断するのは早計である。貨物駅を結節点として物流施設を誘致すれば、雇用が生まれ、地方自治体は新たな租税収入が見込めるのではないか[27]。国は、貨物駅等の鉄道貨物輸送に関連する施設の整備については、モーダルシフトを推進するうえで有意義であるとともに、周辺地域の経済活動に資するものでもあることを、駅周辺の地方自治体、居住者等に丁寧に説明すべきである。

　大阪府内の区間において貨物列車の迂回経路を設定することは、輸送需要の大きい地域間輸送の発着地点にあたる地域内において輸送の円滑化を図る施策であり、利便性の高い輸送体制を構築し、モーダルシフトを推進するうえで必要不可欠である。現行の幹線鉄道等活性化事業費補助を活用して迂回経路を設定し、地域内輸送においても冗長性を確保すべきである。

27　小澤［2018］は「貨物駅は鉄道施設と捉えるのではなく、総合的な（高度な）物流施設と認識すべきであろう。また、雇用の創出や地域経済の活性化をもたらす存在であり、都市計画の中で考慮すべき存在でもあると認識する必要がある」と主張している。

終章
鉄道貨物輸送の活性化に向けて

1　総括

1-1　貨物鉄道事業の経緯と現状

　わが国の鉄道貨物輸送は、国鉄の末期にあたる1970年度から1985年度までの15年間において輸送量が大幅に減少し、以後も輸送トン数の減少傾向は継続している。輸送トンキロについてはJR貨物の発足直後には増加したものの、2000年度以降は1985年度と大差ない数値で推移している。トラックドライバー不足の顕在化や環境意識の高まりによって、鉄道貨物輸送はモーダルシフトの受け皿として注目され続けてきた。しかし1985年度以降の鉄道の輸送シェアに大きな変化は見られず、モーダルシフトが進展しているとは言い難い。

　JR貨物は、モーダルシフトの受け皿として機能するべく、サービス水準の向上や輸送力の確保に資するような様々な施策を実施してきた。とりわけ需要の大きい主要幹線におけるコンテナ列車による長距離高速輸送を増強すべく、公的支援も仰ぎながら設備投資を続けてきた。しかしながら、わが国の経済活動の停滞と、相次ぐ大規模な自然災害によってJR貨物の輸送量は減少し、少なくとも1994年度から2015年度まで、22年間にわたって鉄道事業営業損失を計上し続けている[1]。減価償却費計上前の営業損益では利益を計上し続けていることから、現行の経営環境のもとでは、JR貨物は直ちに鉄道事業の存続が困難になるとは思われない。しかしながら、内部留保が十分とは言えない状態にあり、JR貨物は借り入れを行って減価償却費を上

---

[1] ただし、その他事業を含む全事業営業損失では、1994年度から1999年度までの6年間と、2008年度、2009年度を除く年度において利益を計上している（『数字でみる鉄道』各年版を参照した）。

回る設備投資をせざるを得ない状況が継続している。2017年度末の長期債務残高は会社発足時に比べて73.4%も増加しているのである。

JR貨物がモーダルシフトの受け皿として機能するには、あまりにも経営基盤が脆弱であると言わざるを得ない。モーダルシフトを推進するためには、国を中心とした公的部門による鉄道貨物輸送への大規模かつ積極的な支援が必要不可欠である。

モーダルシフト推進策として最も重視されるのは、主要幹線におけるインフラの整備であろう[2]。その1つとして、コンテナ輸送に対応した駅の近代化、すなわち着発線荷役方式の駅の整備は早急に着手する必要がある。コンテナ輸送は端末輸送をトラックに依存するため、駅での荷役に要する時間を短縮しなければ、輸送サービスの向上がままならないからである。

インフラの整備以外のモーダルシフト推進策には以下のものが挙げられる。第1に、機関車の更新である。コンテナ貨車は2018年3月のダイヤ改正に合わせて、原則的にJR貨物が製造したものに統一された。しかし機関車は製造価格がコンテナ貨車に比べて高価なため、新形式への置き換えが迅速に進展していない。車齢30年を超える老朽化した機関車が3割も残存しており、早急に更新が必要である。

第2に、コンテナと荷役機械の大型化である。JR貨物が所有するコンテナの大部分は12ftコンテナであるが、荷主企業にとって望ましいのは31ftコンテナである。荷主企業の多くは積載重量が10トンのトラックの利用を前提に入出荷システムを構築している。31ftコンテナは内容積が当該のトラックとほぼ同等であり、既存の入出荷システムを変更する必要がないので、モーダルシフトの推進に資すると考えられる。31ftコンテナを増備し、コンテナ荷役機械についても31ftコンテナの取り扱いが可能なトップリフターを増備すべきである。

臨海鉄道は沿線企業共同の専用線としての性格が強い。沿線の企業が鉄道貨物輸送を必要としなくなれば、当然のように臨海鉄道の路線は廃止されている。しかし、臨海鉄道には輸送の安全性確保、環境負荷の低減等社会的費

---

2 インフラの整備については次項で詳細に述べる。

用の抑制、およびトラックへの転換が困難な大量輸送という存続すべき根拠が存在する。公的部門が臨海鉄道の存続に関与する余地はあるといえよう。

設備投資に要する費用を調達することが困難な臨海鉄道に対して補助を実施することは、臨海鉄道の設備の近代化を促し、輸送の安全性向上に資するといえる。また事業者の費用負担を軽減することで経営改善を促進する効果も認められる。しかしモーダルシフトの推進という国の施策を実現するには、荷主の臨海鉄道利用を促進し得る方策が必要である。そのような公的支援策としては、荷主企業に対する運賃助成、荷主企業が所有する専用線の維持費用への補助を提言した。また、公的支援に依らない臨海鉄道の経営改善策として、JR貨物等他の事業者からの業務の受託を拡大すること、地域間の鉄道貨物輸送市場に臨海鉄道が新規参入することを提言した。

荷主企業や臨海鉄道、あるいは後述する民営鉄道に対する公的支援については、支援を受ける主体が特定の企業に限定されるため、公平性の観点から望ましくないとの議論も起こり得る。とはいえ、運賃の引き下げが常態化しているトラック輸送の現状を考慮すると、荷主企業や臨海鉄道、民営鉄道に対して公的支援を行わなければ、鉄道から運賃の安価なトラックへの転換という逆モーダルシフトを防止することは困難である。このような公的支援も次善策として許容されるものと考えられる。

客貨兼業鉄道、すなわち貨物輸送とともに旅客輸送を実施している臨海鉄道や民営鉄道は、客貨別の営業損益の推計結果、および貨物輸送を廃止した事業者の多くが貨物輸送廃止後に鉄道事業営業損益を悪化させていることからも明らかなように、貨物輸送が鉄道事業の存続および経営の安定化に大きな役割を果たしている。とはいえ、客貨兼業鉄道の存続には以下のような課題があると思われる。

第1に、貨物輸送部門で営業利益を計上しているとしても、それによって鉄道事業全体で営業利益を計上しているのではないことである。鉄道事業を存続させるには、客貨兼業鉄道に対する何らかの公的支援が必要である。公的支援については、仮に客貨双方において損失が発生している場合であっても、両者を維持するべく公的支援を実施するほうが、貨物輸送を廃止して旅客輸送のみを維持するために公的支援を実施するよりも、支援総額を低減し

得るケースが想定される。公的負担の軽減という側面からも、客貨兼業鉄道の貨物輸送を存続させるための公的支援は検討の余地があるといえよう。
　第2に、客貨兼業鉄道の貨物輸送は特定の荷主に依存していることが多いため、その荷主の意向や経営状況によって、貨物輸送さらには鉄道事業の経営状況が左右されることである。もし荷主の意向によって貨物輸送がトラックに転換されれば、鉄道の経営が不安定化し、その存続が困難となる可能性がある。客貨兼業鉄道はばら荷に代表される大量の貨物、および化学薬品等輸送の安全性を強く求められる品目を主に輸送しているので、公的部門は環境負荷の増大抑制、および輸送の安全性確保の観点から、荷主に鉄道の利用を継続するよう働きかけるべきである。
　荷主が鉄道からトラックに輸送を転換する要因の1つは、荷主が所有する貨車、専用線等の老朽化である。荷主が自己資金でこれらを更新することができないのであれば、公的部門が可能な限り荷主に有利な条件で、これらの更新に要する資金を融資することも検討すべきである。
　並行在来線事業者は、客貨兼業鉄道と同様に、もしくはそれ以上に、貨物輸送から得られる収入、すなわち線路使用料収入が鉄道事業の存続および経営の安定化に大きな役割を果たしている。それは並行在来線事業者が収受する線路使用料が、貨物調整金の交付を通じたフルコストを算定基準としているからである。短編成の普通列車を運転するにはインフラが過大であるものの、貨物列車の運転を維持するにはそのインフラを維持しなければならない並行在来線事業者に対する経営支援策として、これは妥当であるといえよう。
　一方で、JR旅客各社の線路使用料はアボイダブルコストルールが適用されているが、この線路使用料では貨物輸送にかかる費用を賄えないことが推計によって明らかとなった。貨物輸送を維持するには、JR旅客各社の線区についても、旅客輸送量を基準としてフルコストの線路使用料が必要とされるものを選定し、それらに対して貨物調整金を交付すべきである。
　民営鉄道は近年輸送量が減少傾向にあるものの、経営は比較的良好に推移している。しかしながら、荷主の意向によるトラック輸送への転換等によって貨物輸送を廃止する事業者が相次いでいる。
　民営鉄道は臨海鉄道と同様に局地的な輸送を担っているので、その存続に

公的部門が関与することの妥当性についても、臨海鉄道と類似の傾向を有している。ただし民営鉄道は臨海鉄道以上に輸送品目に占めるばら荷の割合が大きい。これらをトラック輸送に転換することは、環境負荷の増大等、負の外部性を拡大する可能性が高いので極力回避すべきであり、民営鉄道の存続に公的部門が関与する余地はあるといえよう。

局地的な貨物鉄道を維持することは、モーダルシフトの推進よりもトラック輸送への転換防止としての性格が強い。とはいえ、社会的費用の低減を図るには、モーダルシフトのみならず、鉄道からトラックへの転換という逆モーダルシフトを防止することも必要である。また鉄道輸送を利用する意向のある荷主企業のニーズに幅広く対応するためには、路線網の縮小を回避することも必要である。

国はJR貨物に対しては、モーダルシフトの推進を目的として、設備投資に要する費用に対する鉄道・運輸機構からの無利子貸付、インフラの整備に対する支援措置等を実施している。JR貨物よりも短距離とはいえ、大量輸送という鉄道のメリットを発揮し得る民営鉄道およびその利用者である荷主に対しても、鉄道による輸送を維持するために、同様の措置を講じることは合理的と思われる[3]。具体策の1つとしては、荷主が所有する貨車、専用線、荷役設備等の更新に要する資金を、可能な限り荷主に有利な条件で、公的部門が融資することが挙げられる。

民営鉄道のうちJR貨物と直通輸送を行っている事業者については、臨海鉄道と同様に、JR貨物との直通輸送ではなく、地域間の鉄道貨物輸送市場に新規参入することを検討すべきである。

1-2 モーダルシフト推進策の検討

モーダルシフトを推進するうえで検討する必要がある施策は2つある。
第1は、JR貨物が提供を望まない輸送サービスについては、路線網の縮

---

[3] 三岐鉄道の雨澤隆生氏は茶木［2019］において「現在、貨物輸送はモーダルシフトが提唱されている。これはトラックで運んでいるものを鉄道輸送に転換すると優遇される仕組みであって、貨車の更新など、鉄道貨物輸送を継続させるような補助はない。そうした部分に目を配っていただけばと切に思う。また、側線などの整備についても、自治体の支援制度があればとてもありがたい。鉄道に関する支援が手厚くなることを願っている」と述べている（茶木［2019］p.17）。

小を回避するために、JR貨物以外の事業者の新規参入を促し、荷主企業の鉄道輸送に対するニーズに幅広く対応することである。

　事実上JR貨物の独占となっている地域間の鉄道貨物輸送に新規参入をすすめることは、鉄道貨物輸送市場を活性化させるので、鉄道をモーダルシフトの受け皿とするうえで重要な方策である。それとともに、鉄道貨物輸送の路線網の縮小に歯止めをかけるうえでも有益である。

　JR貨物は路線網の縮小により鉄道事業の存続を図ってきた。しかし路線網の縮小は荷主企業の鉄道輸送に対するニーズとのミスマッチを発生させている。JR貨物が重視する主要幹線において、大規模な輸送力の増強を早急に実施することが困難である以上、鉄道輸送に対する需要の減少を防止するには路線網を極力維持することが望ましい。

　主要幹線以外の線区における輸送等、JR貨物が提供を望まない輸送サービスについては、JR貨物以外の意欲のある事業者がこれを実施できれば、鉄道による輸送を希望する荷主企業のニーズに対応することができる。そのような事業者としては、臨海鉄道、民営鉄道、JR旅客各社が考えられる。ただし、JR貨物が地域間輸送への新規参入に抵抗することは容易に想定される。また新規参入する事業者にとっても、参入にかかる初期費用の調達に課題が残る。

　したがって地域間輸送への参入を早期に実現するには、①JR貨物から運行を委託される形態を採用すること、②輸送サービスを利用する荷主企業との運送契約が一定程度長期間にわたって締結されること、③機関車や貨車の購入等、初期費用の負担を公的支援によって軽減すること、の3点が必要である。このような公的支援は、社会的費用の抑制等の政策課題を解決し、モーダルシフトの推進という国の政策目標にも合致する方策であり、妥当と考えられる。

　第2は、需要の大きい主要幹線におけるコンテナ列車の長距離高速輸送を増強するために、地域間輸送および地域内輸送においてインフラを整備することである。

　主要幹線である東海道線、山陽線、鹿児島線（首都圏～福岡間）における地域間のインフラ整備については、輸送力の増強に一定の効果が見られた。

しかしながら、輸送量はインフラの整備が進展する間にも減少し、インフラの整備を実施する前の水準にも達していないのである。地域間インフラ整備の目的であるモーダルシフトには遠く及ばないといえよう。

首都圏〜福岡間のインフラ整備には、以下のような問題点が挙げられる。その1つはインフラ整備事業が完成するまでに18年近くを要していることである。地域間インフラ整備の効果は長距離に及ぶ性質を有しており、より早急な整備が必要であったと言わざるを得ない。

もう1つは、インフラの整備に約250億円を投じたにもかかわらず、輸送力の増強量が小規模なことである。26両編成列車の1日あたり設定本数は大幅に増加しているものの、その効果は最大24両編成であった列車に、コンテナ貨車を2両増結したに過ぎない。

モーダルシフトを推進するには、より一層の輸送力の増強を早急に実施する必要がある。とりわけ需要の大きい東海道線の名古屋駅周辺区間は線路容量が逼迫している。早急に実施可能な方策は、既存の線区を活用した迂回経路を確保することである。これによって東海道線の混雑を緩和するのみならず、輸送障害に備えて輸送経路に冗長性を持たせることが可能になる。現行の幹線鉄道等活性化事業費補助を活用して、名古屋駅周辺区間を経由しない迂回経路を早急に整備すべきである。

新幹線による貨物輸送は、先行研究において議論される段階にとどまっているが、リードタイムを大幅に短縮するので、トラック輸送に対する競争力は格段に向上すると考えられる。実現する可能性が高い輸送方式は、線路容量に余裕のない東海道新幹線および東北新幹線の東京駅〜大宮駅間を迂回する新幹線路線網を利用し、現在の新幹線車両と全く同じ構造の車両にロールボックスパレットを積載する方式であろう。

ただし当該の方式では、現行のコンテナ列車よりも車両1両あたりの輸送力は小さくなるので、現行の主要幹線における貨物輸送を全面的に新幹線に転換することは困難である。また新幹線は高度な運転保安システムが採用されているため、線路を保有するJR旅客各社が何らかの形態で貨物事業に参画しなければ、実現することは困難であると思われる。

新幹線による貨物輸送のためのインフラ整備（貨物駅の建設費等）には多

額の費用を要すると想定される。JR旅客各社等の鉄道事業者がそのような費用を負担し得るとは想定し難い。したがって、新幹線による貨物輸送に要する諸費用の大部分は、モーダルシフト推進策の一環との位置づけで、国が補助せざるを得ないであろう。

　輸送需要の大きい地域間輸送の発着地点となっている地域内（大阪府内）のインフラ整備においては、2つの課題が明らかになった。

　1つは貨物駅（吹田夕駅）における貨物の取り扱いに関する制限の緩和である。これについては、貨物駅を迷惑施設ととらえる駅周辺居住者の反発を懸念し、JR貨物は消極的な姿勢を示している。しかし、貨物駅等の鉄道貨物輸送に関連する施設の整備については、モーダルシフトを推進するうえで有意義であるとともに、周辺地域の経済活動に資するものでもある。駅周辺の地方自治体、居住者等に丁寧な説明が必要ではあるが、吹田夕駅の中継貨物の取り扱いに関する制限は緩和すべきである。

　もう1つは、大阪府内の線区において貨物列車の迂回経路を設定することである。地域内輸送の円滑化を図り、利便性の高い輸送体制を構築することは、モーダルシフトを推進するうえで必要不可欠である。仮に地域間輸送において輸送力が増強され、輸送が円滑に行われたとしても、その発着地点にあたる地域内の輸送が円滑を欠いては、利便性の高い輸送体制を構築したことにならないからである。幹線鉄道等活性化事業費補助を活用して迂回経路を設定し、地域内輸送においても冗長性を確保すべきである。

2　今後の研究課題

　本研究から、トラックから鉄道へのモーダルシフトを推進するには、現状の規模での公的支援では不十分であり、公的部門による大規模かつ積極的な支援が必要とされることを明らかにした。具体的には、需要の大きい主要幹線と、その発着地点となっている地域内において重点的にインフラを整備すること、とりわけ迂回経路を整備することで、輸送力を増強するとともに輸送の冗長性を確保することである。またモーダルシフトを推進するには、路線網を極力維持することで荷主企業の鉄道に対するニーズに幅広く対応する必要があるため、JR貨物が提供を望まない主要幹線以外の輸送サービスに

終章　鉄道貨物輸送の活性化に向けて　207

ついては、新規参入を促すことでサービスの維持を図る必要があることを提言した。

　本研究を踏まえて、今後は以下の3つの課題について考察することが必要であると考えられる。

　第1は、モーダルシフト推進策における鉄道の位置づけを明確にすることである。本研究では、トラックから鉄道へのモーダルシフトについて考察した。しかし内航海運もモーダルシフトの受け皿となり得る輸送機関である。序章でみたように、内航海運の輸送分担率はトラックに次いで大きい。鉄道は主要幹線の多くの区間において迂回経路が設定されていないため、線路1か所が災害等により遮断されると輸送ができなくなる。また主要幹線の線路容量は逼迫しており、輸送力の大幅な増強を早急に実現することも困難である。一方、内航海運は港の使用に問題がなければ基本的には輸送が可能である[4]。船員の高齢化が内航海運の課題として挙げられていたものの、近年は30歳未満の船員数が増加傾向にある[5]。わが国の地理的特徴を考慮すると、内航海運をモーダルシフトの受け皿として重視すべきとの議論も当然起こり得るといえよう[6]。

　またトラック輸送の改善に向けた技術開発も進んでいる。高速道路におけるトラックの自動運転や隊列走行、トラクタヘッドに2台のトレーラーを連結するダブル連結トラックが実用化されると、トラックドライバー不足や輸送の安全性確保等、モーダルシフトの推進が必要とされていた政策課題を一定程度解決し得ることになる[7]。

　それでもなお、鉄道がモーダルシフトの受け皿となる余地はある。第6章で述べたように、鉄道はトラックよりも輸送力が大きい。また内航海運とは異なり、トラックと同程度の運転速度による輸送が可能である。仮にトラッ

4　魚住［2017］p.161、伊藤［2017］pp.223-224を参照のこと。
5　国土交通省海事局［2018］p.50を参照した。
6　魚住［2017］、澤内［2018］pp.68-69を参照されたい。
7　トラック輸送の改善に向けた技術開発については http://www.mlit.go.jp/common/001149523.pdf、http://www.mlit.go.jp/common/001178890.pdf、http://www.mlit.go.jp/common/001227121.pdfを参照した。トラックの自動運転や隊列走行等の議論については飯沼ほか［1993］p.41、大原［2017］、景山［2017］、国土交通省中部地方整備局［2017］、玉木［2017］p.64を参照のこと。

ク輸送の改善に向けた技術開発が進捗したとしても、需要の大きい主要都市間においては鉄道の輸送力が必要とされよう。内航海運をモーダルシフトの受け皿として重視するとしても、内航海運の利用が不可能な内陸部への輸送や、地理的に困難な（大きく迂回することになる）都市間の輸送については、必然的に鉄道がモーダルシフトの受け皿となる。

　上記の輸送市場のみならず、大都市圏、とりわけ貨物列車の運転が可能な路線網が比較的稠密である首都圏においては、圏内で完結する短距離輸送についても、鉄道へのモーダルシフトの可能性を検討する必要がある[8]。序章で述べたように、鉄道は端末輸送については、荷主の企業等が所有する専用線を利用する場合を除きトラックに依存することになるので、出発駅および到着駅において荷役作業を要する。したがって一般的には、近距離輸送はトラックで直接輸送するほうが利便性は高くなる。

　しかし大都市圏においては、道路混雑によりトラック輸送の所要時間が長くなることが想定されるので、端末輸送の距離が短い場合には、鉄道輸送との所要時間の差が縮小する可能性がある。道路混雑の激しい大都市圏内においてトラック輸送を削減すれば社会的費用を大幅に低減するので、圏内の短距離輸送についても鉄道へのモーダルシフトを検討すべきであると考えられる。

　国は物流政策全体のなかで、希少な財源をモーダルシフトの推進策に、さらには鉄道貨物輸送の輸送力増強にどの程度配分すべきなのか、鉄道貨物輸送の位置づけが必要と思われる[9]。そのためには、トラックから鉄道へのモーダルシフトについて、どのような輸送市場において、どの程度の規模で必要とされるのか、鉄道と競合する輸送機関の状況を考慮しつつ詳細に分析する必要がある。

---

[8] 首都圏内の短距離輸送について、鉄道へのモーダルシフトの可能性を考察した先行研究としては運輸経済研究センター編［1991］がある。当該の輸送に鉄道が利用されている事例としては、第2章で述べた川崎市の廃棄物輸送のほか、海上コンテナ輸送（東京タ駅〜宇都宮タ駅間、神奈川臨海鉄道の横浜本牧駅〜宇都宮タ駅間）が挙げられる。JR貨物へのヒアリング（2019年1月24日）による。これについては猪俣［2000］pp.23-24、日本貨物鉄道編［2007b］pp.416-417、小澤［2011c］を参照されたい。

[9] 同様の指摘は高坂［1996a］p.46、森谷［1998］p.74、飯沼ほか［1999］p.5、団［1999］p.25、厲［2004］p.37、武井［2005a］p.57、鶴［2005］p.37も参照されたい。

終章　鉄道貨物輸送の活性化に向けて　209

　なお第1章で考察したように、現在の公的部門によるJR貨物への支援措置については、JR貨物の経営支援なのか、あるいはモーダルシフトの推進策なのか、目的を明確にする必要がある。

　現状の支援体制は、JR貨物の経営支援の水準にとどまっていることは、モーダルシフトが進展したとは言い難い現状を見れば明らかである。そうであるならば、国によるJR貨物への支援措置は、モーダルシフトではなくJR貨物の経営支援を目的としていることを明確にすべきではないか。JR貨物の立場からもモーダルシフトを意識した発言が見られるが、モーダルシフトはあくまで公的部門の政策目標である。鉄道事業者であるJR貨物は、所与の経営環境のもとで、荷主の需要に対応し得る効率的な輸送サービスを供給することに、より注力すべきではないだろうか[10]。

　第2は、鉄道貨物輸送におけるJR貨物という事業者の存在意義について検証することである。JR貨物は事実上、鉄道貨物輸送市場における独占企業である。また、国鉄の分割・民営化の過程で、インフラの費用負担を軽減すべく、JR旅客各社に支払う線路使用料にはアボイダブルコストルールが適用されている。にもかかわらず、鉄道事業では営業損失を計上し続けており、経営基盤は脆弱である。

　JR貨物は主要幹線における地域間のコンテナ輸送に経営資源を集中しており、路線網と車扱輸送を縮小し続けてきた。しかし、それによって鉄道による輸送を望む荷主企業の需要を失い続けているのではないか。主要幹線における地域間のコンテナ輸送がJR貨物にとっての中核事業であり、それ以外のコンテナ輸送や車扱輸送はJR貨物の経営上、有益でないと断定し得るのか、今一度検証する必要がある[11]。仮にそのように断定し得るのであれば、JR貨物は主要幹線における地域間のコンテナ輸送専業の鉄道事業者として経営資源をより一層集中し、それ以外のコンテナ輸送や車扱輸送については、

10　竹内［2013b］は「モーダルシフト推進を名目として、陰に陽にさまざまな点で公的部門に依存するようなことがあれば、それはJR貨物の衰退を促進することだけになりかねない」と懸念を示している（竹内［2013b］p.3）。
11　JR貨物は中核事業を鉄道事業以外にすべきとの提言もある。澤井［2010］は輸送障害発生時のフェリー代行輸送を事例として挙げ、利用運送事業を中核事業にすべきと述べる（澤井［2010］p.29）。澤内［2018］は利用運送事業のみならず、競合輸送機関であるトラックや内航海運も選択すべき中核事業に挙げている（澤内［2018］p.69）。

意欲のある他の事業者に継承すること、あるいはJR貨物を主要幹線における地域間のコンテナ輸送、それ以外のコンテナ輸送、車扱輸送に事業分割することの是非についても考察する必要がある[12]。

とりわけ現存する車扱輸送は、基本的に荷主企業の私有貨車と専用線を利用する形態である。また一部を除いて空車回送の発生する片道輸送であり、大部分の列車は複数のJR旅客会社の線区にまたがって運転されない輸送距離が短いものである。コンテナ輸送とは輸送形態が大きく異なるのである。JR貨物の存在意義の1つは、複数のJR旅客会社の線区にまたがる長距離の貨物列車を円滑に運転することにある。車扱輸送はJR貨物が担う必然性に乏しいのである[13]。荷主企業からみれば、自らが所有する貨車をJR旅客各社の線路上で牽引する機関車さえ確保できれば良い。車扱輸送への新規参入、あるいは車扱輸送専業の貨物鉄道事業者の意義については、検討する余地が大きいといえよう。

JR旅客各社に支払う線路使用料に適用されているアボイダブルコストルールについては、鉄道貨物輸送の持続的維持という観点からも再検討する必要がある。第3章で述べたように、アボイダブルコストルールは実質的にJR旅客各社からJR貨物への補助という性質を有している。JR旅客各社の利用者が無関係なJR貨物の利用者を補助することになり、妥当であるとは言い難い。また、今後わが国の人口は減少傾向が継続するものと予測されており、JR旅客各社の経営が悪化すれば、アボイダブルコストルールの見直しをJR旅客各社が求める可能性は高い。とりわけ3島会社は、現状においてもJR貨物を補助する原資に乏しく、アボイダブルコストルールの見直しは遅からず議論されるものと思われる。

アボイダブルコストルールに基づく線路使用料で貨物輸送にかかる費用を賄えないのであれば、貨物列車はJR旅客各社に全く利益をもたらさない。

---

[12] コンテナ輸送と車扱輸送で貨物鉄道事業者を分割すべきとの議論は飯沼ほか［1993］pp.16-17、伊藤［2017］p.152を参照されたい。小澤［2002a］は、貨物鉄道事業は「販売会社やターミナル運営会社、コンテナ管理会社等の別組織とし、各会社に対し業務に応じたアセットと経営の独立性を持たせる」こと、すなわち「組織の細分化」を図る必要があると主張している（小澤［2002a］p.386）

[13] これについては先述の大都市圏内における短距離輸送についても該当するといえる。

JR旅客各社は貨物列車を自らの経営を圧迫する存在であると認識し、その運転を極力回避しようとするであろう。したがってモーダルシフトを推進するには、並行在来線事業者と同様に、フルコストに基づく線路使用料の適用を検討せざるを得ない。しかし、経営基盤が脆弱なJR貨物がフルコストの線路使用料を負担することは困難であり、国も財源の制約から、貨物調整金の大幅な増額は難しいと考えられる。先に述べたJR貨物の事業領域の集約や事業分割、新規参入も踏まえて、線路使用料の負担方式を考察する必要がある。

第3は、現行のジャスト・イン・タイム方式に重きを置く物流システムの妥当性を検証することである。荷主企業には、ジャスト・イン・タイムを重視するあまり、在庫は無駄と考えるものが見られるが、非常時に備えた計画的な保管は必要ではないか（伊藤［2017］p.317）。そのような考え方が、計画性・必然性のない多頻度少量輸送を発生させているのではないか。モーダルシフトを推進するには、これらについて再考することが必要であると考えられる（白鳥［2006］p.42）。

わが国においてトラック輸送を主体とするジャスト・イン・タイム方式が成立し得る要因の1つは、トラック輸送に起因する社会的費用の大部分を荷主が負担していないことにある[14]。トラック輸送はサービスが単純で市場への参入が容易であるため、トラック事業者数は2016年度末現在で6万2176事業者と多数である。荷主はトラック事業者を自らの要求に合わせて選択することが可能であり、トラック事業者は、契約交渉においては荷主に対して総じて弱い立場にある[15]。トラックと競合する内航海運や鉄道も、必然的に何らかの形で荷主の要求に対応せざるを得ない。

井上［2013］は「近年、店頭でダンボール箱ごと陳列、販売する場面が増えるなど商業環境が変化するなかで、以前は許容された段ボールの擦れなどが、荷物の受け取り拒否の要因となる場面が増えてきている」と述べ、荷主が強い立場にあることの事例を挙げている（井上［2013］p.47）。わが国の

---

14 高坂［1997b］p.50を参照した。風呂本［1997］は、モーダルシフトを推進するにはトラック輸送に起因する社会的費用を荷主に負担させるシステムが必要と主張する（風呂本［1997］p.45）。
15 全日本トラック協会［2018］p.6およびp.19を参照した。

人口が減少局面にあるなかで、このような高品質の物流システムを持続することは困難になるのではないか[16]。現在輸送されている貨物全般について、高い輸送品質が必要であるのか、詳細に検証する必要があると思われる。

　今後考察すべき課題として、上記のとおり3点を挙げたが、とりわけ第1の課題は重視すべきである。繰り返しになるが、トラックから鉄道へのモーダルシフトを推進するには、その前提として、モーダルシフト推進策における鉄道の位置づけが明確にされなければならない。トラック輸送の改善に向けた技術開発が進捗したとしても、また内航海運へのモーダルシフトを重視するとしても、鉄道がモーダルシフトの受け皿となる余地は残されている。トラックから鉄道へのモーダルシフトについて、どのような輸送市場において、どの程度の規模で必要とされるのか、鉄道と競合する輸送機関の状況を考慮しつつ詳細に分析する必要がある。

16　これについては三戸［2018］が詳しい。

参考文献

Aoki, M. [2009], "Rail Freight Transportation," in East Japan Railway Culture Foundation (ed.), *Railway Operators in Japan*, East Japan Railway Culture Foundation, pp.234-248.

Funahashi, I. [2009], "JR Freight Approach to Infrastructure Development for Modal Shift," *Japan Railway & Transport Review*, No.51, pp.40-55.

Iwasa, K. [2000], "Toward a New Freight Railway System," *Japanese Railway Engineering*, No.145, pp.22-24.

Nash, C. [2007a], "Results and Perspective of the Japan National Railway Reform from a European Point of View," *Transportation & Economy*, Vol.67, No.4 (『運輸と経済』第 67 巻第 4 号), pp.74-76.

Nash, C. [2007b], "Railway Policy: Comparing Europe with Japan," *Transportation & Economy*, Vol.67, No.12 (『運輸と経済』第 67 巻第 12 号), pp.36-38.

Otsuka, R. [2014], "Problems and Visions for Improving Management of JR Companies in Three Islands and Japan Freight Railway Company," *Journal of Shohoku College*, No.35 (『湘北紀要』（湘北短期大学）第 35 号), pp.1-13.

Ponsonby, G. J. [1963], "What is an Unremunerative Transport Service?," *Institute of Transport Journal*, Vol.30, No.3, pp.90-94.

Sasaki, Y. [2012], "Transporting Oil Products to Disaster Areas," *Japan Railway & Transport Review*, No.60, pp.28-33.

Woodburn, A. G. [2001], "The Changing Nature of Rail Freight in Great Britain: The Start of a Renaissance?," *Transport Reviews*, Vol.21, No.1, pp.1-13.

RJ 取材班 [2013]「北越急行の 16 年と将来―速度と安定をもたらした技術が明日に」『鉄道ジャーナル』第 47 巻第 3 号、pp.34-45.

相浦宣徳・阿部秀明・佐藤馨一 [2014]「青函共用走行問題が北海道経済へ及ぼす影響―道外移出を対象として―」『創設 15 周年鉄道貨物振興奨励賞受賞論文集』pp.29-49.

相浦宣徳・阿部秀明・平出渉 [2016]「北海道・道外間輸送を支える 2 大輸送モードと課題」『流通ネットワーキング』第 294 号、pp.43-47.

青木栄一 [2003]「民営貨物鉄道の役割と意義」『鉄道ピクトリアル』第 53 巻第 11 号、pp.10-20.

青木栄一 [2006]「日本の石灰石・セメントと鉄道」青木栄一編『日本の地方民鉄と地域社会』古今書院、pp.64-86.

青木栄一 [2008]「戦後地方鉄道の諸問題―歴史地理学的考察―」『運輸と経済』第 68 巻第 3 号、pp.41-50.

青木亮［2000］「地方中核都市における公共交通対策」『三田商学研究』（慶應義塾大学）第43巻第3号、pp.231-248.

浅井康次［2004］『ローカル線に明日はあるか―実態検証！地方鉄道・路面電車―』交通新聞社.

浅井康次［2006］「近年の地方鉄道の動向について」浅井康次編『論説　地方交通』交通新聞社、pp.16-47.

淺倉康二・中川哲朗［2005］「M250系直流貨物電車（スーパーレールカーゴ）の開発」『電気学会誌』125巻5号、pp.288-291.

飯沼勇・伊藤直彦・岡田清・杉本俊雄・矢山恒夫・太田恒武［1999］「鉄道貨物輸送の針路と課題」『運輸と経済』第59巻第7号、pp.4-10.

飯沼勇・伊藤直彦・中田信哉・大和大一・矢山恒夫・前田喜代治・太田恒武［1993］「鉄道貨物輸送の役割と課題」『運輸と経済』第53巻第9号、pp.4-44.

石井信雄［2006］「神奈川臨海鉄道の現状」『運転協会誌』第48巻第8号、pp.18-21.

石井幸孝［2017］「国鉄改革30年　その3　新幹線物流が動き出す　JR貨物・JR北海道の明日につながる」『鉄道ジャーナル』第51巻第8号、pp.64-71.

石川登志男［2012］「鹿島臨海鉄道の東日本大震災の被害と復旧」『日本鉄道施設協会誌』第50巻第6号、pp.28-30.

石田直美［2011］「低炭素社会と貨物鉄道の方向性」『公営企業』第42巻第10号、pp.12-19.

石田隆造［2001］「JR貨物の経営について」『経済経営論集』（名古屋経済大学）第9巻第1号、pp.1-13.

石原敬一郎［2016］「創立50年を経過した神奈川臨海鉄道の現状と課題」『運転協会誌』第58巻第9号、pp.22-25.

石原浩［2005］「経済環境面から見た貨物新幹線の可能性」『2004年度プロジェクト活動報告書』（慶應義塾大学）交通運輸プロジェクトレビュー13、pp.96-101.

和泉貴志［2008］「大型10トントラック2万台分の燃料とCO_2を削減する"夢"の「東海道物流新幹線」」『経済界』第877号、pp.26-29.

伊津野範博［1999］「鉄道貨物事業者におけるモーダルシフトの可能性」『研究論集』（神奈川大学）第33号、pp.45-73.

伊藤直彦［1993］「鉄道貨物輸送に関する一考察―JR貨物の生い立ちと課題―」『運輸と経済』第53巻第6号、pp.32-51.

伊藤直彦［1999］「鉄道貨物輸送に見る米国と日本」『運輸と経済』第59巻第8号、pp.2-5.

伊藤直彦［2002］「鉄道貨物輸送の優位性を追求」『ロジスティクスシステム』第11巻第4号、pp.1-6.

伊藤直彦［2004］「ロジスティクスの革新に挑戦する鉄道貨物輸送―JR貨物の17年を総

括して—」『ロジスティクスシステム』第 13 巻第 3 号、pp.20-25.
伊藤直彦［2005］「モーダルシフトと輸送力の有効活用への取り組み」『JREA』第 48 巻第 4 号、pp.2-3.
伊藤直彦［2007］「JR 貨物発足 20 周年を迎えて」『JR gazette』第 65 巻第 6 号、pp.9-11.
伊藤直彦［2008］「鉄道貨物輸送の現状と課題」『運輸政策研究』第 10 巻第 4 号、pp.62-66.
伊藤直彦［2011］「講演：国鉄改革と鉄道貨物輸送」『学習院法務研究』（学習院大学）第 3 号、pp.27-45.
伊藤直彦［2017］『鉄道貨物　再生、そして躍進』日本経済新聞出版社.
伊藤直彦・岡野行秀・岡田清［2003］「鉄道貨物輸送の歩みと新時代への課題」『運輸と経済』第 63 巻第 8 号、pp.4-15.
伊藤直彦・鈴木淳雄・春田謙・塩畑英成［2005］「モーダルシフトの課題とその将来に向けて」『運輸と経済』第 65 巻第 9 号、pp.4-13.
伊藤則人［2016］「衣浦臨海鉄道　わが社の貨物輸送の現状と課題」『運転協会誌』第 58 巻第 9 号、pp.26-29.
伊藤秀和［2008］「モーダルシフト政策に寄与する貨物輸送経路選択のモデル分析　ランダム・パラメータ・ロジット・モデルの適用」『日本物流学会誌』第 16 号、pp.201-208.
井上卓哉［2014］「JR 貨物の設備投資について」『JR gazette』第 72 巻第 11 号、pp.29-32.
井上達明［2013］「鉄道貨物輸送の利用拡大・普及のために　鉄道貨物協会の取り組み」『運輸と経済』第 73 巻第 12 号、pp.45-51.
猪俣一男［2000］「鉄道のメリットを生かした新輸送分野への取り組み」『JR gazette』第 58 巻第 9 号、pp.22-24.
入江宏紀［2014］「鉄道貨物輸送における輸送改善について」『JR gazette』第 72 巻第 9 号、pp.25-28.
岩沙克次［2000］「新しい貨物鉄道システムの構築をめざして」『JREA』第 43 巻第 1 号、pp.35-37.
岩沙克次［2007］「貨物鉄道 130 年と JR 貨物 20 年」『JREA』第 50 巻第 11 号、pp.4-7.
岩沙克次・今城光英［2000］「鉄道の貨物輸送を語る」『鉄道ピクトリアル』第 50 巻第 1 号、pp.17-22.
岩渕正風［2002］「エコロジスティクスと鉄道貨物輸送」『萩国際大学論集』（萩国際大学）第 4 巻第 1 号、pp.117-121.
魚住和宏［2016］「「スーパーグリーンロジスティクス構想」に基づく味の素の「モーダルシフト」の取り組み—内航海運輸送と JR31ft コンテナの積極的利用拡大による「モーダルシフト」率 100％への挑戦—」『流通ネットワーキング』第 294 号、pp.48-52.
魚住和宏［2017］「味の素の事例にみる「モーダルシフト」の課題と今後の方向性」『日本

物流学会誌』第 25 号、pp.157-164.

梅原淳［2017］「JR 貨物の将来を左右する「線路使用料」の実態　貨物有利なルール、上場なら見直し必要に？」『東洋経済オンライン』https://toyokeizai.net/articles/-/184492（2018 年 9 月 8 日アクセス）.

(財)運輸経済研究センター編［1991］『大都市圏内における鉄道貨物輸送の可能性に関する調査報告書』運輸経済研究資料 020771、運輸経済研究センター.

(財)運輸経済研究センター編［1996］『長期的展望に立った鉄道貨物のあり方に関する調査報告書』運輸経済研究資料 070960、運輸経済研究センター.

江尻義和［2016］「福島臨海鉄道　わが社の貨物輸送の現状と今後の展望」『運転協会誌』第 58 巻第 9 号、pp.18-21.

榎本通也［2013］「わが国における貨物鉄道輸送の今後の役割と課題」『運輸と経済』第 73 巻第 12 号、pp.34-44.

大澤伸男［2017］「JR 貨物のコンテナ輸送を支える着発線荷役方式（E&S 方式）開発の経緯と発展状況」『JREA』第 60 巻第 5 号、pp.55-61.

大茂知資・西尾友一・川谷大輔［2013］「吹田貨物ターミナル駅「環境に配慮した新たな貨物駅の整備」」『日本鉄道施設協会誌』第 51 巻第 7 号、pp.6-9.

大場忠義［2017］「鹿島臨海鉄道(株)の巻」『鉄道と電気技術』第 28 巻第 1 号、pp.88-90.

大畑智・西田茂樹［2000］「環境問題と鉄道貨物輸送」『季刊輸送展望』第 256 号、pp.49-55.

大原みれい［2017］「世界最長のトラック「ロードトレイン」からみる日本のトレーラ化の将来」『運輸と経済』第 77 巻第 11 号、pp.65-75.

岡田清［1995］「競争的環境下における鉄道貨物輸送の変遷」『経済研究』（成城大学）第 128 号、pp.1-18.

岡田清［1999a］「JR 貨物の経営をめぐる諸問題」『運輸と経済』第 59 巻第 9 号、pp.14-21.

岡田清［1999b］「JR 貨物の現状と今後の課題」『JR gazette』第 57 巻第 9 号、pp.41-43.

岡田清［2000］「鉄道貨物輸送再生の構図」『都市問題』第 91 巻第 8 号、pp.29-39.

岡田清［2007］「JR 貨物発足 20 周年に寄せて」『JR gazette』第 65 巻第 6 号、pp.14-17.

岡野行秀［1980］「「赤字」と cross-subsidisation」『経済学論集』（東京大学）第 46 巻第 1 号、pp.2-10.

岡部昌［1996］「水島臨海鉄道の今日」『運転協会誌』第 38 巻第 10 号、pp.14-15.

尾川太志［2015］「ネスレ日本におけるモーダルシフトの拡大事例と将来への展望」『第 16 回鉄道貨物振興奨励賞受賞論文集』pp.1-18.

小澤茂樹［2002a］「生産と販売から見た鉄道貨物輸送の一考察」『経済研究』（成城大学）第 158 号、pp.373-392.

小澤茂樹［2002b］「鉄道貨物輸送を中心とした環境に対する取り組み」『運輸と経済』第

62 巻第 2 号、pp.17-20.
小澤茂樹［2006］「EU における鉄道貨物輸送の参入自由化と円滑な国際輸送の実現に関する諸問題」『運輸と経済』第 66 巻第 9 号、pp.72-83.
小澤茂樹［2008］「上下分離の進展と鉄道貨物輸送」『中央大学経済研究所年報』（中央大学）第 39 号、pp.397-416.
小澤茂樹［2010a］「貨物列車と旅客列車の最適なダイヤ配分のあり方」『日本物流学会誌』第 18 号、pp.177-184.
小澤茂樹［2010b］「鉄道貨物市場」杉山武彦監修、竹内健蔵・根本敏則・山内弘隆編『交通市場と社会資本の経済学』有斐閣、pp.67-79.
小澤茂樹［2011a］「鉄道貨物輸送に関するダイヤ配分の一考察」『交通学研究』2010 年研究年報、pp.205-214.
小澤茂樹［2011b］「日本における鉄道貨物輸送を用いたインターモーダル輸送の問題」モーダルシフト政策による環境外部費用の削減プロジェクト『インターモーダル輸送の促進政策に関する研究』日交研シリーズ A ― 527、日本交通政策研究会、pp.78-95.
小澤茂樹［2011c］「近年におけるインターモーダル輸送の成功例」モーダルシフト政策による環境外部費用の削減プロジェクト『インターモーダル輸送の促進政策に関する研究』日交研シリーズ A ― 527、日本交通政策研究会、pp.96-101.
小澤茂樹［2013a］『線路使用料とダイヤ配分から見た鉄道貨物輸送の問題』日交研シリーズ A ― 566、日本交通政策研究会.
小澤茂樹［2013b］「上下分離から見た鉄道貨物輸送の問題」『流通ネットワーキング』第 278 号、pp.35-39.
小澤茂樹［2018］「欧州鉄道貨物事情 60 鉄道貨物駅に対するイメージの変化」『JR 貨物ニュース』第 406 号、p.4.
加賀山順［2002］「臨海鉄道における貨物輸送の動向」『運転協会誌』第 44 巻第 10 号、pp.14-17.
香川正俊［2002］『第 3 セクター鉄道（改訂版）』成山堂書店.
香川正俊［2006］「2007 年度以降の JR 貨物に関する政策提言」『熊本学園商学論集』（熊本学園大学）第 12 巻第 2・3 号、pp.23-53.
香川正俊［2007］「2007 年度以降における三島会社と JR 貨物に関する諸問題と不可欠な支援の必要性について」『熊本学園大学論集「総合科学」』（熊本学園大学）第 13 巻第 2 号、pp.1-25.
景山一郎［2017］「トラックの自動運転・隊列走行の現状と展望」『運輸と経済』第 77 巻第 11 号、pp.57-64.
神奈川臨海鉄道社史編集委員会編［1993］『神奈川臨海鉄道 30 年史』神奈川臨海鉄道.
鎌田康［2000a］「JR 貨物と日本の鉄道貨物輸送」『鉄道ピクトリアル』第 50 巻第 1 号、pp.10-16.

鎌田康［2000b］「社会経済的観点からみた鉄道貨物輸送整備の再評価—トラック輸送がもたらす社会的損失の回復策として—」『JREA』第43巻第7号、pp.43-47.

鎌田康［2000c］「鉄道貨物輸送をめぐるインフラ整備—JR貨物における輸送力増強への取り組み—」『季刊輸送展望』第253号、pp.35-42.

鎌田康［2001］「モーダルシフト実現のための鉄道貨物施設整備に関する一考察」『運輸と経済』第61巻第6号、pp.53-60.

鎌田康［2003］「JR貨物のモーダルシフトへの取り組み」『物流情報』第5巻第5号、pp.9-13.

鎌田康・山本一雄・舟橋郁央［2001］「貨物駅E＆S化の現状と展望」『季刊輸送展望』第257号、pp.58-65.

上浦正樹［2009］「北海道における鉄道貨物輸送に関する考察」『開発論集』（北海学園大学）第83号、pp.203-208.

上浦正樹［2011］「北海道における貨物の移出入と鉄道貨物輸送に関する考察」『開発論集』（北海学園大学）第87号、pp.121-127.

貨物近代化史編集委員会編［1993］『鉄道貨物輸送近代化の歩み』日本貨物鉄道.

川島令三［1998］『全国鉄道事情大研究　名古屋北部・岐阜篇(2)』草思社.

川島令三［2003］『全国鉄道事情大研究　東京北部・埼玉篇(2)』草思社.

川島令三［2004］『全国鉄道事情大研究　常磐篇』草思社.

川島令三［2007a］『全国鉄道事情大研究　九州篇(2)』草思社.

川島令三［2007b］『全国鉄道事情大研究　中国篇(1)』草思社.

河野健吾・石川尚承［2013］「基盤整備事業に伴う百済駅改良工事の完成を迎えて」『新線路』第67巻第3号、pp.38-40.

河野健吾・井上俊一・森本良和［2011］「百済駅構内改良に伴う線路切換工事」『日本鉄道施設協会誌』第49巻第4号、pp.32-35.

川村正彦［2014］「八戸臨海鉄道　我が社の現状と今後の展望」『運転協会誌』第56巻第8号、pp.17-19.

神立哲男［1999］「「新フレイト21」計画の取組みと展望」『JR gazette』第57巻第1号、pp.48-51.

神立哲男・山本一雄・泉裕治・小川久雄・横田泰・野村利夫［1997］「鉄道貨物輸送の現状について（その1）」『港湾荷役』第42巻第6号、pp.603-610.

神立哲男・山本一雄・泉裕治・小川久雄・横田泰・野村利夫［1998a］「鉄道貨物輸送の現状について（その2）」『港湾荷役』第43巻第1号、pp.111-117.

神立哲男・山本一雄・泉裕治・小川久雄・横田泰・野村利夫［1998b］「鉄道貨物輸送の現状について（その3）」『港湾荷役』第43巻第2号、pp.211-216.

北川利昭［2006］「名古屋臨海鉄道の現状と今後の展開」『運転協会誌』第48巻第8号、pp.22-24.

北村勉・佐田恭夫・古柴敏夫［2013］「梅田貨物駅移転事業の概要」『JREA』第56巻第7号、pp.8-12.

岐阜県第三セクター鉄道連絡会議［2007］『岐阜県第三セクター鉄道の概要（平成19年度版）』岐阜県第三セクター鉄道連絡会議.

木村省二・辻幸則・真貝康一・山内弘隆［2013］「これからの鉄道貨物輸送」『運輸と経済』第73巻第12号、pp.4-12.

草町義和［2018］「【Transport REVIEW】運輸業界の出来事(8) 迂回輸送と許可の「維持」」『鉄道ジャーナル』第52巻第11号、p.10.

苦瀬博仁［2009］「ネットワークを活用した新しいビジネスモデルの構築を」JR貨物『環境・社会報告書2009』日本貨物鉄道、pp.12-13.

黒崎文雄［2010］「鉄道の上下分離に関する分析」『交通学研究』2009年研究年報、pp.65-74.

経済企画庁編［1962］『全国総合開発計画』大蔵省印刷局.

京葉臨海鉄道(株)編［1983］『京葉臨海鉄道20年史』京葉臨海鉄道.

河野志郎［1996］「神奈川臨海鉄道の現況」『運転協会誌』第38巻第10号、pp.10-13.

国土交通省中部地方整備局道路部交通対策課［2017］「「ダブル連結トラック実験」について」『運輸と経済』第77巻第11号、pp.92-98.

国土交通省鉄道局［2013］『貨物鉄道輸送の将来ビジョンに関する懇談会　報告書』国土交通省鉄道局.

国土交通省物流審議官部門物流政策課企画室［2015］『モーダルシフト促進のための貨物鉄道の輸送障害時の代替輸送に係る諸課題に関する検討会報告書』http://www.mlit.go.jp/common/001097975.pdf（2016年9月14日アクセス）.

国土総合開発資料研究会編［1973］『国土総合開発資料便覧』第一法規出版.

古柴敏夫［2010］「吹田貨物駅基盤整備」『鉄道と電気技術』第21巻第7号、pp.34-37.

古柴敏夫［2013］「吹田貨物ターミナル駅建設・電気工事を振り返って」『JREA』第56巻第6号、pp.66-69.

古柴敏夫・津田義隆・米林時夫［2013］「吹田・百済貨物駅基盤整備事業」『鉄道と電気技術』第24巻第8号、pp.21-27.

小林正明［2003］「貨物鉄道輸送が抱える課題─整備新幹線開業に伴い経営分離される並行在来線の問題を中心に」『運輸と経済』第63巻第8号、pp.16-20.

近藤禎夫［2008］「日本貨物鉄道株式会社：史的展望」『武蔵野学院大学大学院研究紀要』（武蔵野学院大学）第1輯、pp.17-35.

近藤禎夫［2009］「日本貨物鉄道株式会社(2)―中期経営計画と諸課題―」『武蔵野学院大学大学院研究紀要』（武蔵野学院大学）第2輯、pp.41-54.

近藤禎夫［2010］「「上下分離」と経営改革─JR貨物の経営問題を巡って─」『武蔵野学院大学大学院研究紀要』（武蔵野学院大学）第3輯、pp.79-91.

近藤俊也［2014］「吹田貨物ターミナル駅新設工事と開業後における軌道維持管理の一考察」『新線路』第68巻第3号、pp.25-28.

斉藤実［1997a］「環境事業推進室による"やさしい貨物輸送"の推進」『JR gazette』第55巻第9号、pp.19-21.

斉藤実［1997b］「鉄道貨物輸送の環境問題への取り組み」『海運』第843号、pp.33-36.

早乙女貴行［2012］「物流事業者の広域災害対策」『運輸と経済』第72巻第3号、pp.41-47.

佐川急便(株)［2017］「貨客混載 小口宅配貨物を旅客電車で拠点間輸送」『省エネルギー』第69巻第10号、pp.31-33.

櫻井邦雄［2006］「仙台臨海鉄道の現況と課題」『運転協会誌』第48巻第8号、pp.5-8.

佐々木康真［2011］「被災地に向けた石油輸送について」『運輸と経済』第71巻第8号、pp.109-112.

佐渡嗣［2006］「中期経営計画「ニューストリーム2007」の概要と主な課題」『JREA』第49巻第1号、pp.30-33.

佐藤馨一［2007］「JR北海道発足20年の総合評価」『運輸と経済』第67巻第4号、pp.64-68.

佐藤信洋［2016］「「鉄道コンテナお試し輸送」について」『流通ネットワーキング』第294号、pp.38-42.

佐藤信之［1998］「モーダルシフト政策と東海道本線貨物輸送力増強工事」『鉄道ジャーナル』第32巻第9号、pp.144-145.

佐藤信之［1999］「ローカル鉄道の現状と維持方策―群馬県」『運輸と経済』第59巻第10号、pp.68-74.

佐藤信之［2005］「JR貨物の輸送改善プロジェクト」『鉄道ジャーナル』第39巻第5号、pp.41-45.

佐藤信之［2007］「貨物鉄道と線路使用料」『JR gazette』第65巻第3号、pp.68-71.

佐藤信之［2010］「鉄道貨物の現状と課題」『鉄道ジャーナル』第44巻第2号、pp.104-111.

佐藤信之［2012a］「JR貨物の25年（前）」『鉄道ジャーナル』第46巻第11号、pp.131-135.

佐藤信之［2012b］「JR貨物の25年（後）」『鉄道ジャーナル』第46巻第12号、pp.131-137.

佐藤芳行・荒井敏也［2009］「百済駅改良工事に伴う土木工事の概要」『日本鉄道施設協会誌』第47巻第10号、pp.52-54.

澤井希丞［2010］「変容する貨物鉄道の将来性 わが国貨物鉄道の不遇と活路」『CONTAINER AGE』第518号、pp.24-29.

澤内一晃［2018］「鉄道貨物の脆弱性 モーダルシフトは神風か―」『鉄道ジャーナル』第

52 巻第 12 号、pp.62-69.
澤田長二郎・藤田正一・菊池信雄・今城光英［2006］「青森県にみる地方鉄道と地域社会の課題」『運輸と経済』第 66 巻第 7 号、pp.4-14.
三岐鉄道（株）［2001］「鉄道貨物再興に挑む—二つの成功例にみる新しい貨物輸送の展開—」三岐鉄道（株）編『三岐鉄道 70 周年記念誌　地域とともに歩む』三岐鉄道、pp.40-47.
JR 貨物［2008］『環境・社会報告書 2008』日本貨物鉄道．
JR 貨物［2010］「「PRANETS の導入」— On Board, On Demand, On Time にて安全運行とサービスアップを実現—」『物流情報』第 12 巻第 2 号、pp.42-47.
JR 貨物ニュース編集部［2007］「鉄道コンテナの着荷の実態」『春夏秋冬』第 2 号、pp.24-27.
（株）ジェイアール貨物・リサーチセンター［2004］『日本の物流とロジスティクス』成山堂書店．
（株）ジェイアール貨物・リサーチセンター［2007］『変貌する産業とロジスティクス』成山堂書店．
重田英貴［2008］「JR 貨物における運転支援システム（PRANETS）の開発」『JREA』第 51 巻第 6 号、pp.40-42.
社史編纂委員会編［1999］『35 年のあゆみ』京葉臨海鉄道．
社史編集委員会編［2000］『鹿島臨海鉄道株式会社 30 年史』鹿島臨海鉄道．
白石規哲［2010］「鉄道事業における原価把握—貨物鉄道事業における課題と新しい手法の開発—」『原価計算研究』第 34 巻第 1 号、pp.22-33.
白木禎［2009］「環境時代を担うエコロジーロジスティクス JR 貨物の「静脈物流」」『春夏秋冬』第 9 号、pp.13-17.
白鳥謙治［2006］「今後の物流ビジネスにおけるモーダルシフトへの動き—鉄道貨物輸送を中心に—」『調査』（日本政策投資銀行）第 88 号、pp.1-76.
末原純［2006］「第 3 セクター鉄道の現況と将来の方向性に関する検討」『運輸政策研究』第 9 巻第 1 号、pp.35-44.
椙尾平八［2001］「三岐鉄道の貨物輸送と藤原岳に想う（FA・炭カル輸送創生期に携わって）」三岐鉄道（株）編『三岐鉄道 70 周年記念誌　地域とともに歩む』三岐鉄道、pp.38-39.
杉山雅洋［2013］「市場経済システムにおける鉄道貨物輸送」『春夏秋冬』第 25 号、pp.4-8.
鈴木文彦［1999］「第三セクター鉄道　自立への課題」『鉄道ジャーナル』第 33 巻第 8 号、pp.67-76.
鈴木文彦［2004］「苦境の三陸鉄道　転換第三セクターの現実」『鉄道ジャーナル』第 38 巻第 8 号、pp.14-23.

鈴木文彦［2006a］「地方鉄道レポート 29　岳南鉄道」『鉄道ジャーナル』第 40 巻第 9 号、pp.84-91.

鈴木文彦［2006b］「地方鉄道レポート 30　樽見鉄道」『鉄道ジャーナル』第 40 巻第 10 号、pp.82-89.

鈴木文彦［2006c］「地方鉄道レポート 31　神岡鉄道」『鉄道ジャーナル』第 40 巻第 11 号、pp.86-93.

角知憲［2005］「貨物鉄道再興への試論」『JREA』第 48 巻第 1 号、pp.21-23.

瀬山正［1996］「JR 貨物の現状と課題」『運転協会誌』第 38 巻第 10 号、pp.4-8.

瀬山正［2003］「JR 貨物における IT 化の推進― IT-FRENS&TRACE システムについて」『運輸と経済』第 63 巻第 8 号、pp.54-58.

(社)全国通運連盟［2010］「鉄道貨物輸送の現状と展望」『流通ネットワーキング』第 260 号、pp.5-9.

曽我治夫［1993］「THE GUIDE OF 臨海鉄道―臨海鉄道 13 社の現況」『鉄道ピクトリアル』第 43 巻第 3 号、pp.41-57.

高木一匡［1991］「水島臨海鉄道の昨日、今日、明日」『運輸と経済』第 51 巻第 2 号、pp.65-74.

高坂彰［1996a］「ロジスティクス・カンパニーへの脱皮に向けての試論」『JR gazette』第 54 巻第 7 号、pp.44-47.

高坂彰［1996b］「鉄道貨物輸送の現状と問題点（第 1 回）」『運輸と経済』第 56 巻第 12 号、pp.31-38.

高坂彰［1997a］「鉄道貨物輸送の現状と問題点（第 2 回）」『運輸と経済』第 57 巻第 1 号、pp.20-27.

高坂彰［1997b］「鉄道貨物輸送の現状と問題点（第 3 回・完）」『運輸と経済』第 57 巻第 2 号、pp.41-51.

高坂彰［1997c］「鉄道貨物輸送再生のポイント」『JR gazette』第 55 巻第 9 号、pp.49-53.

高坂彰［2012］「鉄道貨物輸送に関する研究動向―『運輸と経済』を対象にして―」『富士常葉大学研究紀要』（富士常葉大学）第 12 号、pp.199-206.

高嶋修一［2003］「臨海鉄道 10 社の現況」『鉄道ピクトリアル』第 53 巻第 11 号、pp.56-69.

高橋顕［2017］「鉄道貨物輸送の現状―課題と取り組み」『運輸と経済』第 77 巻第 11 号、pp.23-27.

高橋政士［2011］「現在の貨物輸送」高橋政士・松本正司『貨物列車　機関車と貨車の分類と歴史がわかる本』秀和システム、pp.165-240.

田口弘明［2003］「幹線物流輸送における TDM 補助制度」『運輸と経済』第 63 巻第 8 号、pp.21-32.

武井孝介［2005a］「鉄道貨物輸送の視点からみた新幹線並行在来線問題に関する研究―

「モーダルシフト」の考え方に基づく公的関与のあり方を中心として―」『公益事業研究』第 57 巻第 2 号，pp.53-63.

武井孝介［2005b］「鉄道貨物輸送の現状と公的部門に求められる役割―「モーダルシフト」実現のための国と地方の適切な関与―」『公営企業』第 37 巻第 5 号、pp.10-20.

竹内健蔵［2013a］「JR 貨物 環境・社会報告書 第三者コメント」JR 貨物『環境・社会報告書 2012』日本貨物鉄道，p.34.

竹内健蔵［2013b］「「総合物流企業」としての JR 貨物への期待」『運輸と経済』第 73 巻第 12 号，pp.2-3.

田中恒弘［2010］「秋田臨海鉄道 我が社の貨物輸送の現状と課題」『運転協会誌』第 52 巻第 9 号、pp.11-14.

種村直樹［1999］「生き抜く道を探る平成筑豊 第三セクターの優等生にもかげり」『鉄道ジャーナル』第 33 巻第 8 号、pp.32-43.

玉木良知［2017］「JR 貨物の経営の現状と今後の課題」『運輸と経済』第 77 巻第 3 号、pp.59-66.

田村定文［2012］「新潟県における北陸新幹線開業後の幹線鉄道と並行在来線対策」『運輸と経済』第 72 巻第 11 号、pp.15-20.

田村修二［2017a］「鉄道事業の黒字化を達成したいま、既存の枠を越えて新たな事業領域へ」『JR gazette』第 75 巻第 4 号、pp.37-41.

田村修二［2017b］「JR 貨物 30 年の歩み」『JR gazette』第 75 巻第 6 号、pp.25-30.

樽見鉄道社史編集委員会編［1994］『樽見鉄道 10 年史』樽見鉄道.

団勇人［1999］「JR 貨物が日本通運と合併する」『財界展望』第 43 巻第 9 号、pp.22-25.

千葉博正［2007］「北海道における物流の現状と今後の課題」『運輸と経済』第 67 巻第 7 号、pp.24-30.

茶木環［2019］「鉄道の多様性と他の交通との共生で地方鉄道を存続する」『みんてつ』第 68 号、pp.10-17.

中条潮［1988］「「参入規制＋内部補助」体制の不当性」『交通学研究』1987 年研究年報、pp.15-28.

中条潮［2000］「運輸・交通の規制改革―利用者に便利な航空・道路交通へ」八代尚宏編『社会的規制の経済分析』シリーズ・現代経済研究 18、日本経済新聞社、pp.169-203.

角田淑江［2004］「「群馬型上下分離」による鉄道維持の取り組み」『運輸と経済』第 64 巻第 3 号、pp.30-36.

角田仁［2013］「吹田貨物ターミナル駅の開業と百済貨物ターミナル駅のリニューアル」『JR gazette』第 71 巻第 5 号、pp.39-43.

椿辰治［2006］「鉄道貨物輸送のモーダルシフトに向けた取り組みについて」『JR gazette』第 64 巻第 3 号、pp.53-57.

椿辰治・小川久雄［2009］「JR 貨物の中期経営計画と技術開発」『JREA』第 52 巻第 1 号、

pp.49-52.

津山一憲［2006］「臨海鉄道の貨物輸送のあゆみ」『運転協会誌』第 48 巻第 8 号、pp.1-4.

鶴通孝［2005］「鉄道貨物輸送のシステムと現実」『鉄道ジャーナル』第 39 巻第 5 号、pp.22-37.

鶴岡憲一［1998］「時代が求める貨物鉄道輸送化時代—今、なぜモーダルシフトか—」『月刊官界』第 24 巻第 10 号、pp.204-212.

鉄道貨物近代史研究会編［1993］『鉄道貨物の変遷—公共企業体から国鉄改革まで—』運輸情報センター.

寺田裕一［2000］『日本のローカル私鉄 2000』ネコ・パブリッシング.

東海道物流新幹線構想委員会［2010］「東海道物流新幹線構想の概要」『春夏秋冬』第 13 号、pp.14-23.

東海道物流新幹線構想委員会事務局［2008］「東海道物流新幹線構想—ハイウェイトレイン—」『春夏秋冬』第 7 号、pp.1-5.

飛田和美［2006］「鹿島臨海鉄道の現状と展望」『運転協会誌』第 48 巻第 8 号、pp.9-12.

苫小牧港開発(株)編［1980］『苫小牧港開発株式会社二十年史』苫小牧港開発.

富嶋稔夫［2012］「鹿島臨海鉄道における鉄道施設の被害と復旧について」『建築防災』第 408 号、pp.29-33.

鳥海正昭［1992］「神奈川臨海鉄道の現況」『港湾』第 69 巻第 8 号、pp.39-43.

中島啓雄［1997］『現代の鉄道貨物輸送（改訂版）』交通ブックス 106、成山堂書店.

中田信哉［2012］「マーケティングから見た鉄道貨物輸送」『春夏秋冬』第 24 号、pp.5-8.

長野章［2011］「水産物輸送への新幹線函館延伸の活用方策について」『運輸と経済』第 71 巻第 9 号、pp.25-33.

中俣秀康［2012］「地域密着貨物駅を目指して　吹田貨物ターミナル駅の開業に向けての取組み」『第 13 回鉄道貨物振興奨励賞受賞論文集』pp.79-95.

中俣秀康［2014］「吹田貨物ターミナル駅地元行政との相互理解、信頼性の確立への取り組み」『貨物鉄道』第 8 巻第 4 号、pp.4-9.

中村修［2012］「日本貨物鉄道(株)の巻」『鉄道と電気技術』第 23 巻第 3 号、pp.85-86.

中村英夫・和泉貴志［2008］「日本の次代を思うのなら"物流新幹線"は必要不可欠です」『経済界』第 877 号、pp.19-22.

名古屋臨海鉄道編集委員会編［1981］『15 年のあゆみ』名古屋臨海鉄道.

那須野育大［2014］「地域連携による並行在来線活性化の可能性—北陸の事例を中心として—」『公益事業研究』第 66 巻第 2 号、pp.35-46.

南部鶴彦［2007］「JR ネットワークの経済的合理性」『運輸と経済』第 67 巻第 4 号、pp.52-55.

西川寛朗［2013］「百済貨物ターミナル駅人工地盤の施工計画と施工」『日本鉄道施設協会誌』第 51 巻第 11 号、pp.69-71.

西村國紀［2007］「いまだ道半ばの国鉄改革―JR貨物の光と影―」『運輸と経済』第67巻第4号、pp.56-59.

西村公司［2013］「鉄道貨物輸送における技術開発」『運輸と経済』第73巻第12号、pp.64-70.

日本貨物鉄道(株)［2017］『JR貨物グループ中期経営計画2021』https://www.jrfreight.co.jp/storage/upload/99a3b088d2750add7fa4d7fafb59923f.pdf（2018年9月13日アクセス）.

日本貨物鉄道(株)貨物鉄道百三十年史編纂委員会編［2007a］『貨物鉄道百三十年史（上巻）』日本貨物鉄道.

日本貨物鉄道(株)貨物鉄道百三十年史編纂委員会編［2007b］『貨物鉄道百三十年史（中巻）』日本貨物鉄道.

日本貨物鉄道(株)貨物鉄道百三十年史編纂委員会編［2007c］『貨物鉄道百三十年史（下巻）』日本貨物鉄道.

日本貨物鉄道(株)事業部企画課［1993］「概説：臨海鉄道」『鉄道ピクトリアル』第43巻第3号、pp.14-17.

日本貨物鉄道(株)総合企画本部経営企画部［2013］「JR貨物のモーダルシフト推進と環境・社会面の取り組み」『運輸と経済』第73巻第12号、pp.26-33.

野村宏［1986］「物流需要の変化からみた鉄道貨物輸送の問題点」『交通学研究』1986年研究年報、pp.59-67.

野村宏［1994］「日本における鉄道貨物輸送とトラック輸送の競争」『研究季報』（奈良県立商科大学）第4巻第4号、pp.1-9.

橋本悟・小澤茂樹［2010］「鉄道貨物輸送とトラック輸送との特性比較―規模の経済の推定と生産性比較を中心に―」『交通学研究』2009年研究年報、pp.115-124.

長谷川裕修・藤井勝・有村幹治・田村亨［2007］「北海道発着貨物のグリーン物流戦略」『交通学研究』2006年研究年報、pp.219-228.

長谷川雅行［2016］「スワップボディ」『流通ネットワーキング』第294号、pp.116-120.

長谷川雅行・塩岡智・小川幹雄・興村徹［1998］「複合輸送用スワップボディの開発と鉄道輸送テスト」『季刊輸送展望』第246号、pp.54-60.

服部修一［2010］「名古屋臨海鉄道 我が社の貨物輸送の現状と課題」『運転協会誌』第52巻第9号、pp.19-22.

花岡俊樹［2004］「コンテナ列車の運送申込における「満席」の解消を目指して―「IT-FRENS」の開発―」『JR gazette』第62巻第1号、pp.37-39.

花岡俊樹［2005］「IT-FRENS, TRACEシステムの概要」『鉄道ジャーナル』第39巻第5号、pp.38-40.

花岡俊樹［2009］「IT-FRENS&TRACEシステムが生み出した"価値"」『春夏秋冬』第10号、pp.6-14.

早川哲志［2005］「ハウス食品の物流と幹線における鉄道貨物輸送の位置づけ」『運輸と経済』第65巻第9号、pp.14-21.
林克彦［2013］「荷主企業から見た鉄道コンテナ輸送」『運輸と経済』第73巻第12号、pp.19-25.
林克彦・矢野裕児・齊藤実［2007］「荷主企業による鉄道コンテナ輸送の評価とグリーンロジスティクスの可能性」『日本物流学会誌』第15号、pp.153-160.
日野智・岸邦宏・佐藤馨一・千葉博正［2000］「北海道－本州間における鉄道貨物輸送の役割とその存続方策に関する研究」『土木計画学研究・論文集』第17回、pp.827-834.
日野智・岸滋・岸邦宏・浅見均・佐藤馨一［2002］「鉄道貨物輸送における経路探索モデル構築とその適用に関する研究」『土木計画学研究・論文集』第19回、pp.495-503.
姫野健士［2007］「JR貨物におけるモーダルシフトの現状と推進に向けた取組みについて」『流通ネットワーキング』第220号、pp.24-31.
兵藤哲朗［2012］「物流調査から見る貨物流動特性―2010年物流センサスを中心に―」『運輸と経済』第72巻第6号、pp.14-20.
平出渉・阿部秀明・相浦宣徳［2017］「全国経済活動における北海道・道外間鉄道貨物輸送の貢献度と北海道新幹線による貨物輸送の経済効果」『日本物流学会誌』第25号、pp.31-38.
廣南賢治・宮﨑裕信［2009］「吹田貨物ターミナル駅建設に伴う鉄道によるバラスト輸送の実施―新たな取り組みによる環境負荷低減への貢献―」『第10回鉄道貨物振興奨励賞受賞論文集』pp.59-66.
福井義高［2012］『鉄道は生き残れるか「鉄道復権」の幻想』中央経済社.
福島臨海鉄道社史編纂委員会編［1999］『いわき小名浜の鉄道のあゆみ―福島臨海鉄道創立30周年記念誌―』福島臨海鉄道.
福田晴仁［2005］『ルーラル地域の公共交通―持続的維持方策の検討―』白桃書房.
藤井大輔［2013］「オーストラリアの州際鉄道貨物輸送の現状と政策展開の考察」『運輸と経済』第73巻第5号、pp.64-76.
藤井彌太郎［2007］「民営化されなかった領域」『運輸と経済』第67巻第4号、pp.60-63.
伏島賢二［2019］「三岐鉄道・太平洋セメント　密着レポート！「資源循環」の輪をつなぐ三岐線貨物輸送」『みんてつ』第68号、pp.24-27.
舟橋郁央［2004］「JR貨物における「モーダルシフト」の取組みの現状について」『高速道路と自動車』第47巻第5号、pp.48-52.
舟橋郁央［2008］「JR貨物の20年」『鉄道ピクトリアル』第58巻第1号、pp.10-19.
古田真弘［2016］「JR貨物グループにおける財務強化の取り組み」『JR gazette』第74巻第2号、pp.25-27.
古屋秀樹［1988］「期待される鉄道貨物輸送の復権―JR貨物のコンテナ増送戦略―」『調査』（日本開発銀行）第123号、pp.2-129.

風呂本武典［1996］「鉄道貨物輸送の費用配賦に関する一考察―鉄道原価計算制度の検証と整理―」『広島商船高等専門学校紀要』（広島商船高等専門学校）第 18 号、pp.39-53.

風呂本武典［1997］「鉄道貨物経営とモーダルシフトの可能性について」『広島商船高等専門学校紀要』（広島商船高等専門学校）第 19 号、pp.33-47.

風呂本武典［1998］「グリーンロジスティクスの概念と日本における実現可能性についての検討」『広島商船高等専門学校紀要』（広島商船高等専門学校）第 20 号、pp.71-83.

別所恭一［2003］「日本の大動脈幹線輸送をモーダルシフト～日本初の電車型特急コンテナ列車により東京・大阪間のトラック輸送量 10％をシフト～」『物流情報』第 5 巻第 5 号、pp.14-16.

細井敏弘［2010］「吹田貨物ターミナル完成による「東海道・山陽線の新しいコンテナ輸送方式」」『第 11 回鉄道貨物振興奨励賞受賞論文集』pp.29-42.

北海道運輸交通審議会地域公共交通検討会議鉄道ネットワークワーキングチーム［2017］『将来を見据えた北海道の鉄道網のあり方について―地域創生を支える持続可能な北海道型鉄道ネットワークの確立に向けて―』http://www.pref.hokkaido.lg.jp/ss/stk/houkokutetudouwt.pdf（2018 年 8 月 27 日アクセス）.

堀雅通［2012］「整備新幹線開業に伴う並行在来線の経営分離と鉄道貨物輸送」『東洋大学大学院紀要』（東洋大学）48 集、pp.41-63.

堀雅通［2017］「鉄道整備事業」塩見英治監修、鳥居昭夫・岡田啓・小熊仁編『自由化時代のネットワーク産業と社会資本』八千代出版、pp.173-186.

堀川健夫［1998］「青函トンネル、鉄道貨物輸送の 10 年と今後の課題―日本貨物鉄道株式会社」『運輸と経済』第 58 巻第 12 号、pp.29-36.

本間義人［1999］『国土計画を考える　開発路線のゆくえ』中公新書 1461、中央公論新社.

前田望・阿佐美晃・古澤諭［2009］「鉄道コンテナ輸送 50 年を迎えて」『JREA』第 52 巻第 11 号、pp.47-51.

桝田卓洲［1995］「JR 貨物の中長期計画「フレイト 21」について」『運輸と経済』第 55 巻第 3 号、pp.40-50.

増田敏夫［2006］「吹田貨物ターミナル駅（仮称）整備計画」『JREA』第 49 巻第 12 号、pp.29-32.

松下多聞［2008］「鉄道貨物輸送と車両」上羽博人・松尾俊彦・澤喜司郎編『交通と物流システム』交通論おもしろゼミナール 3、成山堂書店、pp.31-47.

松永和生［2009］「JR 貨物の中長期計画からみた輸送効率化についての一考察」『交通学研究』2008 年研究年報、pp.81-90.

松永和生［2010］「荷主からみた JR 貨物の輸送品質改善」『日本物流学会誌』第 18 号、pp.185-192.

松本正司［2011］「貨物輸送の歴史」高橋政士・松本正司『貨物列車　機関車と貨車の分

類と歴史がわかる本』秀和システム、pp.133-164.

松本芳郎［1991］「小規模貨物鉄道の経営―京葉臨海鉄道のケース」『運輸と経済』第 51 巻第 1 号、pp.74-82.

三浦充男［2007］「環境対策および国際輸送の面からさらに期待が高まる鉄道貨物輸送―日本通運 通運部の取り組み―」『運輸と経済』第 67 巻第 6 号、pp.77-85.

三浦康夫［2017］「JR 貨物 30 年の歩み」『日本鉄道施設協会誌』第 55 巻第 6 号、pp.428-430.

三木理史［2009］『局地鉄道』塙選書 108、塙書房.

水谷淳・福田晴仁［2018］「鉄道へのモーダルシフト推進に向けての課題―線路使用料におけるアボイダブル・コスト・ルールの検討を中心に―」『公益事業研究』第 69 巻第 2・3 合併号、pp.27-37.

水谷文俊［2001］「民営化後の JR 貨物」『季刊ひょうご経済』第 71 号、pp.8-14.

三戸祐子［2018］「変化のはじまりから大転換へ 日本の物流文化はどう変わる？」『JR 貨物ニュース』第 409 号、pp.2-3.

峯昭彦［2010］「鉄道コンテナ輸送 50 年の歩みと JR 貨物の取り組み」『物流情報』第 12 巻第 1 号、pp.28-32.

宮口牧人［2009］「トラック物流事業者、鉄道事業者の IT 利用の現状」（株）ジェイアール貨物・リサーチセンター『激動する日本経済と物流』成山堂書店、pp.48-59.

宮澤幸成［2003］「JR 貨物のモーダルシフトへの取り組み」『運輸と経済』第 63 巻第 8 号、pp.48-53.

宮澤幸成・佐藤重良［1999］「新時代の鉄道貨物輸送を目指して」『JR gazette』第 57 巻第 9 号、pp.32-37.

村田洋介・青山吉隆・中川大・柄谷友香・白柳博章［2006］「新幹線ネットワークによる貨物輸送の便益評価に関する研究」『土木計画学研究・論文集』第 23 回、pp.455-462.

村山洋一［2007］「鉄道貨物輸送におけるモーダルシフトへの取組み」『運輸政策研究』第 9 巻第 4 号、pp.41-45.

村山洋一［2010］「整備新幹線・並行在来線と JR 貨物」『春夏秋冬』第 15 号、pp.25-29.

村山洋一・細野高弘・矢野裕児・杉山雅洋［2012］「震災からの物流再生」『運輸と経済』第 72 巻第 3 号、pp.4-14.

モーダルシフト研究会［2009a］「提言：モーダルシフト推進策（前編）鉄道貨物シェア低下の背景」『CONTAINER AGE』第 500 号、pp.37-43.

モーダルシフト研究会［2009b］「提言：モーダルシフト推進策（後編）決め手は「創意工夫」」『CONTAINER AGE』第 502 号、pp.18-21.

森利春［2017］「国鉄「分割・民営化」から 30 年。JR 貨物の現状」『建交労雑誌版・理論集』第 74 号、pp.67-71.

森田英嗣［2016］「青函共用走行における JR 貨物の対応について」『JR gazette』第 74 巻

第 6 号、pp.16-20.
森田稔［1987］「JR 貨物会社の展開に関する一局面—その影響—」『高速道路と自動車』第 30 巻第 10 号、pp.7-12.
森谷進伍［1998］「複合貨物輸送の視点—鉄道貨物輸送の再生のために—」『季刊輸送展望』第 245 号、pp.65-74.
矢代雅文［2002］「厳しい経営環境にある第三セクター鉄道の現状 鹿島臨海鉄道の増収方策の取組み」『運転協会誌』第 44 巻第 12 号、pp.35-37.
矢田貝淑朗［1987］「福島臨海鉄道の危機管理「おしん経営」」『運輸と経済』第 47 巻第 11 号、pp.71-81.
矢田貝淑朗［1993］「「ヤードの終焉」後の JR 貨物 大艦巨砲主義の行方はいずこ」『季刊輸送展望』第 227 号、pp.14-40.
矢田貝淑朗［1999］「低迷からの脱出—経済と鉄道貨物—」『季刊輸送展望』第 249 号、pp.90-95.
柳沢勝［1991］『国土政策のパースペクティブ 地球時代の日本—もうひとつの富国論』住宅新報社.
矢野裕児・林克彦［2009］「鉄道コンテナ貨物需要に関する研究」『日本物流学会誌』第 17 号、pp.113-120.
矢野裕児・林克彦［2010］「地方自治体の視点からみた鉄道貨物輸送」『日本物流学会誌』第 18 号、pp.65-72.
山内一良［1994］「日本貨物鉄道株式会社における輸送効率化への取組み」『新都市』第 48 巻第 11 号、pp.87-92.
山内智［2013］「神奈川臨海鉄道株式会社の現状と将来について」『運輸と経済』第 73 巻第 12 号、pp.52-57.
山口孝［1986］「新しい貨物会社は何をめざすか—運輸省「新しい貨物鉄道会社のあり方について」批判—」『明大商學論叢』（明治大学）第 68 巻第 8 号、pp.1-24.
山﨑朗［1998］『日本の国土計画と地域開発』東洋経済新報社.
山野邊義方［1994］「鉄道貨物輸送の動向と課題」『流通問題研究』（流通経済大学）第 23 号、pp.39-55.
山本裕之［2005］「鉄道貨物輸送と地域共生」『運輸と経済』第 65 巻第 12 号、pp.39-46.
山本雄吾［2012］「欧州における新規鉄道貨物事業者の状況—オープンアクセスと競争促進施策—」『運輸と経済』第 72 巻第 10 号、pp.87-95.
山本雄吾［2014］「鉄道貨物事業におけるオープンアクセスと市場競争—オーストリアの事例を中心に—」『名城論叢』（名城大学）第 14 巻第 4 号、pp.43-59.
横山重雄［2011］「仙台臨海鉄道株式会社 1000 年に 1 回 脳裏から消えないあの日の光景」『春夏秋冬』第 19 号、pp.19-23.
吉岡泰亮［2011a］「日本における鉄道貨物輸送を活用したモーダルシフト推進に向けた研

究」『国際公共経済研究』第 22 号、pp.61-67.
吉岡泰亮［2011b］「モーダルシフト推進の観点から見た日本の鉄道貨物輸送の機能と役割に関する考察」『政策科学』（立命館大学）第 19 巻第 1 号、pp.61-72.
吉岡泰亮［2012］「トラック輸送から鉄道貨物輸送への移行促進策の研究―記号論的消費社会論を超えて―」『政策情報学会誌』第 6 巻第 1 号、pp.83-92.
吉岡泰亮［2013］「鉄道貨物の輸送安定性に関する基礎的研究―輸送障害の現況分析と大規模災害等の非常時における対応を通じて―」『政策科学』（立命館大学）第 21 巻第 1 号、pp.93-104.
吉留盛純［2006］「京葉臨海鉄道のこれまでの経緯と現状」『運転協会誌』第 48 巻第 8 号、pp.13-17.
吉留盛純［2010］「京葉臨海鉄道 我が社の貨物輸送の現状と課題」『運転協会誌』第 52 巻第 9 号、pp.15-18.
四日市大学総合政策学部・三岐鉄道（株）編［2008］『地域活性化に地方鉄道が果たす役割 三岐鉄道の場合』交通新聞社.
依田敦［2008］「モーダルシフトの推進と環境・社会経営」『JR gazette』第 66 巻第 1 号、pp.32-35.
李容相・安部誠治［2004a］「日本の鉄道貨物輸送の現状と課題(上)」『関西大学商学論集』（関西大学）第 49 巻第 1 号、pp.107-125.
李容相・安部誠治［2004b］「日本の鉄道貨物輸送の現状と課題(下)」『関西大学商学論集』（関西大学）第 49 巻第 2 号、pp.131-141.
廣国権［2003］「インターモーダル貨物輸送のための鉄道整備―RIFT-システムの概念と具体化へのアプローチ―」『運輸政策研究』第 5 巻第 4 号、pp.14-23.
廣国権［2004］「鉄道貨物輸送の改善策と効果―インターモーダル輸送の推進に向けて―」『土木技術資料』第 46 巻第 4 号、pp.32-37.
廣国権［2013］「東日本大震災で鉄道貨物輸送が果たした役割と今後の救援用物資輸送について」『運輸と経済』第 73 巻第 12 号、pp.58-63.
廣国権［2016］「インターモーダル輸送によるモーダルシフト―トラックドライバー不足への対応策として―」『流通ネットワーキング』第 294 号、pp.28-32.
廣国権・大森寿明・中村英夫［2001］「鉄道貨物輸送における課題と改善方向（提言案）」『運輸政策研究』第 3 巻第 4 号、pp.73-78.
和氣総一朗［2014］「鉄道貨物輸送の現状と展望」『ロジスティクスシステム』第 23 巻第 3 号、pp.22-25.
渡辺圭介［2015］「大規模災害発生時における鉄道貨物輸送の柔軟性向上に向けた提言―鉄道石油輸送での事例を通じて―」『第 16 回鉄道貨物振興奨励賞受賞論文集』pp.19-40.

〈資料およびデータソース〉

会計検査院検査報告データベース、http://report.jbaudit.go.jp/（2018年8月19日アクセス）．

岳南電車ホームページ、http://www.fujikyu.co.jp/gakunan/home.html（2013年8月29日アクセス）．

神奈川臨海鉄道ホームページ、http://www.kanarin.co.jp/（2006年2月21日アクセス）．

環境省ホームページ、https://www.env.go.jp/（2018年8月18日アクセス）．

北大阪健康医療都市（健都）ポータルサイト、https://kento.osaka.jp/（2017年5月27日アクセス）．

北九州市ホームページ、http://www.city.kitakyushu.lg.jp/（2013年12月18日アクセス）．

グリーン物流パートナーシップ会議ホームページ、http://www.greenpartnership.jp/（2018年12月3日アクセス）．

国土交通省海事局［2018］『海事レポート2018』http://www.mlit.go.jp/maritime/maritime_tk1_000072.html（2018年12月5日アクセス）．

国土交通省総合政策局情報政策本部監修『交通経済統計要覧』各年版（平成11年版まで『運輸経済統計要覧』）運輸総合研究所．

国土交通省鉄道局監修『数字でみる鉄道』各年版（1989年版まで『数字でみる民鉄』）運輸総合研究所．

国土交通省鉄道局監修『鉄道要覧』各年度版（昭和51年度版まで『私鉄要覧』昭和52年度版から平成元年度版まで『民鉄要覧』）電気車研究会・鉄道図書刊行会．

国土交通省鉄道局鉄道サービス政策室『鉄道統計年報』各年度版（昭和50年度版から昭和61年度版まで『民鉄統計年報』）http://www.mlit.go.jp/tetudo/tetudo_tk6_000032.html（2018年8月9日アクセス）．

国土交通省東北運輸局ホームページ、http://wwwtb.mlit.go.jp/tohoku/（2009年10月26日アクセス）．

国土交通省ホームページ、http://www.mlit.go.jp/（2018年11月28日アクセス）．

（株）ジェイアール貨物・リサーチセンターホームページ、http://www.jrf-rc.co.jp/index.html（2013年12月19日アクセス）．

吹田市ホームページ、http://www.city.suita.osaka.jp/（2017年5月29日アクセス）．

仙建工業（株）ホームページ、http://www.senken-k.co.jp/index.html（2017年5月9日アクセス）．

仙台臨海鉄道ホームページ、http://www.geocities.jp/s_rintetu/（2006年2月17日アクセス）．

（公社）全日本トラック協会［2018］『日本のトラック輸送産業 現状と課題 2018』http://www.jta.or.jp/coho/yuso_genjyo/yuso_genjo2018.pdf（2018年12月6日アクセス）．

（公社）鉄道貨物協会『貨物時刻表』各年版、鉄道貨物協会．

（独）鉄道建設・運輸施設整備支援機構ホームページ、http://www.jrtt.go.jp/index.html（2016 年 12 月 9 日アクセス）．

電子政府の総合窓口（e-Gov）、http://www.e-gov.go.jp/（2018 年 11 月 9 日アクセス）．

東海旅客鉄道(株)ホームページ、http://jr-central.co.jp/（2018 年 9 月 13 日アクセス）．

西日本旅客鉄道(株)広報部［2017］『データで見る JR 西日本 2017』西日本旅客鉄道広報部．

日本貨物鉄道(株)『JR 貨物要覧』各年版、日本貨物鉄道．

日本貨物鉄道(株)ホームページ、https://www.jrfreight.co.jp/（2018 年 11 月 8 日アクセス）．

日本国有鉄道監査委員会『日本国有鉄道監査報告書』各年度版、日本国有鉄道監査委員会．

日本内航海運組合総連合会ホームページ、http://www.naiko-kaiun.or.jp/（2018 年 12 月 7 日アクセス）．

（一社）日本物流団体連合会『数字でみる物流』各年度版、日本物流団体連合会．

八戸臨海鉄道ホームページ、http://www.hachirin.com/index.html（2018 年 10 月 2 日アクセス）．

謝　辞

　本書は、筆者が以前執筆した論稿を加筆・修正するとともに、新たに書き下ろした論稿を加えて作成したものである。

　本書は、様々な学恩に支えられ、また多くの方々の御尽力により完成した。以下、筆者が多くの先生方から賜った学恩および多くの方々の御尽力に御礼を申し述べたい。

　本書の出版を強くすすめていただいたのは、安部誠治先生（関西大学）、野村宗訓先生（関西学院大学）、山本雄吾先生（名城大学）、加藤一誠先生（慶應義塾大学）である。

　安部先生は筆者が大学院在学中に指導教授として御指導を賜った恩師であり、大学院在学中のみならず、現在に至るまで浅学非才な筆者に多くの御指導をいただいている。また、交通研究は現地まで足を運んで現状を詳細に調査することが重要であるとの御教示を賜った。この御教示が今日の筆者の研究スタイルを規定している。先生の学恩に支えられて筆者の今日があることを感謝せずにはおられない。

　野村先生には、筆者の研究分野の１つである地域交通分野、とりわけ地域航空分野において、欧州諸国の事例を数多く御指導いただいている。また筆者の学会活動において多くの御指導を賜っており、本書の出版についても多くの御指導と御教示を賜った。

　山本先生には、わが国の鉄道貨物輸送の現状および欧州諸国の鉄道貨物輸送の事例について多くの御指導を賜っている。また筆者の研究分野の１つである観光交通（乗車船自体が観光対象となる交通機関）についても、欧州諸国の事例を中心に数多くの御教示を賜っている。先生は筆者の大学および大学院の先輩でもあり、本書の出版についても多くの御指導を賜った。また研究以外にも多くの事柄を御教示いただいている。

　加藤先生には、筆者の研究分野の１つである地域交通分野、とりわけ地域

航空分野において、研究を御一緒させていただく機会を多数賜っている。また本書の出版についても多くの御指導と御教示を賜り、筆者の拙い相談にも数多くの貴重なアドバイスをいただいている。

　先生方の御指導、御教示がなければ本書を出版することはできなかったであろう。本書をささやかな御礼として先生方に捧げたい。

　筆者の所属する公益事業学会、日本交通学会、日本物流学会、日本海運経済学会、国際公共経済学会、地域デザイン学会、東アジア学会の先生方からも多くの御指導、御教示をいただいている。とりわけ三上宏美先生（関西大学名誉教授）、宮下國生先生（神戸大学名誉教授・関西外国語大学）、小川雄平先生（西南学院大学名誉教授）、松澤俊雄先生（大阪市立大学名誉教授）、青木真美先生（同志社大学）、岡野英伸先生（近畿大学）からは、折にふれて御指導を賜っており、筆者の拙い相談にも貴重なアドバイスをいただいている。他にも多くの先生方から御指導、御教示を賜っている。筆者が様々な学恩に支えられていることを感謝し、改めて深く御礼を申し上げたい。

　本書の作成を進めるうえで、国土交通省・経済産業省の各局、各地方自治体、各鉄道事業者、物流に携わっておられる各事業者、および鉄道建設・運輸施設整備支援機構の方々より貴重な資料を快く御提供いただいた。心より謝意を表したい。わが国の鉄道貨物輸送の根幹をなす日本貨物鉄道（JR貨物）に対しては本書のなかで厳しい意見を述べたが、鉄道貨物輸送がモーダルシフトの受け皿となり、活性化することを主張するゆえの意見であることを御理解賜れば幸いである。

　最後に、本書の出版を御快諾いただいた白桃書房および編集部の平千枝子氏に改めて御礼を申し上げたい。なお、本書の文責はすべて筆者に帰することは言うまでもない。

2019年3月

福田晴仁

索　引

欧文

avoidable cost：回避可能費用　107
E&S 方式（Effective & Speedy Container Handing System）　14
FRENS（Freight Information Network System）　41
IGR いわて銀河鉄道　36, 118, 121
incremental cost：増分費用　112
IR いしかわ鉄道　36, 119
IT　41
IT-FRENS&TRACE システム　41
IT-FRENS システム　41
JR 東海　172
JR 西日本　157
JR 東日本　195
JR 旅客各社　17, 29, 134, 138, 141, 144, 145, 146, 148, 149, 175, 176, 202, 205, 209, 210
M250 系　30
PRANETS（Positioning System for Rail Network and Safety Operating）　41
RORO 船（roll-on roll-off ship）　8
TRACE（Truck and Railway Combinative Efficient System）システム　41

あ行

愛知環状鉄道　171
あいの風とやま鉄道　36, 121
青い森鉄道　36, 69, 116
青森県　116
明かり区間　47
秋田臨海鉄道　56
安治川口駅　30, 186, 190, 195
アボイダブルコスト　107, 148
アボイダブルコストルール　111, 113, 114, 117, 121, 148, 149, 176, 202, 209, 210
案内宣伝費　34
伊勢鉄道線　139
委託料　149
一般管理費（等）　34, 118, 146
移動制約者　91, 108
茨木駅　183
岩手開発鉄道　127, 129, 130
インクリメンタルコスト　112
インセンティブ　84, 88, 145, 146
インフラストラクチャー（インフラ）　ii, 6, 36, 40, 77, 78, 82, 83, 115, 133, 139, 169, 175, 177, 195, 200, 202, 203, 204, 205, 209

インフラ整備　iv, 19, 43, 69, 86, 87, 89, 196
インフラ保有部門　83
迂回経路　39, 49, 156, 171, 179, 194, 195, 196, 197, 205, 206, 207
鵜殿駅　142
梅田駅　43, 180, 181, 189
梅田駅基盤整備　180, 181, 186, 192, 194, 197
梅田貨物駅の吹田操車場跡地への移転に関する覚書　182
梅田貨物線　182, 195
運行委託　149
運行経費補助　5
運送費　34, 76
運賃競争力　25
運賃計算トン数　25
運賃負担　83, 201
運賃負担（力）　23, 81, 145, 175
運転整備重量　173
運転費　34
運転保安システム　176, 205
運輸雑収　76, 87, 118
運輸収入　146
運輸省　159
運輸費　34, 118
営業キロ　27
営業係数　77, 119, 121
営業用資産　47
英国　81
駅間直行輸送（方式）　14, 22, 23, 42, 59, 125, 153, 180, 181
えちごトキめき鉄道　36, 119, 196
遠距離逓減制　32
欧州諸国　11, 138
大井川鐵道　95, 129, 130
大阪駅　194, 195
大阪貨物ターミナル線　182, 195
大阪環状線　195
大阪タ駅　186, 192, 195
大手民営鉄道（事業者）　124, 126, 130, 132, 146
大府駅　23, 171
大宮駅　173, 205
岡崎駅　171
小田原駅　171
オフレール　25
オープンアクセス　138
オランダ　147

236　索　引

オンレール　25

か行

海運　81
開業設備費　158
海峡線　141
海上コンテナ（輸送）　69
買手少数　109
買手独占　109
回避可能原価　113
回避可能費用　107
回避不可能な費用　86
価格競争（力）　15, 87
化学工業品　127
化学薬品　21, 22, 80, 82, 110, 127, 128, 132, 133, 202
化学薬品用タンク貨車　144, 150
貨客混合列車　41
岳南鉄道（現岳南電車）　96, 126, 127, 132, 142, 143, 146
岳南電車　96, 146
鹿児島線　36, 138, 155, 163, 166, 168, 169, 204
鹿児島線（北九州・福岡間）鉄道貨物輸送力増強事業　166
鹿島鉄道　95, 127, 132, 146
鹿島臨海鉄道　56, 58, 61, 77
貨車　44, 86, 133, 150
貨車入換業務　69, 88
貨車検査修繕業務　69, 88
架線　46
架線下荷役　178
架線方式　177
架装ボディ（荷台容器）　40
片町線　182
勝川駅　171
神奈川臨海鉄道　58, 60, 69, 80
可変費　110
神岡線　110
神岡鉄道　94, 95, 96, 107, 110, 127, 132, 146
紙・パルプ　21, 127, 132
紙輸送　142
亀山駅　142
貨物運輸収入　31, 32, 124, 129, 145, 146
貨物駅　44, 148
貨物拠点整備事業　158, 163, 170
貨物専用道路　184
貨物調整金　115, 116, 117, 121, 122, 196, 202, 211
貨物通路線兼引上線　185
貨物鉄道事業（者）　ii, 6, 40, 89, 157, 158, 170, 199

貨物電車　30
貨物取扱駅　124
貨物取扱業務　69, 88
貨物別線　171, 178
貨物輸送市場　138
貨物輸送トンキロ　9
借入金　47, 50
火力発電　4
河原田駅　139
環境影響評価調査　194
環境汚染　81
環境省　46
環境負荷低減　51
環境負荷の小さい物流体系の構築を目指す実証実験　4
環境問題　40
関西線　142, 185, 195
幹線鉄道等活性化事業　43, 161, 163, 165, 167, 171
幹線鉄道等活性化事業費補助　69, 87, 157, 161, 170, 196, 197, 205, 206
完全民営化　114, 158
関東地方　60
機関車　44, 45, 149, 150, 155, 200
危険品　81
危険物　80, 81
紀勢線　142, 143
北大阪健康医療都市（健都）　184
北九州貨物鉄道施設保有　163, 167
北九州市物流拠点都市構想　163
北九州夕駅　163, 166
北しなの線　196
北長野駅　196
軌道　36, 164, 195
衣浦臨海鉄道　23, 55, 69
基盤整備事業　43, 153, 180, 186
岐阜駅　172
岐阜貨物ターミナル駅　15
客貨兼業鉄道　iii, 91, 123, 129, 131, 146, 201, 202
客貨混載輸送　108
客貨併結　41
逆モーダルシフト　87, 110, 133, 201, 203
逆行運転　185
旧門司操車場　163
狭軌（1067mm）　171, 177
行政費用　84
協調運転　41
協調補助　158
共通費　110
業務委託料　88
業務受託　69

索　引　237

共用走行　47
橋梁　195
局地的な（貨物）鉄道　87, 203
局地的な輸送　132, 133, 202
局地鉄道　123
拠点開発方式　54
近畿日本鉄道　96
金属・機械工業品　128
金属鉱　81
空車回送　21, 23, 210
空車重量　173
草津駅　171
釧路開発埠頭　55, 57
百済駅　180, 181, 182, 184, 192
百済タ駅　180, 184, 189, 195
クラッチ　145
グリーン物流パートナーシップ会議　5
黒部峡谷鉄道　96, 104, 127
経営基盤　50
経営分離　29
計画策定経費補助　5
軽工業品　21
経済企画庁　54
継送輸送方式　13, 22, 59, 125
京浜工業地帯　54
京葉線　139, 161, 196
京葉臨海工業地帯　161, 196
京葉臨海鉄道　55, 60, 69, 161
ケルン港　147
原価算定方式　113
減価償却費　34, 35, 47, 49, 50, 87, 199
減価償却費計上前の営業係数　77
減価償却費計上前の営業損益　34, 49
原資　43
高架橋　195
交換設備　195
工業整備特別地域　54, 55
航空燃料　58, 61
甲種車両回送　21
厚生　51
厚生福利施設収入　34
厚生福利施設費　34
高蔵寺駅　171
高速自動車国道　13
高度経済成長期　53, 54
国鉄　3, 44, 53, 54, 59, 93, 125
国鉄再建法　92
国鉄清算事業団　43, 114, 180, 181
国鉄の分割・民営化　6, 17, 114, 148, 180, 209
国土交通省（鉄道局）　46, 47
小坂製錬　127, 129, 130, 132

固定資産税　ii, 6
固定資産の減耗分　35
固定費　87, 110
小荷物輸送　175
個別費　110
コンテナ（化）　24, 30, 127
コンテナ貨車　30, 42, 150, 155, 200
コンテナ荷役機械　41, 44, 46, 178
コンテナ荷役線　167
コンテナホーム　46, 164, 184, 185
コンテナ輸送　14, 27, 127, 210

さ行

西条駅　166
最大軸重　173
相模鉄道　124, 129
佐川急便　30
山陰線　156
三岐鉄道　23, 96, 123, 127, 133, 134, 138, 144
30ft コンテナ　40
31ft コンテナ　ii, 44, 46, 200
3 線軌条　171, 172
3 島会社　122, 210
参入規制　158
参入障壁　138, 148
山陽線　39, 155, 156, 164, 168, 169, 181, 192, 194, 204
山陽線鉄道貨物輸送力増強事業　164
死荷重　114
自家用交通機関　91
鴫野駅　182
事業費　43
事業分割　209, 211
事業用コンテナ　45
事業用施設　43
事業領域の集約　211
自己資金　47, 133
施設及び車両の定期検査に関する告示　145
施設利用料　87
次善策　87, 133
自動運転　207
しなの鉄道　118, 119, 196
支払利息　146
資本参加　55
車扱　24, 30
車扱貨車　14, 22, 30, 42, 59, 84, 133, 150, 180
車扱輸送　13, 27, 127, 133, 210
社会的規制　40
社会的費用　i, 3, 19, 79, 81, 88, 115, 150, 155, 200, 203, 204, 208, 211
社会的余剰　114
車上荷役　84

索引

ジャスト・イン・タイム方式　211
ジャスト・イン・タイム輸送　13, 39
借款　172
車両検査修繕施設　77
車両走行（キロ）　103, 110, 115, 118, 145, 146, 148
車両保存費　34, 104
車齢　44
集貨　25, 42
重化学工業　54, 59
私有貨車　28, 150, 210
私有コンテナ　28, 44
12ftコンテナ　44, 156, 200
重要部検査　145
動力発生装置　145
縮小均衡　38
首都圏　32
純経済効果　175
正覚寺信号場　182, 195
償却資産　87
償却前営業係数　77, 78, 82, 129, 130
上下分離（方式）　29, 83, 89, 112, 114, 116, 121, 147, 176
乗車人員　194
少子（高齢）化　i, 4, 91, 155, 157
標準型パレット　46
冗長性（redundancy）　156, 157, 171, 194, 196, 197, 205, 206
城東貨物線　182, 195
城端線　141
常磐線　161, 196
消費税　25
情報技術（Information Technology）　41
情報システム　40, 41, 42
使用未確定車線　177
上毛電気鉄道　83
初期費用　150, 204
食料工業品　21
諸税　34
助成金　47
自立採算　49
新青森駅　175
新大阪駅　195
新会社がその事業を営むに際し当分の間配慮すべき事項に関する指針（平成十三年十一月七日国土交通省告示第六百二十二号）　122
新幹線貸付料収入　115
新幹線による貨物輸送　172, 173, 175, 205
新規参入（事業者）　iii, iv, 88, 89, 134, 137, 138, 144, 145, 146, 148, 149, 150, 157, 201, 203, 204, 207, 211

新宮港　142
人件費　35, 36, 88, 146
新小岩駅　161
信号保安設備　77, 161, 196
新産業都市　54, 55
新総合物流施策大綱　i, 4
新東京国際空港　61
新東名高速道路　177
新南陽駅　15
新函館北斗駅　175
新名神高速道路　177
吹田貨物ターミナル駅（仮称）建設事業の着手合意協定書　182
吹田信号場（現吹田夕駅）　166, 183
吹田操車場（跡地）　180, 181
吹田夕駅　180, 181, 182, 183, 186, 189, 190, 192, 194, 195, 197, 206
水平荷役　46
スーパーレールカーゴ　30
スピードリミッター　40
隅田川駅　171
スワップボディ　40
生活交通　91
青果物　21
青函共用走行区間　47, 171, 172, 173, 174, 175
青函トンネル　47, 172
制御装置　45
政策課題　150, 204, 207
政策目標　87, 88, 142, 150, 170, 204, 209
生産拠点　78
西濃鉄道　127, 129, 130, 134, 145, 149
政令指定都市　25
世界銀行　172
積載効率　44
積載重量　44
石炭　13, 81, 127, 132
石炭灰（フライアッシュ）　23
石油（石油製品）　13, 21, 22, 25, 37, 54, 80, 82, 110, 127, 128, 133
石灰石　21, 22, 58, 60, 110, 127, 128, 132
石灰石専用列車　133
設備投資　47, 48, 77
セメント　21, 22, 110, 127, 132
繊維工業品　21
線区　29
全国新幹線鉄道整備法　178
全国総合開発計画　54
仙台臨海鉄道　56, 69, 76, 94
専用線　8, 24, 55, 57, 80, 81, 83, 84, 86, 88, 89, 110, 127, 133, 142, 200, 201, 202, 203, 208, 210

索　引　239

線路使用料　35, 39, 111, 114, 117, 121, 122, 148, 176, 202, 209, 210, 211
線路使用料収入　iii, 111, 118, 121, 177, 202
線路設備費　158
線路保存費　34, 118
線路有効長　41
線路容量　40, 115, 138, 153, 155, 157, 168, 171, 172, 173, 205, 207
倉庫　46
総合物流施策大綱（2017年度～2020年度）　i, 4
操車場（ヤード）　13, 42, 59, 125, 180
総武線　161, 196
増分費用　112
蘇我駅　161, 196
素材型産業　54, 59, 81
その他鉱産品（金属鉱等）　128

た行

第1種鉄道事業（者）　29, 83, 115, 141
第3軌条方式　177, 178
第3種鉄道事業（者）　29, 116, 118
第三セクター（事業者）　43, 69, 83, 158
第三セクター鉄道（事業者）　18, 92, 94, 95, 123
第三セクター方式　iii, 53, 123
台車　45
代替施設　43
太多線　172
第2種鉄道事業（者）　29, 83, 88, 116, 117, 134, 141, 144, 146
待避線　41, 161, 166, 167, 185
太平洋石炭販売輸送　127, 129, 130
耐用年数　35, 44
大量定型輸送　154
隊列走行　207
高岡駅　141
高山線　172
武豊線　69
多治見駅　172
多頻度少量輸送　13, 211
ダブル連結トラック　207
樽見線　110
樽見鉄道　94, 95, 96, 103, 104, 110, 127, 132, 133, 146
単位輸送量あたり価格　145
タンクコンテナ　69, 127
タンク車　23, 81
タンクローリー　22
炭酸カルシウム　23
端末輸送　3, 8, 24, 25, 39, 84, 86, 143, 153, 176, 200, 208

断面輸送量　37
地域間インフラ整備　iv, 153, 154, 157, 161, 167, 169, 170, 179, 205
地域間輸送（事業者）　iv, 144, 145, 146, 148, 149, 150, 151, 155, 158, 204, 206
地域内インフラ整備　iv, 180, 197
地域内輸送　iv, 144, 179, 197, 204, 206
地域分割　121, 148
秩父鉄道　96, 104, 127, 134
地方（旅客）鉄道　91, 108
着発線荷役駅　42, 43, 44, 46, 47
着発線荷役（方式）　14, 40, 42, 44, 163, 180, 181, 183, 184, 185, 192, 193, 200
着発線（ホーム）　14, 42, 43, 44, 46, 163, 164
着発荷役線　167
中央新幹線　172
中央線　172
中央分離帯　177
中継貨物　193, 197, 206
中継トン数　191, 193
中継輸送　42, 176, 192, 193
中部国際空港埋立土砂（輸送）　21, 144
長期債務（残高）　43, 49, 50
長編成列車　186, 192
直行輸送　133
津駅　141
ディーゼル機関車　29, 145
鉄鉱石　54
鉄道　26
鉄道・運輸機構　47, 115, 153, 159, 180, 182, 196, 203
鉄道貨物輸送（市場）　50, 52, 88, 89, 134, 138, 201, 203, 204, 209
鉄道建設・運輸施設整備支援機構　47
鉄道事業営業損益　32
鉄道事業法　8, 29, 141
鉄道整備基金　159, 160
鉄道線路収入　116
電化　30, 160
電気機関車　29, 30
天然ガス　13
電路保存費　34, 118
ドア・ツー・ドア輸送　13
ドイツ　147
東海交通事業　171
東海道新幹線　172, 205
東海道線　142, 154, 155, 169, 171, 181, 182, 192, 194, 195, 204, 205
東海道線コンテナ貨物輸送力増強事業　159, 170
東海道物流新幹線構想　177
東京駅　173, 195, 205

240　索　引

東京タ駅　　25, 30, 164, 166
道床　　36, 174
到着料　　25
道南いさりび鉄道　　36
東武鉄道　　129
東北自動車道　　173
東北新幹線　　205
東北線　　155
東北地方　　32, 60
動力発生装置　　145
独占（企業）　　52, 138, 204, 209
特定地方交通線　　92, 94, 95, 123
特例業務勘定　　115
都市計画（事業）　　43, 44
トータルコスト　　25
土地区画整理事業　　184
特急コンテナ電車　　30
トップリフター　　46, 47, 200
土木費　　158
苫小牧港開発　　55, 56, 57
富田駅　　23
トヨタロングパスエクスプレス　　60
トラック（集配運賃）　　25, 40
トラックドライバー不足　　i, 3, 15, 156, 157, 199, 207
取り付け区間　　196
取引費用　　148
トレイン・オン・トレイン方式　　174
トンキロあたり運賃　　32

な行

内燃機関（車）　　145
内部化　　19
内部補助　　108
内部留保　　35, 49, 77, 78, 82, 199
内陸部　　22, 25, 36, 155, 208
名古屋駅　　160, 171, 205
名古屋タ駅　　160, 171
名古屋鉄道　　129, 146
名古屋臨海鉄道　　55, 60
成田国際空港　　61
南方貨物線　　171
新潟トランシス　　57
新潟東港　　57
新潟臨海鉄道　　56, 57, 83, 89
荷痛み　　46, 174
西岡山駅（現岡山タ駅）　　164
西九条駅　　195
西小倉駅　　163
西日本旅客鉄道　　195
西船橋駅　　139, 141, 161
ニーズ　　iii, iv, 137, 138, 142, 143, 144, 204, 206
日豊線　　163
日本通運　　191
荷主企業　　133
日本海縦貫線　　36, 138
日本貨物鉄道（JR貨物）　　i, 3
日本国有鉄道　　3, 55
日本国有鉄道経営再建促進特別措置法（施行令）　　92
日本国有鉄道（国鉄）の分割・民営化　　i
日本国有鉄道清算事業団　　43
日本国有鉄道法　　55
日本製紙　　142
日本鉄道建設公団　　47, 160, 180, 182
荷役　　14, 40, 42
荷役機械　　46
荷役機器　　86
荷役作業　　24, 42, 46
荷役設備　　133
荷役線　　14, 42, 43, 163
荷役ホーム　　42, 44
農水産品　　21
濃硫酸　　110, 132

は行

排気ガス　　40
廃棄物輸送　　69, 82, 208
配達　　25
伯備線　　156
幡生駅　　166
パターンダイヤ方式　　181
八戸臨海鉄道　　56, 69
発送料　　25
浜小倉駅　　163
バラスト（砕石）　　174
ばら荷（bulk）　　iii, 21, 23, 81, 110, 128, 132, 138, 202, 203
ハンドリングコスト　　44
東アジア諸国　　11
東日本大震災　　32, 35, 60, 77, 130, 157
東藤原駅　　23
引当金　　35
引込み線　　86
被災地　　32
肥薩おれんじ鉄道　　119
標準型パレット　　46
標準軌（1435mm）　　171, 177
費用対効果　　89, 143, 178
平野駅　　182, 185, 195
枇杷島駅　　171
フィーダー　　148, 149
フィーダーサービス　　78, 93

フィーダー列車　186
フェリー　8
フェリー代行輸送　209
フォークリフト　46
福岡夕駅　163, 166
福島臨海鉄道　55, 56, 76, 80, 83, 95, 127
複々線化　171
福間駅　167
負債　47
富士駅　96, 143
二塚駅　141
物流施設　44
物流政策　78
物流の低炭素化促進事業　46
物流容器　46
負の外部性　iii, 123, 133, 203
フルコスト　115, 117, 121, 122, 148, 176, 177, 202, 211
分割・民営化　3, 55, 121, 176
平均運用効率　44
平均通過人員　92
平均輸送距離　11, 24, 27, 32, 168
平均輸送キロ　92
並行在来線（事業者）　iii, 29, 36, 111, 115, 141, 176, 177, 196, 202, 211
米国　11
平成筑豊鉄道　94, 95, 96, 103, 109, 127, 132, 146
平面交差　195
碧南市駅　23
ベルギー　147
偏積　175
変速機　145
保安設備　149
伯耆大山駅　156
簿価　47
北越紀州製紙（現北越コーポレーション）　142
北勢線　96
北陸新幹線　172
保守管理費　34, 118
舗装済一般道路　13
北海道新幹線　175
北方貨物線　182, 194
本四備讃線　141
本州3社　114, 122

ま行

埋没費用　29, 86, 141
枕木　36
益田駅　156
水島臨海鉄道　55, 56, 69, 80, 165

ミスマッチ　iv, 137, 142, 143, 204
南流山駅　139, 141, 161, 196
美祢線　133
美濃太田駅　172
妙高高原駅　196
妙高はねうまライン　196
民営鉄道　123
武蔵野線　139, 141, 161, 196
武蔵野線・京葉線貨物列車走行対応化事業　161, 196
無利子貸付　47, 49, 50, 151, 160, 170, 203
門司貨物拠点整備事業　163
モーター　45
モーダルシフト　i, iii, 3, 6, 15, 17, 39, 40, 46, 49, 50, 51, 53, 82, 87, 88, 133, 137, 142, 143, 144, 147, 150, 153, 154, 155, 157, 158, 167, 170, 176, 178, 179, 180, 197, 199, 200, 201, 203, 204, 205, 206, 207, 208, 209, 211, 212
モーダルシフト等推進事業費補助金　5

や行

山口線　156
有蓋（貨）車　21, 142, 144, 150
輸送管理費　34
輸送経路の多重化　157
輸送障害　39, 40, 42, 44, 49, 156, 194, 196, 209
輸送トンキロ　23, 24, 31, 57
輸送トン数　24, 58
輸送の平準化　41
輸送密度　92
輸送用容器　44
輸送ロット　81
窯業品　127
用地費　158
揚程制限装置　46, 178
四日市駅　142
予燃焼室式　145

ら行

利益剰余金　115
陸上貨物輸送　26
利潤の最大化行動　121
リース市場　150
立体交差化　196
リードタイム　165, 172, 205
硫酸　132
利用運送事業（者）　ii, 4, 46, 190, 209
旅客鉄道株式会社及び日本貨物鉄道株式会社に関する法律　122
臨海工業地帯　53, 54, 79, 80, 81, 88, 89, 123
臨海鉄道（事業者）　53, 54, 127

臨海鉄道方式　　55
臨海部　　22, 54, 154
林産品　　21
臨時取扱駅　　186
輪転資材　　47, 49
列車運行部門　　83
列車運転業務　　69
列車検査業務　　69, 88

列車設定キロ　　27
列車走行キロ　　23, 115, 118
レール（軌条）　　36
労働生産性　　155
労働力不足　　40
路線・区間　　29
路盤　　36
ロールボックスパレット　　174, 205

■著者略歴

福田 晴仁（ふくだ　せいじ）

1971年	大阪府に生まれる
1993年	関西大学経済学部卒業
	柏原市勤務の後
2003年	関西大学大学院商学研究科博士課程後期課程修了　博士（商学）学位取得
	関西大学商学部、大阪経済大学経営学部、名城大学経済学部・経営学部、立命館大学経営学部非常勤講師、関西大学商学部ポスト・ドクトラル・フェローを経て
2008年	西南学院大学商学部商学科准教授
現　在	同大学商学部商学科教授・同大学大学院経営学研究科教授
専　攻	交通論、物流論、地域経済論、観光政策論
	鉄道貨物輸送、地域交通、観光交通を実証的なアプローチによって研究を重ねている
著　書	『ルーラル地域の公共交通―持続的維持方策の検討―』白桃書房（2005年）〔2006年度公益事業学会奨励賞・国際交通安全学会賞受賞〕
	『鉄道貨物輸送とモーダルシフト』白桃書房（2019年）〔2019年度日本物流学会賞・国際公共経済学会賞受賞〕
	『公共インフラと地域振興』（共著）中央経済社（2015年）、など
論　文	「離島交通における航空と航路の競合に関する考察」『航政研シリーズ（2013年度研究助成論文集）』第577号（2014年）
	「大阪市営渡船の観光資源化に関する考察」『東アジア研究』第22・23合併号（2018年）
	「離島における航空路線複数運航の重要性」『ていくおふ』第153号（2018年）、など

■鉄道貨物輸送（てつどうかもつゆそう）とモーダルシフト

■発行日――2019年3月26日　初　版　発　行　〈検印省略〉
　　　　　2020年2月16日　第2刷発行

■著　者――福田晴仁（ふくだせいじ）

■発行者――大矢栄一郎

■発行所――株式会社　白桃書房（はくとうしょぼう）
〒101-0021　東京都千代田区外神田5-1-15
☎03-3836-4781　✆03-3836-9370　振替00100-4-20192
http://www.hakutou.co.jp/

■印刷・製本――株式会社平文社

© Seiji Fukuda 2019　Printed in Japan　ISBN978-4-561-76219-5　C3065

JCOPY　<出版者著作権管理機構　委託出版物>

本書の無断複製は著作権法上での例外を除き禁じられています。複製される場合は、そのつど事前に、出版者著作権管理機構（電話03-5244-5088、FAX03-5244-5089、e-mail: info@jcopy.or.jp）の許諾を得てください。

本書のコピー、スキャン、デジタル化等の無断複製は著作権法上での例外を除き禁じられています。本書を代行業者等の第三者に依頼してスキャンやデジタル化することは、たとえ個人や家庭内の利用であっても著作権法上認められておりません。

好 評 書

日本鉄道業の事業戦略
―― 鉄道経営と地域活性化 ――
那須野育大著

地方鉄道の事業戦略とは。鉄道運行主体の経営効率化，沿線地域社会への広義の利益創出，関連・非関連事業への進出による多角化等，広く地域社会への外部経済効果を踏まえた鉄道事業のあるべき姿を複数事例から考察。

本体価格2750円

交通研究のダイナミクス
―― 転換期をとらえる視点 ――
谷利 亨著

本書において，さまざまな立場の研究者と交流のあった著者は，交通研究の方法論を概観し，その進むべき方向を見直す視座を示している。

本体価格2800円

ロジスティクス概論
―― 基礎から学ぶシステムと経営 ――
苦瀬博仁編著

発生地点から到着地点までモノをつなぐ流れであるロジスティクスについて，理系，文系を問わず，その基本を押さえるテキスト。大学教科書を意識した編集で，ロジスティクスを学ぶ初学者，概要を把握したい実務者に推奨。

本体価格2600円

交通経済ハンドブック
日本交通学会編

交通の基礎理論から，その機能，政策はもちろん，環境，安全・防災対策まで，現代の社会経済活動に現れる交通事象を体系的に分かりやすく論じた，日本交通学会が総力をあげて編纂した関係者必携のハンドブック。

本体価格3300円

白桃書房

本広告の価格は税抜き価格です。別途消費税がかかります。